Eberhard Birk/Winfried Heinemann/Sven Lange (Hrsg.)

Tradition für die Bundeswehr
Neue Aspekte einer alten Debatte

Tradition für die Bundeswehr
Neue Aspekte einer alten Debatte

Eberhard Birk/Winfried Heinemann/Sven Lange
(Hrsg.)

2012

Carola Hartmann Miles – Verlag Berlin

CIP-Kurztitelaufnahme der Deutschen Nationalbibliothek

Eberhard Birk/Winfried Heinemann/Sven Lange (Hrsg.),
Tradition für die Bundeswehr. Neue Aspekte einer alten Debatte

ISBN 978-3-937885-60-5

Titelbild / Bildnachweis: Informations- und Medienzentrale der Bundeswehr, Sankt Augustin
Herstellung und Verlag: Books on Demand GmbH, Norderstedt

© Carola Hartmann Miles – Verlag,
(www.miles-verlag.jimdo.com; email: UHWHartmann@aol.com)

Alle Rechte, insbesondere das Recht der Vervielfältigung und Verbreitung sowie der Übersetzung, vorbehalten. Kein Teil des Werkes darf in irgendeiner Form (durch Fotokopie, Mikrofilm oder ein anderes Verfahren) ohne schriftliche Genehmigung des Verlages reproduziert oder unter Verwendung elektronischer Systeme gespeichert, verarbeitet, vervielfältigt oder verbreitet werden.
Printed in Germany

ISBN 978-3-937885-60-5

Inhalt

	Seite
Die Herausgeber **Einleitung**	7
Ulrich Schlie **Bundeswehr und Tradition**	11
Cora Stephan **Militärische Tradition als gesellschaftliche Frage**	29
Thorsten Loch und Martin Mayer **„Generation Einsatz" und die Frage des Leitbilds.** **Probleme nationaler Militärtradition**	51
Herfried Münkler **„Neue Kriege" und „Postheroische Helden"**	67
Donald Abenheim **Deutsche Militärtraditionen im 21. Jahrhundert.** **Der Blick von außen nach innen**	79
Peter Andreas Popp **Wurzeln des Selbstverständnisses** **Werte – Tugenden – Ethos**	89
Burkhard Köster **„Tradition" der Traditionsdiskussionen?** **Zwischen kühler Ratio und emotionalem Anspruch**	105
Günther Glaser und Rüdiger Wenzke **Kann man in der NVA Traditionswerte für die Bundeswehr finden?**	123
Frank Hagemann **Tradition und Neuausrichtung der Bundeswehr**	139

Rolf Clement
Bundeswehr und Öffentlichkeit   151

Winfried Heinemann
Kasernennamen und „neue" Traditionsräume   163

Sven Lange
Die Entzauberung der Welt.
Zur Bedeutung von Bräuchen, Symbolen und Zeremonien
für die Tradition der Bundeswehr   175

Eberhard Birk
Plädoyer für ein europäisches Traditionsverständnis   191

Eberhard Birk / Winfried Heinemann / Sven Lange
Prolegomena für neue Traditionsrichtlinien der
Bundeswehr   203

Anhang

Thomas de Maizière
Das Ganze im Blick, das Gute als Vorbild – Das ist der Sinn
von Traditionspflege der Bundeswehr   211
Bundeswehr und Tradition. Erlass des Bundesministers der
Verteidigung Fü B I 4 – Az 35-08-07 vom 1. Juli 1965   221
Richtlinien zum Traditionsverständnis und zur Traditions-
pflege in der Bundeswehr. Bundesministerium der Vertei-
digung Fü S I 3 – Az 35-08-07 vom 20. September 1982   229

Literatur   237

Autorenverzeichnis   249

TRADITION FÜR DIE BUNDESWEHR

Einleitung der Herausgeber

Tradition ist ein schillernder Begriff, der leicht von der Zunge geht, aber schwer zu fassen ist, denn Tradition beschreibt ein Verfahren und meint zugleich dessen Inhalte. „Die Tradition aller todten Geschlechter lastet wie ein Alp auf dem Gehirne der Lebenden", bemerkte bereits Karl Marx Mitte des 19. Jahrhunderts[1]. Dennoch sind Traditionen für Streitkräfte unverzichtbar. Sie bieten geistige Orientierung und stärken das Gemeinschaftsgefühl. Keine Armee kann auf Dauer auf sie verzichten. Auch nicht die Bundeswehr.

Sollen Traditionen, zumal militärische, ihre positiven Kräfte entwickeln können, sind sie ständig zu überprüfen und fortzuentwickeln. Tradition degeneriert sonst zum Traditionalismus. Als wertebezogene Auswahl aus der Geschichte, ist Tradition also ein Prozess, der einem permanenten und rasanten Wertewandel in der Gesellschaft unterliegt, der zu keinem Ende kommt und sich deshalb festschreibenden, dauerhaften „Erlassen" entzieht.

Bundesminister der Verteidigung Thomas de Maizière hat am 14. Oktober 2011 die Wiedereröffnung des Militärhistorischen Museums der Bundeswehr dazu genutzt, eine neue Diskussion über die Tradition der Bundeswehr anzustoßen. Das ist zu begrüßen, lebt doch die Bundeswehr allen Reformbemühungen zum Trotz schon seit nunmehr 30 Jahren mit unveränderten Traditionsrichtlinien[2].

Vielen gilt dieser in den letzten Tagen der Amtszeit von Verteidigungsminister Hans Apel 1982 erarbeitete „Traditionserlass" als „großer Wurf", seine langjährige Gültigkeit als Beleg für eine hohe Qualität sowie für seine kluge Gestaltung und Formulierung. Die Langlebigkeit des Erlasses kann aber auch weit profaner begründet werden: Niemand wollte sich an die-

---

1 Karl Marx/Friedrich Engels - Werke, Band 8, "Der achtzehnte Brumaire des Louis Bonaparte", Berlin/DDR 1972, S. 115-123, hier S. 115.

2 Richtlinien zum Traditionsverständnis und zur Traditionspflege in der Bundeswehr. BMVg – Fü S I 3 – Az. 35-08-07 vom 20. September 1982 – siehe Anhang.

sem schwierigen und politisch problematischen Thema die Finger verbrennen. Der politischen Leitung des Bundesministeriums der Verteidigung und der militärischen Führung der Bundeswehr erschien es über Jahrzehnte als nicht opportun, eine Modernisierung und Neufassung zu wagen.

Umso mehr ist der Mut von Bundesminister de Maizière zu begrüßen, über die Tradition der Bundeswehr eine neue Debatte innerhalb und außerhalb der Streitkräfte anzustoßen. Angesichts der aktuellen Reform der Bundeswehr mag diese Anregung unglücklich terminiert erscheinen oder gar zur Unzeit kommen. Mancher Kritiker bemerkte, die Bundeswehr habe doch augenblicklich sicher andere und gewichtigere Sorgen. Dieser Einwand verkennt jedoch, dass eine umfassende und erfolgreiche Neuausrichtung der Bundeswehr ohne neue Aussagen zu ihrer Tradition kaum gelingen kann. Wenn sich die Bundeswehr auf neue Aufgaben hin ausrichten soll, dann darf bei allen organisatorischen und strukturellen Umgestaltungen eine Diskussion über ihre sittlichen und ethischen Werte nicht ausgeklammert werden.

Zu dieser Diskussion gehört dann auch die Frage, welche Tradition die Bundeswehr heute, fast 60 Jahre nach ihrer Gründung, hat und welche sie benötigt. Traditionsverständnis ist Selbstverständnis. Eine neue Traditionsdebatte ist notwendig, weil sich die Anforderungen an den soldatischen Dienst geändert haben und die Umstände, unter denen Soldaten heute ihren Dienst leisten, andere sind als vor 1990.

Der gültige Traditionserlass ist in Denkmustern des Kalten Krieges und der deutschen Teilung verhaftet. Das sowie sein inzwischen obsolet gewordener Zuschnitt auf die Bedürfnisse einer Wehrpflichtarmee lassen sich durch behutsame redaktionelle Eingriffe nicht heilen. Eine grundlegende Neufassung erscheint unerlässlich und überfällig, wenn die Tradition der Bundeswehr ihrer heutigen Aufgabe und ihrer Einsatzwirklichkeit entsprechen soll.

Der Aufruf des Ministers zu einer neuerlichen Traditionsdebatte hat in der Öffentlichkeit und in den Streitkräften nur ein schwaches Echo gefunden. Absicht dieses Buches ist es daher, zur weiteren Diskussion anzuregen und insbesondere konkrete Anstöße für eine Neufassung des Traditionserlasses zu geben. Dies kann nur gelingen, wenn ganz unterschiedliche Sichtweisen und Perspektiven auch von außerhalb der Bundeswehr zu Wort kommen. Das bedingt den Mut zu kontroversen Positionen.

Dazu sollen die historischen, gesellschaftlichen, philosophischen, ethischen und kulturellen Aspekte des militärischen Umgangs mit Tradition beleuchtet werden – mit Blick auf die geänderten Umstände einer Bundeswehr im wiedervereinigten Deutschland und den Rahmenbedingungen einer Armee im Einsatz. Bundesminister de Maizière hat die Geschichte der Bundeswehr selbst als wesentliche Traditionsquelle herausgestellt. Wie kann dies konkret aussehen? Bedeutet dies, dass auch die Bundeswehr als Einsatzarmee traditionsstiftend sein kann und soll?

Zugleich hat der Minister die Frage aufgeworfen, in welcher Weise die ehemalige Nationale Volksarmee der DDR, oder doch einzelne ihrer Angehörigen, in die Traditionspflege der Bundeswehr eingebunden werden können. Angesichts der Tatsache, dass die Bundeswehr zu einem erheblichen Anteil in den neuen Bundesländern, und dort auch in Soldatenfamilien rekrutiert, ist dies eine notwendige Frage. Ebenso wie die Wehrmacht hat die NVA einem Unrechtsregime gedient, aber im Gegensatz zu jener hat sie keinen verbrecherischen Krieg geführt. Wie wirkt sich das auf eine wertebezogene Auswahl aus der Geschichte aus?

In Afghanistan herrscht Krieg. Es hat lange genug gedauert, bis Öffentlichkeit und Politik in Deutschland das akzeptiert haben. Im Krieg werden Menschen getötet – nicht als bedauerlicher „Kollateralschaden", sondern als Ziel von Kampfhandlungen. Dürfen deutsche Soldaten, die aus Afghanistan heimkehren, auf ihre militärischen Erfolge stolz sein, sie in ihre Traditionspflege integrieren, wenn diese Erfolge die Tötung von Menschen beinhalten? Auch hierzu soll dieser Band Positionen entwickeln.

Wie wird die spezifisch deutsche Traditionsdiskussion im Ausland wahrgenommen? Die Frage ist von zentraler Bedeutung, denn deutsche Soldaten stehen überall, wo sie im Einsatz sind, Seite an Seite mit verbündeten Truppen. Wie wirkt sich der deutsche Umgang mit einer problematischen eigenen Militärgeschichte auf die Wahrnehmung der Bundeswehr durch die ausländischen Kameraden und Vorgesetzten aus?

Die bundesdeutsche Öffentlichkeit nimmt Anteil, wenn Soldaten im Gefecht getötet werden. Das Ehrenmal der Bundeswehr hat einen Ort geschaffen, wo Angehörige, Freunde und Kameraden trauern können und wo auch die Politik ihren Respekt vor jenen bekunden kann, die sie in den todbringenden Einsatz geschickt hat. Es gibt erste Überlegungen, Kasernen nach im Einsatz gefallenen Soldaten zu benennen – muss man aber tot sein, um als militärisches Vorbild herausgestellt werden zu können? Wird die Bundeswehr dahin kommen, ihre im Einsatz erfolgreichen militärischen Befehlshaber in Zukunft zu ehren? Antworten auf solche und ähnliche Fragen finden sich in den Beiträgen dieses Buches.

Der vorliegende Band kann und soll keine von allen Autoren gemeinsam verfochtene, abgewogene Position vertreten. Er will vielmehr die Aspekte und Rahmenbedingungen für eine Neufassung des Traditionserlasses aufzeigen sowie mögliche Ansätze dazu bieten. Dazu wird im Schlusskapitel ein möglicher neuer Traditionserlass in seinen Umrissen erkennbar. Natürlich ist nicht beabsichtigt, damit in die Kompetenzen des Ministers einzugreifen oder den von ihm angestrebten breiten Diskussionsprozess vorzeitig zu beenden. Im Gegenteil soll diese Skizze die breite Diskussion anregen und beleben.

Die Thesen des vorliegenden Bandes sollen zur Diskussion einladen, und wenn sie zu Widerspruch führen, dann liegt auch dies durchaus in der Absicht der Herausgeber. Sein Ziel ist erst dann erreicht, wenn es dazu beiträgt, jenen breiten gesellschaftlichen Diskurs über die Tradition und den Wertehaushalt der Streitkräfte herbeizuführen, den Bundesminister de Maizière einfordert.

BUNDESWEHR UND TRADITION

Ulrich Schlie

Das Verhältnis der Bundeswehr zur Wehrmacht ist bis heute im Zentrum der kritischen Betrachtung des Traditionsverständnisses der deutschen Streitkräfte geblieben. Noch im April 2012 etwa meinte der Militärhistoriker Wolfram Wette in der Wochenzeitung „Die Zeit", dass sich die Bundeswehr bis heute nicht „von dem übermächtigen Bild der Nazi-Wehrmacht" habe lösen können: „Die Bundeswehr und die Tradition, das ist eine unselige, unendliche Geschichte."[1] Ist diese Behauptung indes gerechtfertigt? Es dürfte in der Geschichte von Streitkräften wohl einzigartig sein, dass sich eine Armee seit ihrer Begründung mit einem Anfangsverdacht begleitet weiß. Zu den Konsequenzen für das Traditionsverständnis in der Bundeswehr gehört seitdem, dass sie in einem viel stärkeren Maße als andere Institutionen – etwa der Verfassungsschutz oder der Bundesnachrichtendienst – ihre eigene Vergangenheit vor und mit der Öffentlichkeit diskutiert, dass Traditionsverständnis und Geschichtsbild der Streitkräfte immer wieder im Prisma der öffentlichen Meinung betrachtet werden. Ist es eine nur allzu natürliche Folge, dass es vor diesem Hintergrund in den deutschen Streitkräften bisweilen zu „vorauseilendem Gehorsam" kam, der sich darin zeigte, dass um das Thema Bundeswehr und Tradition ein weiter Bogen gemacht wurde?

In gewissem Widerspruch dazu steht die in allen Staaten der Europäischen Union und der Nordatlantischen Allianz fortschreitende Tendenz der zunehmenden Internationalisierung und der damit verbundenen Anpassung an internationale Standards. Es zählt heute zu den Grundgegebenheiten für die Stellung von Streitkräften in Staat und Gesellschaft, dass diese immer engere internationale Verflechtung der Verteidigungspolitik der Nationen – insbesondere im und durch das Nordatlantische Bündnis – dazu führt, dass sich durch die gemeinsamen Erfahrungen in den Auslandseinsätzen im Rahmen der friedenssichernden und friedensschaffenden Missionen der Vereinten Nationen, der Europäischen Union und der Nordatlantischen Allianz, sowie die damit verbundene täglich erlebte Wirklichkeit der integrierten Stäbe und

---

1   Wette, Entsorgte Erinnerung.

militärischen Kommandobehörden des Bündnisses internationale Standards herausbilden. Die Orientierung vollzieht sich mehr und mehr in der Ausrichtung an den Bündnispartnern.

Für die deutsche Bundeswehr bringt dies mit sich, dass die Herausforderung der Auslandseinsätze immer stärker das berufliche Selbstverständnis bestimmt: Nicht ohne Grund ist sie auch leitend für die gegenwärtige Neuausrichtung der deutschen Streitkräfte. Ist indes mit dieser Internationalisierung zugleich auch eine Anpassung in Form einer Normalisierung verbunden? Auch und gerade mit Blick auf die Pflege der militärischen Traditionen, lange Zeit ein Stiefkind der Bundeswehr, stellen sich deshalb heute ganz neue Anforderungen. Aus dieser Tendenz erwächst freilich ein gewisses Spannungsfeld, das sich zudem daraus ergibt, dass die Erfahrungen der Nationen im 20. Jahrhundert gerade bei der Traditionspflege in den einzelnen Staaten grundverschiedene Voraussetzungen geschaffen haben. Die Formulierung der Einsicht, dass Tradition auch heute unersetzbar für das Selbstverständnis von Streitkräften ist, würde in Großbritannien, den Vereinigten Staaten oder Frankreich Verwunderung auslösen, da dies dort als Selbstverständlichkeit betrachtet wird. In Deutschland ist diese Einsicht hingegen weniger weit verbreitet, und das hat vor allem mit dem schwierigen Verhältnis der Deutschen zum Militärischen als Konsequenz der Erfahrungen der ersten Hälfte des 20. Jahrhunderts zu tun.

Ein distanziertes, bisweilen auch misstrauisches, zumindest aber zurückhaltendes Verhältnis von Staat, Gesellschaft und dem Militärischen hat sich in Deutschland bis heute erhalten. Dies hängt, erstens, vor allem mit den Erfahrungen der Weimarer Republik zusammen, als die Reichswehr tendenziell einen Staat im Staate verkörperte und auf Distanz zur „Republik ohne Republikaner" ging, und, zweitens, mit dem Missbrauch des Soldatischen und des nationalen Pathos in der nationalsozialistischen Zeit. Die politische und moralische Katastrophe des Zweiten Weltkrieges war so total, dass neben der von den Siegermächten auferlegten Demilitarisierung auch das Bewusstsein, in einem bis dahin nicht gekannten Ausmaß, Tod und Zerstörung in die Welt gebracht zu haben, äußerste Zurückhaltung gegenüber allem Militärischen zu einem weit verbreiteten Phänomen werden ließ.

Es hat mit dieser Geschichte und diesen Erfahrungen zu tun, dass die Bestimmung von Tradition und ihre Pflege in der Bundeswehr seit ihrer Begründung im Jahr 1955 nie einfach war, vielmehr immer wieder Anlass zu Fragen gegeben und bisweilen auch zu Missverständnissen und Unsicherheiten im Umgang geführt hat. Die Niederlage von 1945 war so vollkommen, dass es in der Konsequenz der von den Siegermächten den Deutschen auferlegten Bedingungen über zehn Jahre dauerte, bis überhaupt wieder Streitkräfte aufgestellt werden konnten. Die Bundeswehr erblickte das Licht der Welt in Gestalt eines eigenen Verteidigungsbeitrags im Rahmen des Nordatlantischen Bündnisses, und dieser Beitrag war vor allem anderen den Erfordernissen einer spezifischen weltpolitischen Situation geschuldet.

Das Bekenntnis zum Grundgesetz und das Einverständnis mit einem inneren Gefüge, das sich an den Grundsätzen und demokratischen Gepflogenheiten orientierte, fiel manchen schwer, und groß war auch das Misstrauen derjenigen, die sich aus grundsätzlichen Erwägungen gegen eine „Wiederbewaffnung" gewandt hatten. Die Erfahrung des Missbrauchs von Idealismus und Vaterlandsliebe in der Zeit der nationalsozialistischen Diktatur saß tief. Die unsichere Weltlage, hie und da auch die Illusion vom „dritten Weg" als Wiedervereinigungsoption um den Preis einer Neutralisierung Gesamtdeutschlands, die Wunschvorstellung, Mitte oder Brücke zwischen Ost und West sein zu können, waren ausschlaggebend für weit verbreitete Skepsis gegenüber dem deutschen Streitkräftebeitrag. Jene Soldaten, die am 12. November 1955 – an Scharnhorsts 200. Geburtstag – in einer zugigen Fahrzeughalle in der Bonner Ermekeilstraße in einem bescheidenen militärischen Zeremoniell vereidigt wurden, waren Inbegriff einer in ihrem nationalen Selbstbewusstsein zutiefst erschütterten Nation, die beinahe gänzlich auf die äußerlichen Attribute staatlicher Machtentfaltung verzichtete und die seitdem gerade in ihrem Verhältnis zum Militärischen immer wieder von Bescheidenheit, Zurückhaltung, nicht selten auch Misstrauen geprägt ist.

Diese grundlegende Entscheidung war der Notwendigkeit geschuldet, dem freien Teil des geteilten Landes Schutz in der Staatengemeinschaft des Westens zu bieten. Ihr gingen leidenschaftliche Debatten zwischen Anhängern und Gegnern der Wiederbewaffnung voraus, bei denen es auch um Fragen der grundsätzlichen Orientierung der deutschen Politik ging. Die Heftigkeit, mit welcher der deutsche Wehrbeitrag damals debattiert wurde, schimmerte später nochmals in den Auseinandersetzungen um den NATO-Doppelbeschluss in den frühen 1980er Jahren durch, hat allerdings in dieser Intensität danach keine Wiederkehr erfahren, wenn es um die Rolle von Streitkräften ging.

Die unheilvolle Gleichsetzung zwischen nationalsozialistischer Aggressionspolitik und preußischem Militarismus – eine bleibende Folge der skrupellosen Indienstnahme Preußens im Dritten Reich – hat das Ihre dazu beigetragen, dass das Militärische in der Bundesrepublik von Anfang an einen schweren Stand hatte. Die Frage, was nun als ein tradierungswürdiges Vorbild anzusehen sei, ist vor diesem Hintergrund in der Bundeswehr besonders schwer zu beantworten, denn die Vorbilder aus der jüngeren Vergangenheit verfügten alle über eine persönliche Biographie mit einem Vorleben. Wie aber sollte Tradition begründet werden, wenn man sich mit Vorbildern so schwer tun musste? Gewiss, Vorbilder allein können noch keine Tradition schaffen, aber sie sind Voraussetzung dafür, dass sich Traditionen herausbilden.

Erschwerend kam als weiteres die preußisch-deutsche Militärtradition mit ihrer Methode hinzu, über Dienstvorschriften, Verordnungen und Weisungen quasi einen Anforderungskatalog zu formulieren und vom einzelnen Beispiel auf das allgemein Gültige zu schließen. Auch sie hatte sich auf die Bundeswehr vererbt und findet sich in dem bis heute bezeichnenden Bestreben wieder, in Richtlinien und Erlassen möglichst enge Vorgaben zu machen, die dann wiederum oftmals sehr eng ausgelegt wurden. Vor diesem Hintergrund erklärt sich auch die Bedeutung, die die beiden Traditionserlasse der Bundeswehr von 1965 und 1982 erlangten.[2] Und es zeigt sich dabei, dass auch noch so klar formulierte Erlasse das Grundproblem des richtigen Traditionsbewusstseins und der Traditionspflege nicht lösen können.

„Tradition ist Überlieferung", heißt es im Erlass von 1965, der Traditionspflege als „Teil der soldatischen Erziehung" begriff.[3] Und auch der bis

---

[2] Erlass BMVg „Bundeswehr und Tradition" vom 1. Juli 1965 – siehe Anhang.

[3] Erlass BMVg „Bundeswehr und Tradition" vom 20. September 1982 – siehe Anhang.

heute gültige Traditionserlass von 1982 ist sowohl in seiner definitorischen Aussage, dass Tradition die Überlieferung von Werten und Normen sei, als auch in seiner daraus abgeleiteten Folgerung, Tradition verbinde die Generationen, sichere Identität und schlage eine Brücke zwischen Vergangenheit und Zukunft, völlig eindeutig, ohne indes für die sich in der Praxis daraus ergebenden Problemstellungen Handlungsanweisungen zu geben. Denn genau jene Brücke zwischen Vergangenheit und Zukunft war 1945 zerbrochen, und das Verhältnis zur eigenen Geschichte von Unsicherheit, Zerrissenheit, Anklage, bisweilen auch Müdigkeit – einem taedium historiae – geprägt.

Die Kenntnis der Militärgeschichte bildet indes die Folie, vor der diese Selbstvergewisserung erfolgt, das Urteil geschult und die Scheidung der Geister ermöglicht werden. Gerade das Beispiel der angelsächsischen Länder zeigt, wie wichtig die Orientierung an einzelnen herausragenden militärischen Führern für die Herausbildung des soldatischen Selbstverständnisses ist. Montgomery, MacArthur, Eisenhower oder Patton, ihre militärfachlichen Leistungen und ihre Bewährung im Einsatz waren und sind in den britischen und amerikanischen Streitkräften – unabhängig von ihrer politischen Bewertung – für ganze Generationen von jungen Soldaten beispielgebender Ansporn. In der Kontrastierung dazu zeigt sich besonders deutlich die durch den tiefen Einschnitt der beiden Weltkriege begründete Erschütterung der deutschen Streitkräfte und die daraus resultierende Unsicherheit. Denn welcher militärische Führer aus der jüngeren Vergangenheit könnte in der Bundeswehr als traditionsbegründend und vorbildfähig gelten? Generalfeldmarschall Erwin Rommel etwa, der „Wüstenfuchs", war zweifelsohne einer der populärsten militärischen Führer im Zweiten Weltkrieg. Er wurde nach erfolgter alliierter Invasion und aufgrund mutmaßlicher Nähe zu den Attentätern des „20. Juli" im September 1944 von Hitler zum Selbstmord gezwungen und, heuchlerischer Höhepunkt, mit einem Staatsbegräbnis beigesetzt. Rommel wäre auf Grund seiner militärischen Erfolge noch am ehesten dafür geeignet gewesen, doch sein einst gläubiges Verhältnis zum Nationalsozialismus, die bereitwillige Vereinnahmung durch die nationalsozialistische Propaganda und die von der Geschichtswissenschaft bis heute ungeklärte Frage nach seiner Haltung zu Staatsstreich und Attentat gegen Hitler lassen es als geboten erscheinen, Rommel für die Ahnengalerie der Bundeswehr nicht ganz in den Vordergrund zu rücken und der Geschichtswissenschaft die Beantwortung offener Fragen zu überlassen. Erst recht gilt dies für einige der bedeutendsten Militärs des Zweiten Weltkriegs, etwa die Feldmarschälle Manstein und Kesselring oder den Generaloberst Guderian, die bei allem militärfachlichen Können zuallererst als Hitlers Generale sowie als missbrauchte Werkzeuge einer zügellosen Eroberungspolitik in die Geschichte eingegangen sind und durch ihr Versagen, gegen die Kriegführung ohne Humanität im Osten ihre Stimme zu erheben und sich dem „Aufstand des Gewissens", dem militärischen Widerstand gegen Hitler anzuschließen, selbst das geschichtliche Urteil über ihr Handeln (und ihr Unterlassen) gefällt haben.

Am Beispiel von Generaloberst Eduard Dietl werden die bundesrepublikanischen Schwierigkeiten beim Umgang mit der Tradition besonders deutlich. Dietl, einst Kriegsteilnehmer im Ersten Weltkrieg und nach der Niederlage 1918 Mitglied des Freikorps Epp, wurde im Zweiten Weltkrieg als erster Soldat mit dem Eichenlaub zum Ritterkreuz ausgezeichnet. Er führte als General der Gebirgstruppe das Gebirgskorps Norwegen und später, als Oberbefehlshaber der Lappland-Armee, die gesamten Streitkräfte in Norwegen. Dietl fand nach einem Besuch im Führerhauptquartier im Juni 1944 bei einem Flugzeugabsturz den Tod und wurde mit einem Staatsakt beigesetzt. Nach dem „Helden von Narvik" wurde 1964 in Füssen die Generaloberst Dietl-Kaserne benannt, 1995 erfolgte nach anhaltenden Protesten und öffentlichen Diskussionen die vom damaligen Verteidigungsminister Volker Rühe verfügte Umbenennung in „Allgäu-Kaserne". Dietl war ein fanatischer Nationalsozialist, dem Adolf Hitler in einem Staatsakt vom 1. Juli 1944 in persönlichen Worten bescheinigte, einer „meiner treuesten Kameraden aus langer, schwerer, gemeinsamer Kampfzeit" gewesen zu sein. „Er ist für mich der erste Offizier der deutschen Wehrmacht, der in meine Gedankenwelt eingedrungen war und sich blind und ohne Kompromisse zu ihr bekannt [hat]".[4] Nach Dietl hätte im freiheitlich-demokratischen Gemeinwesen nie eine Kaserne benannt werden dürfen, wenn man Geist und Buchstaben des im folgenden Jahr in Kraft tretenden Traditionserlasses aus dem Jahr 1965

---

4   Zitat nach Keesings Archiv der Gegenwart vom 1. Juli 1944, Seite 6432.

zugrunde gelegt hätte, in dem eindeutig festgelegt wurde, dass ein Unrechtsregime keine Tradition begründen kann.

Selten war, wie im Falle Dietls, das historische Urteil so eindeutig. Häufiger indes ging es bei der Frage nach dem richtigen Traditionsverständnis um die Bewertung von Grenzfällen im Übergangsfeld zwischen Schwarz und Weiß, wo insbesondere mit dem zeitlichen Abstand die historische Urteilsbildung schwerer fällt. So etwa berief sich im vorläufig jüngsten Kontroversfall, dem des Jagdfliegers Werner Mölders, Verteidigungsminister Struck auf einen Beschluss des Deutschen Bundestags aus dem Jahr 1998. Die Bundesregierung solle demnach „dafür Sorge [...] tragen, dass Mitgliedern der Legion Condor in Deutschland nicht weiter ehrendes Gedenken z.B. in Form von Kasernenbenennungen der Bundeswehr zuteil wird."[5] Auf dieser Grundlage wurde im März 2005 der Traditionsname Mölders aus dem Arsenal der Bezeichnungen der Bundeswehr getilgt. Nach dem im November 1941 bei einem Flugzeugabsturz ums Leben gekommenen, hoch dekorierten Offizier mit der damals höchsten Anzahl abgeschossener feindlicher Flugzeuge war unter anderem seit dem Jahr 1974 das in Neuburg an der Donau stationierte Jagdgeschwader 74 der Luftwaffe benannt.

Auch die Geschichte des Großen Zapfenstreiches, der seine Einführung der Entscheidung König Friedrich Wilhelms III. von Preußen in der Zeit der Befreiungskriege verdankt, den zum Abendappell der Garnisonen üblichen Zapfenstreich durch Präsentieren des Gewehrs für die Truppe feierlich auszugestalten, zeigt die Missverständnisse und den Rechtfertigungsdruck, mit denen die Bundeswehr seit ihrer Begründung leben muss. Immer wieder wurde der Große Zapfenstreich als antiquiertes, öffentliches Ritual, vielleicht gar als Ausdruck eines nicht überwundenen Militarismus früherer Zeiten angegriffen. Dabei wurde übersehen, dass er nur „das lebende Symbol der Verbindung von Armee und Staat auf dem Fundament der Allgemeinen Wehrpflicht und des Staatsbürgerlichen Wehrdienstes"[6] ist und zu Recht in der Bundesrepublik mit Begründung der Bundeswehr wieder als staatliche

---

5   Beschluss des Deutschen Bundestages vom 24. April 1998.

6   Rühl, Symbol von Integration und Loyalität.

Ehrung eingeführt wurde, war es doch Hitler gewesen, der mit der Aufhebung der Eigenständigkeit der Wehrmacht in der Reichsexekutive den Großen Zapfenstreich seiner nationalen Symbolik entledigt hatte.

Dass das Verhältnis der Bundeswehr zu ihren Vorgängerinnen – insbesondere Wehrmacht und Reichswehr – eine zentrale Frage von Anfang an gewesen ist, ergibt sich folgerichtig aus den Lebensläufen der Aufbaugeneration. Für die Angehörigen der Gründungsgeneration der Bundeswehr war es die Regel, in der Wehrmacht und, jedenfalls für einen Teil von ihnen, auch noch in der Reichswehr gedient zu haben. War es vor diesem Hintergrund verwunderlich, dass die Auseinandersetzung mit der Geschichte – und Geschichte hieß in den meisten Fällen ganz wortwörtlich persönlich erlebte und erlittene Geschichte – über lange Zeit unbewältigt bleiben musste? Es war deshalb verständlich, dass der Gegensatz der Generationen in der Bundeswehr über lange Zeit markanter war als in anderen Streitkräften, die auf eine ungebrochene Tradition zurückblicken konnten.

Wenn es in der Frühphase der Bundeswehr hie und da durchbrechende restaurative Tendenzen gab und die Berichte des Wehrbeauftragten des Deutschen Bundestags sich immer wieder auf das innere Gefüge der Truppe, das Verhältnis zwischen Soldaten und Rechtsstaat bezogen, so war dies zunächst auch ein Indikator für den Mangel an gut ausgebildeten Führern und Unterführern. Die Neigung der Gesellschaft, hierin ein Fortleben antidemokratischer Tendenzen, gar eine Wiederkehr der Gespenster von Weimar mit einer sich abkapselnden, gegenüber dem staatlichen Gemeinwesen in seiner Grundhaltung indifferenten Reichswehr zu erblicken, hat dies offenbar gefördert. Aus diesem Misstrauen und den damit verbundenen Diskussionen sind manche der Abwehrreflexe in der Geschichte der Bundeswehr zu verstehen, und sie mögen auch das Echo erklären, das Entgleisungen in Einzelfällen hervorgerufen haben.

Immer vor dem Hintergrund einer tiefgehenden gesellschaftlichen Durchleuchtung betrachtet, sind die wirklich gravierenden Fälle, in denen schwerwiegende Verstöße gegen den demokratischen Geist der Gesetze und erkennbare falsche Kontinuitätslinien gezogen wurden, zahlenmäßig begrenzt. Es kann deshalb mit Fug und Recht als eine Erfolgsgeschichte bezeichnet werden, dass die Zahl unzweifelhafter Verstöße gegen den Geist der

Streitkräfte in der Demokratie in der Bundeswehr sehr überschaubar geblieben ist. Es waren nie mehr als Verirrungen einzelner, die dann mit großem publizistischen Getöse ein angeblich rückwärts gerichtetes Selbstverständnis in der Bundeswehr belegen sollten, so etwa jenes spektakuläre Kameradschaftstreffen, zu dem die erste Staffel des Aufklärungsgeschwaders 51 Immelmann 1976 den einstigen Immelmann-Kommodore und bekennenden Rechtsradikalen, den höchstdekorierten Offizier der Wehrmacht, Hans-Ulrich Rudel, ins Bremgartener Offizierskasino eingeladen hatte, was letztlich zur Entlassung von zwei Generalen der Luftwaffe durch den damaligen Verteidigungsminister Georg Leber geführt hatte. Auch 1981 waren es nur einige wenige, die bei der Beisetzung von Großadmiral Karl Dönitz, dem Nachfolger Hitlers als Staatsoberhaupt für 23 Tage im Mai 1945, gegen das Uniformtrageverbot verstießen und dadurch das Ansehen der Bundeswehr beeinträchtigten.

Diese Einzelfälle dürfen freilich nicht darüber hinwegtäuschen, dass das Bedürfnis der Deutschen nach vermeintlicher Heroisierung seit dem verlorenen Krieg eher gering ausgeprägt war. Es ging, wie Bundeskanzler Konrad Adenauer in seinem Vorwort zu den „Gedanken und Planungen der Dienststelle Blank" – der Denkschrift „Vom künftigen deutschen Soldaten" – schrieb, vielmehr darum, „die Überzeugung von den Werten eines Soldatentums zu festigen, das seine Aufgabe in der Bewahrung der freiheitlichen Lebensordnung und des Friedens sieht."[7] Die veränderte Weltlage, Deutschlands stark beeinträchtigte strategische Position und daraus erwachsende neue Aufgaben bedeuteten den wohl tiefsten Einschnitt in der deutschen Militärgeschichte. Zum ersten Mal wurden in Deutschland Streitkräfte aufgebaut, die nicht an Traditionen älterer Truppenverbände anknüpfen konnten. Das Innere Gefüge – in der Denkschrift Blank wurde darunter die „sittliche Gesamtverfassung [als] Teil und Spiegelbild der staatlichen und sozialen Grundordnung"[8] verstanden – folgte der Einsicht in den neuen Auftrag. Es war freilich bereits bei Blank auch schon von einem tief sitzenden Misstrauen gegenüber den eigenen Fähigkeiten der historischen Einordnung die Rede,

---

7   Vom künftigen deutschen Soldaten, Widmung [S. 5].

8   Ebd., S. 22.

und er leitete daraus die Handlungsempfehlung ab: „Der Mangel an Geschichtskenntnissen und der nicht abzuleugnende Verfall geschichtlichen Bewusstseins in unserer Zeit sollten gerade in Fragen der Tradition zur Behutsamkeit raten, will man nicht einer bequemen Restauration zum Opfer fallen."[9]

Dies war die Analyse, die an den Anfängen der Bundeswehr stand. Behutsamkeit als Richtschnur, dies ist für die Bundeswehr, ihre politische und militärische Führung, bis heute bestimmend geblieben, und diese Analyse bildete die Folie, vor der die damals leidenschaftlich geführten Debatten um die Innere Führung sowie Eid und Gelöbnis gesehen werden muss. Die im Handbuch Innere Führung von 1957 festgehaltene Definition, Innere Führung heiße nicht Auflösung der soldatischen Disziplin und bedeute nicht Verweichlichung[10], sowie die Berufung auf genau jene Passagen in Reden und öffentlichen Einlassungen, etwa des ersten Kommandeurs der Schule der Bundeswehr für Innere Führung und späteren Generalinspekteurs General Ulrich de Maizière,[11] lassen etwas erahnen von den Schwierigkeiten und Mutmaßungen, die die Anpassung bisheriger soldatischer Auffassungen und Formen an die gewandelten Voraussetzungen begleiteten.

Die kontroverse Diskussion über den Eid, wie sie dann im „Gesetz über die Rechtsstellung der Soldaten" (Soldatengesetz) schließlich in die Wiederaufnahme aller bisherigen Eidinhalte – freilich mit Ausnahme des 1934 eingeführten persönlichen Eids auf Adolf Hitler – mündete, war auch dem Ziel geschuldet, eine rechtliche Gleichstellung zwischen Soldaten und Beamten zu erwirken. Der Grundsatz des „gewissenhaften Gehorsams" und die Innere Führung mit ihrer Bindung des soldatischen Dienens an die Normen und Werte des Grundgesetzes setzten einen engen Rahmen, dessen

---

9   Ebd., S. 20.

10   Handbuch Innere Führung, S. 173.

11   Innere Führung. Vortrag anläßlich der Kommandeurtagung der Luftwaffe in Bonn am 15. Dezember 1961, abgedruckt in: de Maizière, Bekenntnis zum Soldaten, S. 1 ff.

Einhaltung von Deutschem Bundestag und öffentlicher Meinung aufs Genaueste, und bisweilen auch unerbittlich, geachtet wurde.

Die Bundeswehr ist die erste deutsche Streitkraft in einem freiheitlich-demokratischen Rechtsstaat. Die Rechtsordnung des Grundgesetzes, die in ihr begründeten Rechte und Pflichten sind auch für den Dienst in den Streitkräften maßgeblich. Die Werteordnung des Grundgesetzes bildet den Rahmen, in dem Traditionspflege vertieft, ja überhaupt erst entstehen kann! Denn die Gewissheit, dass sich die Streitkräfte auf eine funktionierende Ordnung, auf ein demokratisches Gemeinwesen, verlassen können, ist wesentliche Voraussetzung dafür, dass sich Bindung, Vertrauen und auch demokratische Grundsätze nach Innen entfalten können. Nichts anderes hat der frühere Bundeskanzler Helmut Schmidt gemeint, als er am 20. Juli 2008 in einer bemerkenswerten Rede aus Anlass des Öffentlichen Gelöbnisses vor dem Reichstag den Grundwehrdienstleistenden zurief: „Dieser Staat wird Euch nicht missbrauchen."[12]

Von daher entspricht es den Entwicklungen der Zeit, dass die Bundeswehr ihr Selbstverständnis als friedensschaffende und friedenserhaltende Armee, wie es gerade im wiedervereinigten Deutschland mit den größer gewordenen internationalen Aufgaben durch zahlreiche außenpolitische Anlässe unterstrichen und gefestigt wurde, dazu nutzt, ihre eigene Geschichte in den Blick zu nehmen und sich in der Frage des Traditionsverständnisses an britische oder französische Streitkräfte anzunähern. Denn mittlerweile verfügt die Bundeswehr nach mehr als fünf Jahrzehnten ihres Bestehens über eine eigene Geschichte, die für viele Jüngere nur noch in Teilen selbst erlebte Geschichte ist. Über 50 Jahre: Das ist länger als das deutsche Kaiserreich von 1871 und mehr als doppelt so lang wie Weimarer Republik und „Drittes Reich" zusammen. Auch diese eigene Geschichte der Streitkräfte in der Demokratie kann Tradition begründen. Und gerade in den letzten Jahren hat die Bundeswehr auf vielfältige Weise – mit Kasernenbenennungen, mit den Schwerpunkten ihrer militärgeschichtlichen Arbeit und in der politischen Bildung – diese eigene Geschichte zum Gegenstand gemacht. Ins allgemeine

---

12   Helmut Schmidt. Rede aus Anlass des feierlichen Gelöbnisses der Rekruten der Bundeswehr am 20. Juli 2008 in Berlin.

Bewusstsein dringt dies nur allmählich vor. Dies mag auch damit zusammenhängen, dass bei der Beschäftigung mit der eigenen Vergangenheit noch immer die jener Behutsamkeit geschuldete Unsicherheit zu verspüren ist, die über lange Zeit die Begrenzung auf lediglich drei Traditionslinien ergab, wie sie von Bundesminister Rudolf Scharping 1998 in einer Rede zum 25jährigen Bestehen der Universität der Bundeswehr skizziert worden waren: „...die Ideen der preußischen Staats- und Heeresreformer von 1806, die Ideale des deutschen Widerstands gegen den Nationalsozialismus und die eigene Tradition der Bundeswehr als Armee in der Demokratie und einem Bündnis von Demokratien."[13]

Die Fixierung auf diese lediglich drei Traditionslinien als geistig-historische Richtschnur für die Bundeswehr erlangte fast den Status der verbindlichen Auslegung des Traditionserlasses und ersetzte damit mehr und mehr die intensive Beschäftigung mit der eigenen Vergangenheit. Es mag mit jener Tendenz zusammenhängen, dass sie, wie Bundesminister zu Guttenberg zu Recht in seiner Hamburger Rede im Mai 2010 vor der Führungsakademie der Bundeswehr im Mai 2010 ausgeführt hat, jene „apodiktische Trennung aller Bande zur älteren deutschen Militärgeschichte vor 1933" gefördert hat.[14]

Entspricht es hingegen nicht gerade dem Verständnis des Grundgesetzes, bei der Suche nach vorbildlichen soldatischen und militärischen Leistungen die ganze deutsche Geschichte in den Blick zu nehmen und auf Beispiele für „Mannesmut vor Fürstenthronen", für Tapferkeit und Zivilcourage zu verweisen, um sie für soldatisches Handeln in der Gegenwart nutzbar zu machen und neu zu entdecken? Die preußisch-deutsche Geschichte ist reich an Beispielen für couragiertes Handeln Einzelner: von der Marwitz, Yorck von Wartenburg, Scharnhorst und Gneisenau stehen stellvertretend für manch andere, und die von einem kritischen Kommentator unterstellte The-

---

13   Rudolf Scharping, Festansprache anlässlich des 25jährigen Bestehens der Universität der Bundeswehr Hamburg am 11. November 1998.

14   Karl-Theodor zu Guttenberg, Grundsatzrede anlässlich des Besuches der Führungsakademie der Bundeswehr und der Kommandeurtagung der Streitkräftebasis am 26. Mai 2010 in Hamburg.

se, die Anrufung preußischer Vorbilder würde den lange und mühsam entwickelten Traditionskonsens gefährden, zielt ins Leere.[15]

Brechen auch manchmal Tendenzen in der Bundeswehr durch, dem Thema Tradition ganz aus dem Wege zu gehen, so kann in der Gesamtbetrachtung nicht davon die Rede sein, dass die Bundeswehr es sich mit ihrer eigenen Geschichte leicht gemacht hätte. Dies zeigt sich auf exemplarische Weise mit Blick auf Erinnerung und Gedenken des Ereignisses des 20. Juli 1944. Die Bewertung des militärischen Widerstands gegen Hitler, die Frage nach der Traditionswürdigkeit von Staatsstreich und Attentat vom 20. Juli 1944, war in gewisser Hinsicht das erste große Thema, das zum Testfall für die neue Bundeswehr wurde. Der Personalgutachterausschuss, der vom Deutschen Bundestag im Sommer 1955 eingesetzt worden war, hatte ganz in Übereinstimmung mit den Überlegungen im Amt Blank die Bewertung des 20. Juli 1944 zutreffend und in weiser Vorausschau als den „Prüfstein für eine sorgfältige Auswahl des Führerkorps aller Ebenen"[16] identifiziert, als der er sich in der Praxis entwickeln sollte.

Bereits 1956 wurde die einstige NS-Ordensburg Sonthofen in Generaloberst-Ludwig-Beck-Kaserne umbenannt. Es war indes vor dem ersten dort einberufenen Lehrgang für höhere Offiziere, dass im darauffolgenden Jahr der vom Ministerium ausgesuchte Referent, Major Trentzsch, in seinem Vortrag über „Der Soldat und der 20. Juli" in seiner Beurteilung der Erhebung indifferent blieb und daraus die Folgerung zog, dass dem Soldaten von heute kein Urteil über die Männer vom 20. Juli vorgeschrieben werden könne.[17] Aus diesem Missverständnis der Indifferenz wurde die Bundeswehr erst dauerhaft befreit, als der erste Generalinspekteur der Bundeswehr, General Adolf Heusinger, in seinem Tagesbefehl zum 20. Juli 1959 unmissverständlich klarstellte, dass der 20. Juli 1944 ein Lichtpunkt in der dunkelsten Zeit Deutschlands gewesen sei. Der am 15. Jahrestag der Erhebung an die Truppe

---

15   Wette, Entsorgte Erinnerung.

16   Wiggershaus, Zur Debatte um die Tradition, S. 75 f.

17   Karl Christian Trentzsch, Der Soldat und der 20. Juli. Vortrag vor dem I. Lehrgang für höhere Offiziere der Bundeswehr in Sonthofen, Darmstadt 1956, S. 32.

gerichtete Tagesbefehl endete mit den Worten: „Wir Soldaten der Bundeswehr stehen in Ehrfurcht vor dem Opfer jener Männer, deren Gewissen durch ihr Wissen aufgerufen war. Sie sind die vornehmsten Zeugen gegen die Kollektivschuld des deutschen Volkes. Ihr Geist und ihre Haltung sind uns Vorbild."[18]

Heusinger, der selbst als Unbeteiligter und Vortragender bei der „Führerlage" am 20. Juli 1944 beim Attentatsversuch in der Wolfsschanze beinahe ums Leben gekommen wäre, entzog mit diesen klaren Worten aufkeimenden Diskussionen den Boden. Als Berufungsgrundlage von großer Hilfe erwies sich dabei, dass Bundespräsident Theodor Heuss kurz zuvor in einer Rede in der Führungsakademie der Bundeswehr am 12. März 1959 davon gesprochen hatte, dass die Wehrmacht ihre Märtyrer in den Soldaten des 20. Juli gefunden habe.[19] Die Diskussion über Verräter oder Patrioten, die mit Blick auf die Männer des Widerstands in den 1950er Jahren in Deutschland noch leidenschaftlich geführt wurde, war in der Bundeswehr von da an eindeutig beantwortet. Es kann deshalb zu Recht festgehalten werden, dass die Bundeswehr damit schon sehr früh, nämlich zu einer Zeit, als bei nicht wenigen Deutschen noch immer die nationalsozialistische Propagandaformel von der „kleinen, verbrecherischen Adelsclique von verschwörerischen Offizieren" Wirkung zeigte, die Erinnerung an den „20. Juli" gepflegt und das Handeln der „Männer vom 20. Juli" in ihr Leitbild vom „Staatsbürger in Uniform" aufgenommen hat. Wenn zu den ersten Angehörigen der neu aufgestellten Bundeswehr Mitglieder der Familien Stauffenberg, Freytag von Loringhoven, Oster oder Speidel gehörten, so ist dies auch als Beleg zu bewerten, dass sich die Bundeswehr in ihren Anfängen deutlicher als manch andere öffentliche Einrichtung in den frühen Jahren der Republik ihrer Vergangenheit gestellt hat.

Das Beispiel jener aufrechter Männer und Frauen um Stauffenberg, die in scheinbar aussichtsloser Situation das Äußerste wagten und ihr Leben

---

[18] General Adolf Heusinger, Tagesbefehl des Generalinspekteurs vom 20. Juli 1959.

[19] Theodor Heuss, Rede vor der Führungsakademie der Bundeswehr am 12. März 1959.

gaben, wurde in den jungen Streitkräften zum verordneten Vorbild. Wer sich dazu bekennt, dass Freiheit und Recht den besonderen staatlichen Schutz verdienen und, wenn es darauf ankommt, auch verteidigt werden sollen, der tut sich leichter, wenn er sich auf das beispielgebende Vorbild in der Geschichte berufen kann. Es war ein Glücksfall, auf Mut, Tapferkeit und Zivilcourage der Männer und Frauen des 20. Juli verweisen zu können, denn den Männern und Frauen vom 20. Juli 1944 verdankt es die Bundesrepublik, dass in den dunkelsten Stunden der Diktatur ein Licht der Humanität zum Leuchten gebracht wurde, das nach dem verlorenen Krieg die Rückkehr in die freie Staatengemeinschaft ganz wesentlich ermöglicht hat. Die Motive der Männer und Frauen vom 20. Juli waren in ihrem Kern so zeitlos-bestechend wie eindeutig. Sie galten der Wiederherstellung von Recht und Anstand, der Freiheit des deutschen Volkes und der baldigen Beendigung eines Krieges ohne humanitäre Begrenzung.

Die Pflege der Tradition ist seit jeher an Geschichtsbewusstsein und die Existenz fester Orientierungspunkte gebunden. Deshalb ist der Platz der Militärgeschichte in der soldatischen Ausbildung herausgehoben. Militärgeschichte bildet die Grundlage für eine solide historische Bildung und sie gehört wesentlich zu einer wertegebundenen Traditionspflege. Für die Militärgeschichte gilt im Besonderen, was für Geschichte als Wissenschaft im Allgemeinen zutrifft: Die Geschichte entnimmt ihre Fragestellungen der jeweiligen Gegenwart, und sie dient letztlich dem tieferen Verständnis der Gegenwart. Gerade deshalb ist es wichtig, im Rahmen im Rahmen des historischen Unterrichts der Militärgeschichte strategisch-operative Themen aufzugreifen, wie sie sich aus den Erfordernissen der für Streitkräfte heute mehr und mehr bestimmenden Wirklichkeit der Einsätze ergeben. Dies hat, im Resultat, auch Auswirkungen auf das Traditionsverständnis, genauso wie die immer engere Partnerschaft in der Europäischen Union es erfordert, den Blick über die eigene Nationalgeschichte hinaus zu richten. Die internationale Einbindung mag dabei helfen, denn der Wert von Geschichte und Militärgeschichte wird etwa im Vereinigten Königreich und Frankreich mit größerer Klarheit erkannt und in der Ausbildung entsprechend berücksichtigt. Es ist ohnehin absehbar, dass es im Zuge der fortschreitenden Prägung durch die Einsätze zu einer noch weitergehenden Angleichung der Ausbildung und Abstimmung der Einsatzvorbereitung zwischen den mehr und mehr im Verbund wirkenden Partnern kommen wird.

Mit der Stiftung der Tapferkeitsauszeichnung durch den Bundespräsidenten auf Anregung von Verteidigungsminister Jung im Jahr 2009 sowie mit dem Bau eines Ehrenmals der Bundeswehr nach den Entwürfen des Münchner Architekten Andreas Meck, ebenfalls im Jahr 2009, hat die Bundeswehr gerade in den letzten Jahren wichtige Schritte vollzogen. Das Ehrenmal der Bundeswehr steht in der Tradition von Streitkräften in der Demokratie. Es erinnert an die seit 1955 über 3000 Männer und Frauen, Soldaten und zivile Mitarbeiter, die in Ausübung ihrer Dienstpflichten ihr Leben verloren haben, und ermöglicht damit eine zeitgemäße und bundeswehrgemeinsame Totenehrung, wie sie im internationalen Kontext gang und gäbe ist. In fast allen Staaten gehört das ehrende Gedenken an die Soldaten, insbesondere an jene, die für ihren Einsatz mit dem Leben bezahlt haben, zur kulturellen Identität. Wenn Soldaten im Einsatz fallen, findet beispielsweise in Paris regelmäßig im Dôme des Invalides, dem zentralen Gedenkort, ein Gottesdienst statt. Italienische Soldaten, die ihr Leben im Einsatz gelassen haben, werden alljährlich am Altare della Patria in Rom geehrt. Die Neue Wache in Berlin, der zentrale Gedenkort in Deutschland, ist hingegen lediglich allgemein den Opfern von Krieg und Gewaltherrschaft gewidmet. In Deutschland gedachten bis zur Einweihung des Ehrenmals der Bundeswehr im September 2009 lediglich Heer, Luftwaffe und Marine an eigenen Gedenkorten: das Heer für seine Soldaten seit 1972 auf der Festung Ehrenbreitstein, die Luftwaffe für die Angehörigen der Luftwaffe und die Opfer der zivilen Luftfahrt seit 1962 in Fürstenfeldbruck und die Marine am 1954 vom Deutschen Marinebund übernommenen Denkmal in Laboe. Die Widmung des Berliner Ehrenmals fasst programmatisch das Bekenntnis zusammen, dass derjenige, der sein Leben für den aktiven Schutz der Werte, der Demokratie gegeben hat, nicht vergessen werden dürfe: „Den Toten unserer Bundeswehr für Frieden, Recht und Freiheit."

Diese Entwicklungen bringen es mit sich, dass Soldaten heute die Prägungen der Partner besser kennen und das historische Bewusstsein für das Handeln in der Gegenwart noch besser nutzbar machen sollten. Denn erst das Bewusstsein für die eigene Geschichte und das darauf Bezug nehmende Verantwortungsbewusstsein erlauben es, zu einem eigenständigen und selbstkritischen Urteilsvermögen zu kommen. Gerade in Deutschland, wo es infolge der tiefen Zäsur der nationalsozialistischen Zeit zu keiner unmittelbaren Traditionspflege der Truppenteile mehr kommen konnte, muss deshalb die Militärgeschichte in der Generalstabs- und Admiralstabsausbildung eine besondere Bedeutung besitzen. Längst schon hat sich dabei das Verständnis von Militärgeschichte tiefgreifend gewandelt. Die noch in der Lehrordnung der preußischen Kriegsakademie formulierte Zielsetzung, „dass die Vorträge über Kriegsgeschichte das wirksamste Mittel bieten, im Frieden den Krieg zu lehren und Freudigkeit für das Studium bedeutsamer Feldzüge wachzurufen,"[20] würde heute als nicht mehr ausreichend betrachtet werden. Gewiss, der bewaffnete Konflikt ist im Zentrum der Militärgeschichte geblieben. Doch mit der Formveränderung der Kriege und deren Ausweitung auf nahezu alle Bereiche des menschlichen Lebens ändert sich auch die Anforderung an Militärgeschichte, die infolgedessen noch stärker als bisher mit anderen Bereichen der Geschichtswissenschaft verbunden werden muss.

Gerade weil heute indes die Kenntnisse über die eigene Geschichte nicht mehr als selbstverständlich vorausgesetzt werden können, muss der historischen und politischen Bildung in den Streitkräften allgemein ein besonderer Platz zukommen. Im Soldatengesetz ist sogar ausdrücklich eine staatsbürgerliche Bildung für die Soldatinnen und Soldaten gefordert. Es geht dabei darum, nicht etwa konkrete praktische Handlungsanweisungen zu vermitteln, sondern kritisches Orientierungswissen herauszubilden. Historische Bildung erleichtert es, den eigenen Platz in der Geschichte zu finden. Sie hilft zugleich, die Identität heutiger Streitkräfte zu bestimmen. Die Identität indes kann sich nicht nur auf die Ablehnung der negativen Teile der eigenen Geschichte begründen. Identität verlangt auch eine bejahende Bezugnahme auf Überlieferungen aus früheren Zeiten. Sie setzt Einsicht in die Geschichte voraus und ist an die Fähigkeit gebunden, Lehren aus der Geschichte zu ziehen. Streitkräfte müssen deshalb heute in ihrer Ausbildung ganz bewusst die historische Bildung vertiefen.

Für die Bundeswehr bedeutet dies, dass sie in ihrer Ausbildung, aber auch in den Museen, bei den Gedenkveranstaltungen positive Traditionsli-

---

[20] Scharfenort, Die Königlich Preußische Kriegsakademie, S. 239.

nien und den größeren Zusammenhang der deutschen mit der europäischen Geschichte aufzeigen muss. Militärische Tradition hilft den Soldaten bei der Bestimmung ihres Berufs- und Selbstverständnisses. Sie dient der Selbstvergewisserung. Sie ordnet ihr Handeln in den größeren Zusammenhang der Geschichte ein und gibt Orientierung für militärisches Führen und Handeln. Bei der Traditionspflege sind deshalb ganz besonders Einheitsführer und Kommandeure gefordert. Denn sie stellen sicher, dass Soldatinnen und Soldaten sich hinreichend mit der deutschen und europäischen Geschichte befassen und ihr Bewusstsein dafür schärfen, welche Ereignisse und Persönlichkeiten beispielgebend auch und gerade für Streitkräfte in der Demokratie sein können. In dem Maße, in dem die Bundeswehr von heute und morgen als reine Freiwilligenarmee die Bande zu Staat und Gesellschaft vertieft, die zur Erfüllung ihrer Aufgabe erforderliche Anerkennung und Wertschätzung findet und ihr Selbstverständnis als Streitkraft in der Demokratie und unverzichtbares Instrument der nationalen Sicherheitsvorsorge ausprägt, wird sie auch ihr Traditionsverständnis vertiefen und Tradition im täglichen Dienst mehr und mehr als unverzichtbare Kraftquelle entdecken. Richtig verstanden, ist dann Geschichte auch keine Last mehr, und die vielfältigen deutschen Erfahrungen aus dem 20. Jahrhundert fließen ein in die Entwicklung zu europäisch orientierten und im Bündnis wirkenden Streitkräften des 21. Jahrhunderts.

MILITÄRISCHE TRADITION ALS GESELLSCHAFTLICHE FRAGE

Cora Stephan

1. Ein heikles Thema?

Warum eigentlich ist es „mutig", eine Diskussion über die Traditionen anzustoßen, in denen die Angehörigen der Bundeswehr sich aufgehoben fühlen könnten? Warum ist das Thema „problematisch", ja: „nicht opportun"? Und warum kann man sich daran „die Finger verbrennen"?

Eine müßige Frage, offenbar. Es gibt viele Beispiele dafür, dass die deutsche Öffentlichkeit allein schon tradierten militärischen Sprachgebrauch ablehnt. An der Präsidentin der Münchner Universität der Bundeswehr kritisieren dort Studierende, dass sie es sorgfältig vermeide, von im Kampf getöteten Soldaten als „Gefallene" zu sprechen, wie es unter „Kameraden" üblich ist. Was in Afghanistan passiert, „Krieg" zu nennen, wie es der damalige Verteidigungsminister zu Guttenberg tat, kam einer Revolution gleich. Dabei bezeichnete die als harmloser empfundene Formulierung „Kampfeinsatz" mitnichten einen harmlosen Vorgang. Der Verzicht auf das gefürchtete K-Wort lässt das Dilemma erkennen, das in der Ächtung des Kriegs liegt: wo es kein *ius ad bellum* gibt, erübrigt sich das *ius in bello* und damit die vielfältigen Einhegungen (Verreglungen und Verrechtlichungen) des Geschehens. Auch Ignoranz hat politische Folgen.

Auch der Vorschlag von Verteidigungsminister de Maizière, einen „Veteranentag" einzuführen, wurde jüngst nachgerade rituell zurückgewiesen. Linksaußen fand man das „geschmacklos" und wollte darin eine „Militarisierung der Gesellschaft" erkennen. Sinnvoller sei es, na klar, auf Auslandseinsätze zu verzichten. Andere wiederum halten einen solchen Tag für „künstlich aufgepropft", das müsse „von unten kommen[1]". Von den Soldaten? Oder ihren Familien? Und ob das gnädig aufgenommen würde?

---

[1] Süddeutsche Zeitung, 16. Februar 2012.

Und jetzt soll ein neuer Traditionserlass her? Die Reaktion ist vorherzusehen. Dabei müsste doch allen klar sein: Die Bundeswehr ist eine kämpfende Truppe geworden. Wer mit dem Tod rechnen muss, möchte Gedenken. Und wer einen Kampfeinsatz besteht und überlebt, wünscht sich ein Zeichen der Anerkennung. Warum tut man sich gerade in Deutschland damit so schwer?

In den meisten anderen Demokratien gelten militärische Traditionen und Rituale nicht als problematisch, selbst wenn sie in der zivilen Welt auf freundliches Befremden stoßen mögen. Kein Brite würde dem stolzen Regiment der Royal Welsh[2] das Maskottchen Shenkin nehmen wollen (ein Geißbock) oder über den Wahlspruch der Queen's Own Highlanders lachen: „The deer's horns forever!"[3] Und kein Franzose lässt Zweifel an der Tapferkeit seiner Armee zu, obzwar sie, wie die Engländer spotten, schon lange keinen Krieg mehr ohne fremde Hilfe gewonnen hat. Ganz zu schweigen von den Russen, die, als sie noch Sowjetunion waren, mit martialischen Truppenaufmärschen den Sieg im vaterländischen Krieg feierten.

Siegern fällt es leicht, sich mit Stolz zu erinnern, auch wenn sie den Sieg schierer Übermacht, günstigen Bedingungen oder dem Zufall verdanken und nicht die „Besseren" mit dem edleren Anliegen gewonnen haben. Doch das komplizierte Verhältnis der Deutschen zur Bundeswehr verdankt sich nicht militärischen Niederlagen allein. Der entscheidende Traditionsbruch geschah im Dritten Reich und mit der Beteiligung von Soldaten an den Verbrechen, die Hitlers Angriffskrieg begleiteten.[4] Doch die Wurzeln des Missverhältnisses zu einer Institution, die seit der deutschen Einheit und mit der Wiedergewinnung nationaler Souveränität wieder „dazugehört", liegen womöglich tiefer.

---

2   In dem die berühmten Welch Fusiliers aufgegangen sind.

3   Cabar feidh gu brath.

4   Dass es ein Vernichtungskrieg war, wissen wir heute. Die Soldaten der Wehrmacht wussten es beim Angriff auf die Sowjetunion am 22. Juni 1941 nicht. Siehe Neitzel/Welzer, Soldaten, S. 28.

In die nationalen Mythen der Deutschen dürfte gerade noch die Varus-Schlacht Eingang finden, die der moderne Mensch gern als eine Art Befreiungskrieg (der Deutschen gegen die Römer) betrachtet. Schon Sedan spielt in der Erinnerung keine Rolle mehr, obzwar der Sieg über die Franzosen am 1./2. September 1870 ein wichtiger Schritt in Richtung auf die kleindeutsche Reichseinheit war. Die Briten haben Agincourt oder Waterloo[5], die Schotten Bannockburn, die Franzosen Borodino und Austerlitz – doch antworten deutsche Zeitgenossen auf die Frage im Proustschen Questionnaire[6], welche militärische Leistung man am meisten bewundere, mit großer Wahrscheinlichkeit mit „keine einzige" (oder „die verhinderten"). Niemand käme hierzulande wohl auf die Idee, die großen Schlachten der Weltgeschichte auf dem Bowling Green nachzustellen, wie es Uncle Toby in Laurence Sternes Tristram Shandy tut.

In Deutschland redet man nicht vom Krieg – und wenn, dann mit Abscheu und Empörung oder in der Kombination „und Frieden". Dass sich die Ablehnung allen Militärischen auch auf die Soldaten selbst überträgt, wie es noch zur Zeit der hitzigen Debatte über den Tucholsky-Spruch „Soldaten sind Mörder" in den 80er Jahren galt, mag heute weniger häufig der Fall sein. Doch die Kluft zwischen der Zivilgesellschaft und jenem Organ, das ihr zu dienen, ja, das sie zu schützen verspricht, ist nach wie vor groß.

Und nun ist auch noch die Wehrpflicht abgeschafft, für viele Zeitgenossen Garant der gesellschaftlichen Einbindung, ja Voraussetzung für die demokratische Kontrolle einer Institution, die im Grunde nur bedingt demokratisch sein kann. Muss die zivile Gesellschaft nun wieder einen „Staat im Staate" fürchten, eine Armee, die jedem Zweck zu dienen vermag, vom Genozid bis zur Niederschlagung der eigenen Bevölkerung?

---

5   Übrigens mit schlachtentscheidender deutscher/preußischer Beteiligung.

6   Ein legendärer Fragebogen, den später die FAZ prominenten Zeitgenossen vorlegte.

2. Der Bürger und die Uniform

„Innere Führung" und „Staatsbürger in Uniform" sollten diesen Befürchtungen Rechnung tragen[7], Konzepte, die den fundamentalen Unterschied zwischen Bürger und Soldat leugnen, denn ein Soldat ist nicht frei, Befehle zu diskutieren, bis ein Konsens hergestellt ist. Der Auftragstaktik zufolge aber soll er „mitdenken und mitentscheiden."

Das ist ein hehres Ziel. Da darf man schon fragen, ob solche aufgeklärten Soldaten auch auf die ihnen entsprechende aufgeklärte Öffentlichkeit treffen? Im internationalen Vergleich ist die Bundeswehr eine gläserne Armee: Sie ist eine Parlamentsarmee, sie kann nicht agieren ohne demokratisch herbeigeführten Beschluss, dem sie sich unterzuordnen hat, selbst wenn er aus militärischen Gesichtspunkten bedenklich sein mag. Die Ziele, für die sie kämpft, werden öffentlich diskutiert und kritisiert. Je wichtiger politischer Einfluss auf militärische Entscheidungen ist, desto mehr, denkt der Laie, müsste sich die Politik mit den Gesetzmäßigkeiten des Militärischen befassen. Das ist gerade hierzulande nicht der Fall.

Schon hier beginnt der Konflikt, um es höflich auszudrücken: Wenn von Soldaten erwartet wird, dass sie die politischen Hintergründe, sicherheitspolitischen Interessen und die daraus hervorgehende Notwendigkeit von Einsätzen der Bundeswehr verstehen und reflektieren, erwartet man mehr von ihnen als es die sie entsendenden Politiker und die Öffentlichkeit in der „Heimat" vermögen. Diese Kluft hilft, genau das zu schaffen, wovor man doch Angst hat: eine eigene militärische Realität, in der man sich in Ermangelung anderer eigene Wertmaßstäbe setzt.

Bislang erwartet man in Deutschland von seiner Armee eher weniger als mehr. Doch das kann sich ändern – die Debatte im Fall der Intervention im Kosovo war ein Wetterleuchten. Denn das Primat der Politik muss nicht notwendigerweise mäßigend wirken, ebenso möglich ist, dass die Politik der Armee weit radikalere Vorgaben macht als militärische Vorsicht für wün-

---

[7] Unsere Nachbarn und Bündnispartner halten eine „demokratische Armee" für undenkbar. Auch hierzulande gibt es die ungute Erinnerung an den „Politkommissar" totalitärer Systeme, dem man den unpolitischen Profi entgegenstellt.

schenswert hält. In einer Demokratie ist die Legitimation von Kriegen wichtiger denn je, da es keinen Diktator gibt, der ihn befehlen kann – doch das schließt Manipulation und Propaganda nicht aus. Das Militärische ist nicht mehr nur seinen eigenen Gesetzen unterworfen (etwa denen, konservativ Risiken zu vermeiden), sondern ebenso einer zunehmend sensibilisierten und empörungsbereiten Öffentlichkeit.

Die will bislang am liebsten gar keine militärischen Einsätze: siehe Afghanistan. Doch aus ebenso moralischen Erwägungen heraus könnte sie Interventionen favorisieren, die überaus riskant sind: etwa in Somalia. Das Zusammenspiel von beidem wird also wichtiger und prekärer zugleich. Und dabei fehlt uns doch selbst ein Minimum dessen, was in anderen Ländern üblich ist, wo man, egal, ob man die politisch gesetzten Einsatzziele teilt, die zurückkehrenden Soldaten öffentlich begrüßt und die Toten betrauert.

Wie also kann man das Verhältnis zwischen Zivilgesellschaft und Armee neu gestalten, wie dem Bedürfnis der Soldaten nach Anerkennung entsprechen, ohne den „Rückfall" in Heldenverehrung fürchten zu müssen? Wer sich an die Zeiten erinnert, als es üblich war, noch gegen vergleichsweise zurückhaltende Zeremonien wie öffentliche Gelöbnisse zu demonstrieren, weiß, dass es in Deutschland in der Tat heikel ist, über die Eigenheiten der Institution und ihrer Angehörigen zu reden.

Reden über das Bedürfnis nach Symbolen und Ritualen angesichts einer existentiellen Lage, die mit dem Tod der Soldaten enden kann. Über Kameradschaft und Zusammenhalt kämpfender Menschen, die Schutz, Solidarität und Angstabwehr zugleich bieten sollen. Reden über die gesellschaftliche Anerkennung, der feierliche öffentliche Gelöbnisse dienen könnten, die ja die Verpflichtung der Soldaten auf Zivilgesellschaft und Demokratie ausdrücken. Ganz zu schweigen von militärischen Auszeichnungen für die Bewährung im Kampf. Und über die Tatsache, dass es bei uns, wie in anderen Ländern auch, der Truppe zukommt, „mittels ihrer Symbolsprache staatlichen Hoheitsakten einen feierlichen Charakter" zu verleihen[8], etwa bei Staatsbesuchen oder bei der Verabschiedung eines Bundespräsidenten.

---

8   Lange, Die Entzauberung der Welt, S. ### (185?).

Warum ist das hierzulande ein so heikles Thema? Deutschland ist in zwei Weltkriegen nicht nur unterlegen, sondern empfindet sich als „schuld" daran.[9] Es ist unvorstellbar, dass die Bundeswehr sich an einem Vorbild namens Wehrmacht orientiert. Hitler hat sie zum Instrument eines Angriffs- und Vernichtungskriegs gemacht. Die Beteiligung an oder die Duldung von Massenmorden (nicht nur) an Juden im Osten Europas sind Kriegsverbrechen unerhörten Ausmaßes. Die NVA der DDR, bis zum bitteren Ende alarmbereit, taugt ebenso wenig als Vorbild, selbst wenn man ihrem Führungspersonal zugesteht, dass es in den letzten Tagen der DDR die Waffen nicht gegen die eigene Bevölkerung gerichtet und sie bis zum Ende unter Verschluss gehalten hat.

Mit diesen beiden möglichen Traditionslinien hat die heutige Bundeswehr erkennbar nichts zu tun. Doch sie ist damit nicht schon gleich das, was wir deutschen Zivilisten am liebsten hätten: Eine Friedensmacht, die Brunnen baut und afghanischen Mädchen sicheres Geleit zur Schule gibt, eine Art liebenswerter Mischung aus GTZ und Amnesty International. Kehren Soldaten als traumatisierte Opfer heim aus Afghanistan, sind sie immerhin ein Argument gegen den Krieg. Dazwischen aber liegt das *factum brutum*, dass deutsche Soldaten längst wieder tun, was ihr Beruf von ihnen verlangt: kämpfen und töten. Das Mandat dafür haben sie von deutschen Volksvertretern erhalten.

Kurz: das Verhältnis zur Bundeswehr schwankt zwischen schlichter Ablehnung, Ignoranz und Instrumentalisierung (für „gute" Zwecke). Vor allem aber ist es unüblich, sich mit dem Innenleben der Institution zu befassen, mit Regeln und Riten, mit „Drill" und Disziplin, mit modernem „Berufsbild" (von „Dienstleister für den Frieden" bis „Wir managen Krieg") und Traditionen wie Eid und Totenehrung.

Womöglich liegen die Wurzeln für den anhaltenden Affekt gegen alles Militärische in Deutschland nicht nur im 20. Jahrhundert. Vielleicht reichen sie tiefer.

---

9 Eine schwierige Diskussion, die selten geführt wird, da sie noch immer als heikel empfunden wird. Was den Ersten Weltkrieg betrifft, kann von deutscher „Schuld" weder im politischen noch rechtlichen Sinn die Rede sein.

3. Der totale Krieg als deutsches Trauma

Wenn es so etwas wie eine kollektive Erinnerung gibt, dann dürfte der Dreißigjährige Krieg bewusstseinsprägend sein. Er vereint, was man sich in Deutschland unter Krieg vorstellt: zielloses Gewüte, das keinen Unterschied zwischen Schlachtfeld und dem Land insgesamt kennt und sich primär gegen die Zivilbevölkerung richtet. Es ist mit anderen Worten der „*bellum romanum*", der das deutsche Kriegsbild bestimmt, Verwüsten und Plündern also, wie es das frühe Mittelalter prägte, und nicht die eingehegte, also räumlich und personell begrenzte Schlacht stellvertretender Heere. Dass die Ritterheere des 11. und 12. Jahrhunderts ein Segen waren, weil sie die der Gesellschaft inhärente Gewalt bündelten, kanalisierten, regelten und ritualisierten, also: einkapselten, hält der Alltagsverstand für bloße Legende. Dabei war es eine große kulturelle Leistung, wie sich die Vielzahl „unnützer" junger Männer, die weder einen Hausstand gründen durften noch zum Klerus gehen konnten, selbst disziplinierten und sich nach Regeln stellvertretend für die Gesellschaft schlugen. Die Ritterheere waren ebenso friedensstiftend wie die Manöverkriege des 18. Jahrhunderts.

Der Dreißigjährige Krieg, das vollständige Ende der Ritterlichkeit, fegte alle Einhegungen hinweg. Nicht seine Schlachten haben sich in die Erinnerung eingefräst, sondern das ziellose Hin- und Herwogen von Horden ausgehungerter Söldner, die keinen Stein auf dem anderen ließen. Doch die meisten Toten sind nicht am Krieg und durch Soldaten zugrundegegangen, sondern an Typhus, Grippe, Ruhr und Beulenpest, denen wiederum zu allererst die Soldaten zum Opfer fielen.[10] Soldaten, die marschierten, wohin ihr Magen sie führte, von den Furien des Hungers gehetzt.[11] Das allerdings wurde zum Teil der Kriegsstrategie: man sorgte durch Plündern fürs eigene Heer und zugleich dafür, dass das gegnerische Heer nichts mehr zu essen vorfand.

Der Schrecken dieses Krieges war gewiss groß genug, aber er wurde ins Ungeheuerliche vergrößert durch die unzähligen Flugschriften und deren

---

[10] Kroener, Soldat oder Soldateska?, S. 116 f.

[11] Creveld, Supplying War, S. 13 ff.

Propaganda. Obwohl ganze Landstriche von ihm unberührt blieben, wurde der Krieg durch die neuen Kommunikationsmittel als globales Ereignis, als allumfassendes Verhängnis und als besonders tödlich empfunden. „Die neuen Medien erzeugten eine Gleichzeitigkeit des Schreckens, und mit der realen Erfahrung der sich rasend verbreitenden Seuchen gedieh das Bild eines allumfassenden und alles verschlingenden Molochs."[12] Noch heute hält man für „authentische" Schilderungen des damaligen Geschehens, was, wie im Fall des Simplicissimus von Grimmelshausen, die literarische Verarbeitung verschiedenster Quellen ist.

Das deutsche Kriegsbild ist, mit anderen Worten, geprägt nicht von Krieg als militärischer Operation mit Entscheidungsschlacht, sondern von einem entgrenzten Geschehen, dessen Hauptopfer die nichtkämpfende Zivilbevölkerung war. Bis 1939 galt deshalb vielen Historikern der Dreißigjährige Krieg als die „traumatischste Periode in der Geschichte Deutschlands", ja, er ist zum negativen deutschen Gründungsmythos geworden – womit wir uns von unseren Nachbarn unterscheiden, die es vorziehen, militärische Siege zur Gründungslegende zu verklären.

Durchaus möglich, dass die Demütigung des Dreißigjährigen Krieges, in dem man sich ausschließlich als wehrloses Opfer fühlte, zur Zwangsvorstellung wurde, von der sich die Deutschen 1866 und 1871 militärisch befreien wollten.

Der Triumph war kurz. Das Trauma blieb erhalten. Das Schreckensbild von Deutschland als dem Austragungsort des Weltuntergangs hat sich festgesetzt, ist mit den Bombennächten des Zweiten Weltkriegs aufgeladen und bestimmte die Nachrüstungsdebatte der 80er Jahre. Die Friedensbewegung Ost wie West sah Deutschland als künftiges Opfer – und die Evidenzen sprachen dafür. Im Falle eines Schlagabtauschs zwischen den beiden damaligen Weltmächten wäre Deutschland zum Schlachtfeld geworden, und damit, angesichts der atomaren Potenz der Kontrahenten, ausgelöscht. Ist nicht die Atombombe **die** Waffe des *bellum romanum*, da sie in ihrer Wirkung den Unterschied zwischen Kombattanten und Zivilbevölkerung auslöscht?

---

12   Stephan, Das Handwerk des Krieges, S. 149.

4. Soldaten und Volk

Im Dreißigjährigen Krieg waren die Soldaten angeheuerte Söldner, denen es im Prinzip gleich sein konnte, für wen und aus welchem Grund sie kämpften. Eine dramatische Wende brachte die *levée en masse* des französischen Revolutionsheers 150 Jahre später. Es siegten die sich mit der eigenen Sache identifizierenden Bürgersoldaten. Und dann Napoleon: Ohne sich um die komplizierte Logistik zu scheren, die die Kabinettskriege zuvor so mühsam und genau deshalb relativ unblutig gemacht hatte, jagte er im Triumphzug durch Europa. Carl von Clausewitz entdeckte in der unorthodoxen Kriegsführung seines Gegners den ungeheuren Vorzug, den die Kampfmoral der mit der Sache identifizierten Soldaten mit sich brachte. Der britische Militärhistoriker Basil Liddell Hart beschimpfte ihn dafür später als „Mahdi der Massen und der gegenseitigen Massaker". Tatsächlich bedeuteten die modernen Massenarmeen, die Rekrutierung aller geeigneten Männer im Ersten Weltkrieg, und damit die Aufhebung des Stellvertreterprinzips, die größte Entfesselung des Krieges, die man bis dato erlebt hatte. Die Kehrseite der Bürgerarmee: sie zivilisiert nicht den Krieg, aber sie ist geeignet, die Gesellschaft zu militarisieren.

Übrigens traf eine Wehrpflichtigenarmee bei konservativen Militärs selten auf Begeisterung. Dort setzte man auf die pragmatische Distanz von Berufssoldaten, nicht auf die womöglich ausufernden Energien der von feuriger Identifikation mit der Nation getriebenen Rekruten. Man fürchtete genau jenen Enthusiasmus, den Clausewitz als neue Produktivkraft betrachtete. Und der ist ja in der Tat zwiespältig.

Die Hoplitenphalanx der griechischen Bauern war eine mächtige und grausame Waffe, sie beruhte auf Disziplin und Zusammenhalt. Sie war indes kein Instrument, das jemand zu dirigieren vermochte. Anders und doch ähnlich die Bauern, die gepanzerte Ritter mit der Mistgabel vom Pferd holten. In Deutschland ist man traditionell eher auf der Seite des (geknechteten!) Landvolks als bei den Eisenmännern, die unritterliche und Distanzwaffen für „unchristlich" hielten, weil sie einen unfairen Vorteil verschafften. Dass nicht nur das staatliche, dass auch das Gewaltmonopol einer Elite (wie der japanischen Samurai) friedensstiftenden Charakter hat, wird offenbar in der Schule ebenso wenig gelehrt wie der Vorzug eingehegter Stellvertreterschlachten.

Mag sein, dass das am schlechten Ruf liegt, den das „staatliche Gewaltmonopol" noch in den Anfangszeiten der „Grünen" genoss. Man war für seine Abschaffung – und dachte dabei sicherlich nicht ans Ende des Rechtsstaates und an die Wiedereinführung von Lynchjustiz, sondern lebte in der Vorstellung, dass es auch in der Bundesrepublik Deutschland Grund für legitimen Widerstand geben könnte. Im Nachhinein überrascht und erschreckt, wie wenig der Unterschied zwischen der zivilen und rechtssicheren Bundesrepublik Deutschland und dem Dritten Reich noch in den 80er Jahren des 20. Jahrhunderts zählte.

Nun ist es sicher kein deutsches Spezifikum, „Befreiungsarmeen" die größere Legitimität zuzusprechen als regulären Heeren. Nicht nur in Deutschland pflegte man lange Zeit für beinahe jede selbsternannte „Volksbefreiungsarmee" Spenden zu sammeln. Solidarität mit der „Dritten Welt" und ein romantischer Widerstandsbegriff verklärten den Partisanen. Dass irreguläre Kämpfer die Grenze zwischen Kombattanten und Zivilbevölkerung zum Nachteil der letzteren verwischen, wird den regulären Kräften selten zugutegehalten.

Der veritable Schock, den die französischen *franc tireurs* 1870/71 bei deutschen Soldaten ausgelöst haben und der im Ersten Weltkrieg in Belgien zu panischen Überreaktionen geführt hat – weil man Angehörige der belgischen *garde civique* aufgrund ihrer kaum als solche zu erkennenden Uniform für feindliche Zivilisten, also für Partisanen hielt – wird ebenso wenig ernstgenommen. Auch nicht, dass es bewährte Guerillastrategie ist, sich wie „ein Fisch im Wasser in den Volksmassen" (Mao Tse-tung) zu bewegen und sie als Schutzschild und Geisel zu missbrauchen. Der Aufschrei der Empörung trifft, wie man an der Debatte über den Begriff des „Kollateralschadens" sehen kann, die Soldaten, insbesondere dann, wenn sie Amerikaner sind, denen die öffentliche Meinung unterstellt, sie würden zivile Opfer als nebensächlich in Kauf nehmen.

Das Wort „Kollateralschaden" ist 1999 von einer Jury um den Frankfurter Germanisten Horst Dieter Schlosser zum Unwort des Jahres gewählt worden. Die Begründung der selbsternannten Sprachschützer war vielschichtig und doppeldeutig: der Begriff treibe die „Versuche auf die Spitze", militärisches Vorgehen „in ein freundlicheres Licht zu rücken." Außerdem, hieß es weiter in der Begründung der Jury, sei er geeignet, „auf doppelte Weise die Tötung vieler Unschuldiger durch die NATO-Angriffe" zu vernebeln: zum einen durch seine Schwerverständlichkeit und zum anderen dadurch, daß er „die militärischen Verbrechen […] als belanglose Nebensächlichkeiten" verharmlose.

Der Begriff „Kollateralschaden" mag im Deutschen schwerverständlich sein, womöglich aber nur deshalb, weil der Terminus „kollateral" im Deutschen als fachsprachlicher Ausdruck gilt. Dort heißt er, dem lateinischen Wortstamm collateralis (also seitlich) entsprechend: seitlich angeordnet.

Doch das ist keine Beschönigung, sondern tatsächlich eine recht präzise Fassung dessen, was im militärischen Zusammenhang mit *collateral damage* gemeint ist – salopp formuliert: der Treffer ist daneben gegangen. Und damit ist der Fachterminus weit näher an der Realität als die Übersetzung des reinen Adjektivs, die sich im Wörterbuch findet: dort heißt *collateral* nebensächlich oder zusätzlich.

Collateral damage ist also etwas, das man Selbstmordattentätern, die ihre Sprengladung im vollbesetzten Schulbus zünden, sicherlich nicht unterstellen kann: dass es als nicht beabsichtigte Nebenwirkungen einer militärischen Operation zu zivilen Opfern kam. Zivile Opfer aber gibt es um so eher, je stärker die Bevölkerung als Schutzschild missbraucht wird. Zivilisten stehen in einer Auseinandersetzung zwischen regulären und irregulären Kräften stets „zwischen zwei Feuern", da hilft auch nicht, wenn sich die einen „Volksbefreiungsbewegung" nennen.

Die meisten der zivilen deutschen Opfer des alliierten Luftkriegs im Zweiten Weltkrieg waren übrigens keine Kollateralschäden, keine Opfer fehlgegangener Treffer, die eigentlich Industrieanlagen oder Verkehrswegen galten. Man bombardierte gezielt Wohnviertel mit der Absicht, maximalen Schaden zu bewirken. Das Argument, das diese Angriffe zu militärisch legitimen Operationen erklärt, lautet, in einem hoch industrialisierten und fast totalen Krieg sei auch derjenige Kriegsteilnehmer, der Kampfeswille und Kampfkraft aufrechterhält, und sei es nur, indem er keinen Widerstand leistet. Hitler sah das ganz genau so, der von der heiligen Verbindung zwischen ihm und dem deutschen Volk schwärmte. Der „totale Krieg" hebt den Unterschied zwischen Zivilbevölkerung und Kombattanten auf.

Was die alliierten Gegner der Deutschen in der Natur dieses Kriegs angelegt sahen, war ganz und gar im Sinne des Mythos, den Hitler sich nach dem Ersten Weltkrieg zurechtlegte. Seine Behauptung, in den Schützengräben der Westfront nicht nur seine Bestimmung, sondern auch eine Art *Union sacrée* mit dem deutschen Volk gefunden zu haben, war nichts als Propaganda.[13] Sie findet, bedrückende Paradoxie, ihr Echo in der Vorstellung einer deutschen „Kollektivschuld" oder der Rede vom „Tätervolk", die viele Angehörige der Nachkriegsgenerationen daran hinderte, auch deutschen Flüchtlingen und Vertriebenen das Kriegsvölkerrecht zuzubilligen.

Das ist der Punkt, an dem die deutsche Bereitschaft, Schuld anzuerkennen und Lehren daraus zu ziehen, ihre Kehrseite zeigt. Wer für sich selbst keinen Unterschied zwischen Regierung und Regierten, zwischen Kriegszielen und Soldaten macht, wird ihn auch anderen gegenüber nicht treffen. Und: wer Krieg ächtet, will nichts wissen von den vielfältigen Grenzen und Regularien, mit dem man ihn seit Jahrtausenden, mittlerweile völkerrechtlich kodifiziert, einzugrenzen versucht. In seinen öffentlichen Debatten zeigt sich Deutschland als schwieriger weil unkalkulierbarer Bündnispartner.

5. Soldaten sind Mörder

In einer Glosse für die „Weltbühne" hatte Kurt Tucholsky 1931 geschrieben: „Soldaten sind Mörder." Von der Anklage, die Reichswehr beleidigt zu haben, wurde der verantwortliche Redakteur Carl von Ossietzky 1932 freigesprochen, da keine konkreten Personen angesprochen worden waren und man eine unbestimmte Gesamtheit nicht beleidigen könne. Erneut flammte die Diskussion 1984 auf. Das Bundesverfassungsgericht entschied zugunsten der Meinungsfreiheit. Doch zugleich verstärkte diese Entscheidung die Tendenz, den Unterschied zwischen der Institution und ihrer Befehlsstruktur einerseits sowie möglichen individuellen Motiven der Handelnden andererseits aufzuheben. Ein Mörder ist, wer aus niederen Beweggründen tötet, etwa, um sich zu bereichern. Aber handelt ein Soldat aus persönlichen Motiven? Ist er eine enthemmte Bestie? Oder, ganz im Gegenteil, eine zynische

---

13   Weber, Hitlers erster Krieg.

Kampfmaschine? Gewiss: manchmal das eine, manchmal das andere. Aber als Typus?

Es scheint, als wäre es eine deutsche Spezialität, das Militärische mit einem bestimmten, verächtlichen Menschentypus zu verknüpfen. Heinrich Manns „Untertan" (1914) und Klaus Theweleits „Männerphantasien" (1977/78) haben, auf unterschiedliche Weise, gewiss Anteil an der Vorstellung, das Soldatische sei auf besondere Weise Ausdrucksform des autoritären deutschen Mannes. Daniel Goldhagens Buch „Hitlers willige Vollstrecker" (1996) mit seiner These vom „eliminatorischen Antisemitismus" der „ganz normalen" Deutschen war bezeichnenderweise insbesondere in Deutschland ein großer Erfolg. Im Alltagsbewusstsein hebt all das den Unterschied zwischen Kombattanten und Zivilbevölkerung auf: alles (potentielle) Verbrecher.

Die Debatte über die Wehrmachtausstellung hat ihr übriges getan. Offenbar entging man nur mit individuellem Widerstand, Tyrannenmord oder Desertion dem kollektiven Schuldspruch der Nachgeborenen, die sich sicher waren, dass sie damals alles anders, nämlich besser gemacht hätten.

In die Frage nach dem Verhältnis zwischen Gesellschaft und Bundeswehr spielt auch das hinein: Wem Krieg an sich schon als Verbrechen gilt, dem sagt die Unterscheidung zwischen Krieg und Kriegsverbrechen logischerweise nichts. Genau das aber steht dem Verständnis für die Rolle der Bundeswehr in einer demokratischen Gesellschaft im Weg. Anders gesagt: Politik und demokratische Öffentlichkeit, ja die Zivilgesellschaft insgesamt müssen sich ohne selbstentlastende moralische Empörung auseinanderzusetzen lernen mit dem, was Krieg und militärisches Handeln in seinen vielfältigen Formen bedeuten und welchen Regeln sie folgen. Schon, um im Konfliktfall nicht in die Falle moralischer Überdeterminierung zu laufen.

6. Krieg und Menschenrecht

Wer sich mit nüchternem Blick anschaut, wie Kanzler, Verteidigungsminister und Außenminister der frischgewählten rotgrünen Regierung 1999 in der Kosovo-Krise agiert haben, wird ihnen bescheinigen müssen, dass sie unter Bündnisaspekten kaum eine andere Option hatten. Was ihre Überzeugungsarbeit nach innen betrifft, so gebührt ihnen indes das durchaus fragwürdige Verdienst einer bis dato in Deutschland nicht bekannten verbalen Aufrüstung.

Jeder hätte der neuen Regierung verziehen, wenn sie sich auf Bündnisverpflichtungen herausgeredet und ansonsten den Konflikt heruntergespielt hätte. Das Gegenteil war der Fall. Man war mit tiefem moralischen Einverständnis dabei, begleitet von einer Bevölkerung, die all dies ohne großen Widerspruch hinnahm, ja gutzuheißen schien - was womöglich auch daran lag, dass Widerspruch in einen moralischen Konflikt hineingeführt hätte.

Denn die Regierung argumentierte von vornherein mit dem Unüberbietbaren. Im Kosovo-Konflikt gehe es um die Verteidigung höchster Werte, wie das Menschenrecht, begründete etwa Joschka Fischer, der frischgebackene Außenminister, seine Position, die er zusammenfasste im Imperativ „Nie wieder Auschwitz". Fischer erklärte damals dem französischen Journalisten Bernard-Henri Lévy, dass er Deutschlands Verfassung, ja Deutschland selbst betroffen sehe, wenn es irgendwo auf der Welt zu einem Genickschuss komme, also zu einem mit den von Deutschen unter Hitler begangenen vergleichbaren Verbrechen. Hieß das - die Frage drängte sich damals auf - die Pflicht zur Intervention allüberall auf dem Globus? Und wenn ja, auf welcher rechtlichen Grundlage? Etwa um die gleiche Zeit hatte Fischer anklingen lassen, wenn das Menschenrecht verletzt sei, müsse die Einhaltung völkerrechtlicher Regularien hintanstehen. Nun, angesichts der bekannt geringen Entscheidungsfähigkeit der UN mochte es erlaubt sein, über die Notwendigkeit eines entsprechenden Mandats nachzudenken, denn darauf zu warten hieß faktisch gar nichts zu tun. Für eine Generation, die mit der Lust am Regelbruch aufgewachsen war, klang das indes gerade so, als ob der Außenminister das Völkerrecht zum Papiertiger erklären wollte. Das wäre in der Tat ein kühner Verzicht auf all das, was europäische Tradition in Hinblick auf Verregelung und Verrechtlichung von Konflikten hervorgebracht hat.

Die historische Überdeterminierung schwieriger außenpolitischer Entscheidungen ist eine gefährliche Waffe. Sie immunisiert gegen Zweifel und lässt vor allem das uralte Gebot der Mäßigung in Kriegsdingen außer acht. Dass man in Milošević einen wie Hitler bekämpfe und ein neues Auschwitz verhindern müsse, kommt im Verständnis der meisten Menschen der Aufforderung nahe, alle, auch die schlimmsten Mittel einzusetzen, um eine Menschheitsgefahr bis zur bedingungslosen Kapitulation niederzuringen. Hatte Bundeskanzler Gerhard Schröder das gemeint, als er davon sprach, dass Milošević „mit allen Mitteln" bekämpft werden müsse? Dann hätte die historische Analogie - die Nato bekämpft in Jugoslawien einen neuen Adolf Hitler - eine nachgerade ungeheuerliche Militarisierung der deutschen Außenpolitik bewirkt. Überdies setzte die Rhetorik, in der Milošević als „Schlächter" und „Massenmörder" figurierte, im Handumdrehen das Vergleichsverbot außer Kraft, das bislang gerade auf der Seite der beiden Regierungsparteien ehernes Gesetz war - das Verbot, irgendeinen anderen Diktator oder Kriegsverbrecher mit Adolf Hitler gleichzusetzen. Und schließlich, die Lehre könnte man aus dem Ersten Weltkrieg ziehen: Wer den Kriegsgegner, wie damals die Briten die Deutschen, als „barbarisch" bezeichnet, betreibt nicht nur Propaganda zur Mobilisierung der eigenen Bevölkerung oder gibt gar eine Charakteranalyse ab, sondern beschreibt auch, was er selbst zu tun gedenkt: Nämlich den anderen als jemanden zu behandeln, für den die Regeln nicht gelten, die nur den „Zivilisierten" zukommen, also – barbarisch.

Solche Rhetorik ist die Sprache der Entfesselung des Krieges. Wie kamen 1999 ausgerechnet die Deutschen dazu, die sich in den Jahrzehnten davor in einer von anderen geschützten Nische mit Prinzipienfragen befassen durften und darüber das mühselige Geschäft außenpolitischen Abwägens in den Grauzonen der Wirklichkeit verlernt zu haben schienen?

Spielte die Vorstellung vom „guten", vom „gerechten Krieg" hinein? Gewiss, das geltende Völkerrecht präsentiert in Fällen wie desjenigen des Kosovo ein moralisches Dilemma. Doch das wird nicht dadurch gelöst, dass Politiker im Konfliktfall argumentieren, als ob es *in extremis* nicht so ankomme auf die Regeln und die Formen. Mit Regeln und Regularien schützen sich Soldaten und Armeen und die Gesellschaften, die sie entsenden, seit tausenden von Jahren vor der völligen Entfesselung des Krieges und vor dem eigenen Irrtum. Mäßigung verlangt, dass man nicht dämonisiert, mit wem man so schnell wie möglich Frieden schließen will. Das eigene Interesse gebietet, dem Gegner nicht mit einem „Kampf bis zum Letzten" zu drohen, gar noch mit einem markigen „Gefangene werden nicht gemacht!" Der Kriegsgott ist ein unzuverlässiger Kerl, das Glück ist nicht immer auf der Seite der „Guten", für die sich im übrigen meist beide Seiten halten, weshalb es im Interesse einer Begrenzung des Blutvergießens liegt, dem anderen durch Zusicherung fairer Behandlung das Aufgeben zu erleichtern und nicht zu erschweren. Absolute Ziele und der Einsatz „aller Mittel" machen den Krieg zum Existenzkampf und damit tendenziell unendlich bis zur Auslöschung aller.

Menschen haben Regeln und Verfahren erfunden, um sich und andere vor den Folgen von Irrtümern zu schützen, die sie in gutem Glauben begehen. Da im Krieg die Grenzen zwischen Gut und Böse unweigerlich verschwimmen - auch Gewalt für den Frieden bleibt nun mal Gewalt - sind militärische Aktionen umso eher auf das angewiesen, was Rechtsstaatlichkeit auszeichnet: Dem Prinzip der Verfahrensgerechtigkeit gemäß wird eine Entscheidung nicht nach moralischen Gesichtspunkten bewertet, sondern danach, ob sie nach Recht und Gesetz zustande gekommen ist.

Moralisierung ist das Kennzeichen eines sich zum Totalen hin wendenden Kriegsgeschehens. Die moralische Aufladung, die Dämonisierung des Gegners und die Ausweitung von Kriegszielen über die eigenen Interessen hinaus widerspricht einer uralten Kriegsökonomie, wonach es in Kriegen nicht um die Ausrottung des Gegners geht, sondern auf eine möglichst schnelle und möglichst wenig blutige Entscheidung in strittigen Fragen ankommt. Schlimmer noch: die Gewissheit, „im höheren Auftrag" zu handeln, appelliert an das, was Krieg seit Menschengedenken so unwiderstehlich machte - nicht an das Böse, sondern an das Gute im Menschen, an seine ungeheure Fähigkeit zum Altruismus, seine Bereitschaft, sich für das, was er als das Gemeinwohl erkennt, zu opfern. Moral, das ist das entscheidende Argument gegen sie, macht Kriege tendenziell unendlich.

Der Erlösungsgedanke, die Hoffnung auf einen „Krieg, um den Krieg zu beenden" - oder darauf, die Welt sicher für die Demokratie zu machen - hat schon im Ersten Weltkrieg den moralischen Überbau abgegeben, der allen Kriegsparteien die Mobilisierung sämtlicher Ressourcen abverlangte. Große Ziele und hohe Werte, „heilige" Kriege um die „gerechte" Sache treiben Krieg über alle Ufer. Dass in einer Demokratie kein Despot seine Untertanen ins Feuer schicken kann, dass sich militärische Aktionen vor einem zivilen Publikum rechtfertigen müssen, ist gut und richtig. Der Nachteil solcher hohen Anforderungen an die Legitimität aber ist ihre paradoxe Wirkung, gerade heute, in westlichen Kulturen, in denen Gewalt als Alltagserfahrung keine Rolle mehr spielt. Friedliche Bürger sind nur um allerhöchster Ziele willen bereit, das Gewaltverbot zu durchbrechen und die Waffen aufzunehmen, erst recht, wenn die wehrfähigen Männer in einer älter werdenden Gesellschaft zur Seltenheit geworden sind.[14] Nur höchste Ziele rechtfertigen den Einsatz aller Mittel. Das muss wissen, wer sie – „Nie wieder Auschwitz!" – geltend macht.

Wer über Krieg nicht reden will, hat im Konfliktfall die Mittel aus der Hand gegeben, ihn zu begrenzen.

7. Krieg und „Werte"

Woran also soll ein Soldat sich orientieren, wenn die Notwendigkeit, das Vaterland zu verteidigen, nicht klar ersichtlich ist? „Mourir pour Danzig?" fragten sich die Franzosen 1939, als England zum Krieg gegen Nazideutschland aufforderte. Und noch bei der Annexion des Sudetenlandes 1938 hatten sich britische Politiker für Appeasement entschieden. Kann man ihnen im Nachhinein, heute, wo man natürlich alles besser weiß, den Wunsch verübeln, das eigene Land und seine Menschen mit den Querelen anderer zu verschonen?

In der alten Bundesrepublik wäre die Antwort sicher eindeutig ausgefallen. Man hatte aus der Geschichte gelernt – „Nie wieder Krieg". Und sich gut eingerichtet in der von anderen Mächten geschützten weltpolitischen Nische. Im damals vorherrschenden Alltagsverständnis war es pazifistisch begründet, auf militärisches Eingreifen zu verzichten. An militärstrategische Bedenken wurde nicht gedacht. Zum Beispiel jene, verkürzt gesagt, dass man keine Soldaten opfert, wenn es die Verteidigung des Landes nicht gebieterisch fordert. Militärisches Eingreifen bleibt damit eng an eingrenzbare Interessen gebunden. Und, natürlich, ans schlichte Überlebenskalkül: Wer reingeht, muss wissen, wie er rauskommt.

---

14 Saddam Hussein erklärte einmal höhnisch, er könne Millionen von opferbereiten jungen Männern aufs Schlachtfeld schicken, während der Westen die wenigen, die er noch hat, am liebsten im Frieden und zu Hause hätschelt.

Intervention zugunsten allgemeiner Werte traf in früheren Zeiten auf Misstrauen, und eine Einmischung in die „inneren Angelegenheiten" eines anderen Landes war illegitim. Heute verstehen wir unter dem Verbot der „Einmischung in die inneren Angelegenheiten" eine Klausel, die es Despoten erlaubt, „ihre" Bevölkerung nach eigenem Gutdünken niederzuhalten oder niederzuschlagen. Aus der Perspektive der „Despoten" stellt sich die Sache anders dar, als Unterstützung Aufständischer: Wieso sollte man dem äußeren Feind erlauben, sich auf einen inneren Feind zu berufen, der sich „Befreiungsbewegung" nennt, um einmarschieren zu dürfen? Und wer beurteilt eigentlich, ob die Befreiungsbewegung nicht neues Despotentum birgt? Niemals hätten unsere Altvorderen einer Interventionsmacht abgenommen, dass sie einmarschiert, um Freiheit und Glückseligkeit zu bringen. Napoleon hat die Länder, durch die seine Armeen zogen, ihre „Befreiung" teuer bezahlen lassen.

Bei aller Sympathie für die „Arabellion": Hier zeigt sich das Dilemma in aller Deutlichkeit. Keine Intervention, auch in bester Absicht, ist ohne schwere Nebenfolgen. Hinzu kommt, dass die Verteidigung von Freiheit und Menschenrechten unsere Soldaten zu unzählig vielen Krisenherden rufen würde. Werte wie „das Menschenrecht" sind indes unteilbar, eine pragmatische „Auslese" derer, die unserer Intervention würdig sind, wäre demzufolge undenkbar. Aber sie geschieht, notwendigerweise. Warum und wie – das wäre eine öffentliche Debatte wert, in der nicht nur Emotionen gehandelt werden.

Doch mit dem Begriff des „Interesses", um militärische Interventionen deutlich zu beschränken, tut man sich gerade in Deutschland schwer. Das bekam Bundespräsident Horst Köhler zu spüren, als er einem Reporter ins Mikrofon sprach, man müsse wissen, dass „im Notfall auch militärischer Einsatz notwendig ist, um unsere Interessen zu wahren, zum Beispiel freie Handelswege".[15] Der Sturm der Empörung, der damals über ihn niederging, mag zu seinem vorzeitigen Rücktritt beigetragen haben.

---

15   Am 22. Mai 2010 in einem Interview mit dem Deutschlandfunk. Das Zitat ist in größerem Zusammenhang abgedruckt bei Stephan, Angela Merkel, S. 175.

Bloße Interessen sollen Kriege entzünden? Gar die des Handels? Also Interessen „des Kapitals"? Noch immer gibt es hierzulande ein Unbehagen gegenüber dem kühlen interessegeleiteten Pragmatismus, den wir den Briten unterstellen, denen doch, wie Richard Wagner es einst formulierte, die Welt „ein Krämerkasten" sei. In Deutschland muss es mehr sein, was uns in Bewegung setzt. Aber was? Die Antwort lautet allenthalben: Werte.

Was ist damit gemeint? Und wie verhalten sich „Werte", die ja die der Gesellschaft sein müssen, die Soldaten entsendet, zu den *rules of conduct*, die primär eine Angelegenheit des Militärischen sind? Sie beinhalten Schonung der Zivilbevölkerung, Fairness und Respekt vor dem Gegner, ohne ideologisch begründete Entmenschung. Mäßigung, wo möglich. Konsequenz, wo nötig. Und ein Interesse am baldigen Ende des Konflikts ohne allzu große Verluste.

Sind das nicht aber die ureigensten Werte jener Mäßigung, die dem Krieg in Stellvertretung für die Gesellschaft innewohnt? Stellvertretung heißt: gewalttätige Konflikte aus dem Herzen der Gesellschaft hinaustragen, damit sie nicht als Ganzes zerbricht. Und heißt womöglich auch, den Wünschen (und Anmaßungen) von Politik und Zivilgesellschaft zu widerstehen, wenn sie den bedingungslosen Kampf für höchste Ziele fordern sollten.

Denn in der Tat: In der offenen Gesellschaft ändern sich Werte, vielleicht nicht gerade „permanent und rasant", aber doch kaum noch von Tradition gebremst. Gerade die Geschichte des Verhältnisses von Gesellschaft und Bundeswehr zeigt, wie sehr der Zeitgeist die jeweils hochgehaltenen „Werte" diktiert. Einmal ist der höchste Wert „Nie wieder Krieg", später heißt es „Nie wieder Auschwitz", beides absolute Werte, die einander ausschließen. Und genau deshalb wünscht man sich manchmal ein verzögerndes Moment wie „Tradition".

Was die deutsche Tradition nicht bereitstellt, bietet die europäische Tradition. Zu ihr zählen die Befreiungskriege gegen Napoleon ebenso wie jene unblutigen Kabinetts- oder Manöverkriege, über die sich Clausewitz belustigte und deren Grenzen Napoleon sprengte. Trotz der beiden Weltkriege mit ihrem Brandherd in Europa zeigt die Zeit nach dem 30jährigen Krieg, was konservative und entideologisierte Kriegführung im Sinne von Mäßigung und Einhegung vermag. Diese europäische Tradition steht durchaus im

Gegensatz zur amerikanischen, die noch immer von der Erfahrung des Bürgerkriegs geprägt ist. In einem Bürgerkrieg muss der Kampf bis zur gänzlichen Niederringung des Gegners gehen, denn in einem einzigen Gemeinwesen kann es nur eine Regierung geben. Das macht Bürgerkriege so schrecklich - und unterscheidet sie zugleich von Staatenkriegen, in denen es insofern nicht um die Existenz geht, als die Fortexistenz des anderen Staates in der europäischen Kriegstradition nicht infrage steht.

Bürgerkrieg ist immer zugleich Wertekrieg. Der Appell sowohl an die *„morale"* als auch an die Moral von Bürgerkriegern macht sie zu einer formidablen Waffe. Der Schaden fürs Gemeinwesen ist womöglich ebenso beachtlich.

8. Helden braucht das Land?

Politik und Öffentlichkeit in Deutschland müssen sich entscheiden, welche Soldaten sie wollen. Glühende Bürgerkrieger? Kaltblütige Profis? Pragmatische Gewaltmanager, kühl und beherrscht, die ihren Job tun, ohne groß zu reden? Leute, die man erst dann wieder zur Kenntnis nimmt, wenn sie als blutende Opfer zurückkehren? Den Rest zahlt die Versicherung?

Die Verbindung zwischen Gesellschaft und Armee hierzulande war und bleibt fragil. Wer weder heldenhafte Kämpfer noch bezahlte Profis möchte, muss sich überlegen, wie er das Band stärkt. Ein Soldat, der einen Kampfeinsatz erlebt und überlebt, hat eine Leistung erbracht, die ein Symbol braucht. Und wenn es das Eiserne Kreuz nicht mehr sein darf – dann sollte die zivile Gesellschaft den Anstand haben, ein neues zu stiften.

Doch erinnert das Eiserne Kreuz nicht an eine Tradition, auf die man sich auch in Deutschland berufen darf? Es wurde vom preußischen König Friedrich Wilhelm III. 1813 zu Beginn der Befreiungskriege gegen Napoleon eingeführt, es ist Auszeichnung für den Kampf der europäischen Verbündeten gegen einen freiheitsbedrohenden Tyrannen.

Vielleicht braucht es ja gar keine speziell deutsche Tradition, wenn man im Bündnis mit den Nachbarn eine gemeinsame europäische hat. Eine Tradition, in der Respekt vor dem einzelnen Menschen so viel gilt, dass man bei uns ein Selbstmordattentat weder nachzuvollziehen noch einzuordnen weiß. Gewiss – nicht immer hilft der Stolz auf die Regeln der Mäßigung, um die hilflose Wut auszubremsen, die ein Gegner auslöst, der sie höhnisch mit Füßen tritt.

Doch ebenso gewiss ist: Eine Kultur kann sich auf zweierlei Weise auslöschen. Indem sie sich nicht wehrt, wenn sie angegriffen wird. Und indem sie im Kampf ihre eigenen Maßstäbe preisgibt.

(c) 2012 Cora Stephan

„GENERATION EINSATZ" UND DIE FRAGE DES LEITBILDS: PROBLEME NATIONALER MILITÄRTRADITION

Thorsten Loch und Martin Mayer

Die bündnis- und sicherheitspolitischen Verpflichtungen der Bundesrepublik Deutschland änderten sich mit der Wiedervereinigung 1990 grundlegend und mit ihnen das Anforderungsprofil an die Bundeswehr, die deutschen Streitkräfte. Diese Veränderung vollzog sich über die Etappen der „Armee im Bündnis", der „Armee der Einheit" hin zur „Armee im Einsatz"[1]. Letztlich charakterisieren diese medial geprägten Schlagwörter nichts anderes als den Übergang von einer überwiegend statischen und gegenüber einem klaren Feindbild abgegrenzten Bündnisarmee des Ost-West-Konfliktes zu einer Einsatzarmee, in einem politisch wie militärisch komplexem und dynamischem Umfeld des 21. Jahrhunderts. Es ist strukturell gekennzeichnet durch Asymmetrie, Entstaatlichung von Gewalt und zunehmender Verselbständigung oder Autonomisierung vormaliger militärisch eingebetteter Gewaltformen[2].

Seit dem Erlass der Verteidigungspolitischen Richtlinien im Jahre 2003 befindet sich die gesamte Bundeswehr in einem Wandel der Denkstrukturen und Fähigkeitskategorien. Als Instrument der Sicherheits- und Verteidigungspolitik bietet sie der deutschen Politik ein breites Spektrum an Handlungsoptionen[3]. Während dies vor 1990 den Einsatz im Bündnis bedeutete,

---

[1] Siehe zu diesem Komplex: Verteidigung im Bündnis; Vom Kalten Krieg zur deutschen Einheit; sowie den Sammelband: Auslandseinsätze; siehe auch Loch, Alte und neue Gesichter der Bundeswehr; beachte künftig Auftrag Auslandseinsatz.

[2] So zumindest die Annahme bei Münkler, Die neuen Kriege, S. 10 f., und ders., Der Wandel des Krieges.

[3] Bundesminister Thomas de Maizière, Rede in Berlin vom 18. Mai 2011 zur Neuausrichtung der Bundeswehr.

heißt es im Hinblick auf gewandelte deutsche Interessen auch den Einsatz der Streitkräfte bis hin im Sinne einer Expeditionsstreitmacht[4]. Die Stationen, die die Bundeswehr auf diesem Weg seit 1990 durchlief, lassen sich auf einige Schlaglichter konzentrieren: Somalia (1993/94), Bosnien-Herzegowina (seit 1996), Kosovo (seit 1999), Horn von Afrika (seit 2001) und seit 2002 schließlich Afghanistan[5]. Betrachtet man die jeweilige Einsatzintensität, wird deutlich, dass nicht nur innerhalb der einzelnen Missionen, sondern vor allem übergreifend eine stetige Eskalation militärischer Gewalt zu verzeichnen ist[6]. Die Kommunikation dieses Wandels der „alten Bundeswehr", deren Einsatz sich Außenminister Klaus Kinkel allein auf dem Balkan noch 1994 nur schwer vorstellen konnte[7], hin zur „neuen Bundeswehr", die in Afghanistan im Kampfeinsatz steht, gleicht einer „Salamischeibentaktik"[8].

---

4   Weißbuch 2006. Zur Sicherheitspolitik Deutschlands und zur Zukunft der Bundeswehr, hrsg. durch den Bundesminister der Verteidigung, Berlin 2006, siehe auch Verteidigungspolitische Richtlinien, erlassen durch den Bundesminister der Verteidigung, Berlin 2003, auch Konzeption der Bundeswehr, erlassen durch den Bundesminister der Verteidigung, Berlin 2004.

5   Eine Übersicht über die Einsätze der Bundeswehr seit 1960 bietet Auslandseinsätze der Bundeswehr, S. 296-301.

6   Die Wahrnehmung, dass der Einsatz in Afghanistan der bislang „kriegsähnlichste" und damit härteste sei, ist zeitgenössisch bedingt. Die erste Phase des Einsatzes um das Kosovo, kann im Hinblick auf den Einsatz der Kriegsmittel als intensiver bezeichnet werden, siehe Keßelring, Der Krieg der NATO gegen Jugoslawien.

7   Frankfurter Allgemeine Zeitung vom 30. November 1994, Nr. 278, S. 2, vgl. auch Weißbuch zur Sicherheit der Bundesrepublik Deutschland und zur Lage der Bundeswehr 1994, Bonn 1994.

8   General a.D. Klaus Naumann in seinem Vortrag im Rahmen der 48. Internationalen Tagung zur Militärgeschichte im Haus der Geschichte in Bonn, Oktober 2005.

1. Zweierlei Wandel: Auswirkungen auf das Selbstverständnis

Die Vorstellung von dem, was Bundeswehr war, ist und sein wird, ist im Wandel begriffen. Dieser Wandel speist sich zum einen aus einem gesamtgesellschaftlichen Veränderungsprozess, der am Ende nicht ohne Auswirkungen auf das Verhältnis von Militär, Staat und Gesellschaft des 21. Jahrhundert bleiben wird, und zum anderen aus der Bewältigung der tagesaktuellen Herausforderungen im neuen Einsatzspektrum[9]. Insgesamt gesehen verschmelzen diese beiden Ereignislinien seit Anfang des Jahrtausends zeitversetzt miteinander. Sie führen zu einer spürbaren Veränderung im Selbstverständnis der Bundeswehr als Institution, aber auch zu einer Veränderung des Selbstverständnisses des Einzelnen, manifestiert in einem geänderten Soldatenbild.

Schon heute zeichnet sich ab, dass im Zuge der jüngsten Neuausrichtung der Bundeswehr gefällte Strukturentscheidungen, wie die Aussetzung der Wehrpflicht[10] und die dominierende Ausrichtung auf den Auslandseinsatz, das Verhältnis von Militär und Zivil tiefer verändern werden als es dem zeitgenössischen Betrachter bewusst ist. Die Gesellschaft und ihre Streitkräfte, die für annähernd 200 Jahre über die Allgemeine Wehrpflicht miteinander verwoben waren[11], beginnen sich mit der Auflösung dieses Bandes und der Ausweitung des Auftrags über die Landesverteidigung hinaus zu entfremden. Die Herausbildung eines kleinen und kompakten stehenden Heeres der Freiwilligen, gedacht für den zeitlich und räumlich begrenzten Konflikt, ist Exponent dieses Wandels. Diesem grundlegenden, aber evolutionär verlaufenden Prozess wohnt ein historisches Ausmaß inne, das an das Heerwesen des vorrevolutionären Europa erinnert, als Hugo Grotius Mitte des 17. Jahrhun-

---

9   Für frühere Jahrhunderte siehe Pröve, Militär, Staat und Gesellschaft im 19. Jahrhundert; Kroener, Militär, Staat und Gesellschaft im 20. Jahrhundert, siehe auch Loch, Alte und Neue Gesichter der Bundeswehr, S. 1.

10 Loch, Zum Verhältnis von Bürger und Kriegsbild, und die dortige Literatur.

11 Die Kehrseite der Allgemeinen Wehrpflicht war allerdings der Missbrauch des Soldaten in den Massenheeren des Volks- und späteren Totalen Krieges.

derts den Grundsatz aufstellte, „daß der Krieg allein Sache der Soldaten sei und die Bürger nichts angehe.[12]" Diese Deutung wird durch die offenbar beim Wehrbeauftragten des Deutschen Bundestages, Hellmut Königshaus, angestellte Überlegung, Ausländer in die Bundeswehr einzustellen, verstärkt[13]. Die Aussetzung der Allgemeinen Wehrpflicht wie auch das vorsichtig formulierte Durchbrechen des Nationalitätenprinzips verdeutlichen, dass das seit zwei Jahrhunderten gewachsene Selbstverständnis des Militärs, Exponent und Träger der Idee der Nation zu sein, im Aufweichen begriffen ist. Dies mag weiter nicht von Bedeutung scheinen. Doch ist die Idee des Bürgertums des 19. und 20. Jahrhunderts eng mit der Frage der Wehrverfassung verbunden gewesen. Die Ableistung der Pflicht zur Wehr vermittelte das Recht auf politische Teilhabe. Nicht zuletzt deswegen unterlag das deutsche Militär in den letzten 200 Jahren einem Prozess der Verbürgerlichung[14], der seine Peripetie in der Bundeswehr erlebt und nun am Anfang seiner Umkehrung steht: Die Idee der Wehr löst sich mit der Aussetzung der Wehrpflicht und der angestrebten Öffnung der Streitkräfte für Ausländer von der Idee des Bürgertums.[15] Dies ist ein tiefgreifender und zugleich doch nur subkutan wahrnehmbarer Wandel, dessen Ursachen in den sich verändernden sozialen wie ökonomischen Lebensbedingungen gründen dürften. Die Auswirkungen des historisch zu nennenden Entfremdungsprozesses werden erst langfristig sichtbar werden.

Die Veränderungen, welche die Bewältigung der tagesaktuellen Herausforderungen einer „Armee im Einsatz" hingegen zeitigen, sind für die Betroffenen bereits schon heute deutlich spürbar. Sie sind unter anderem mit der für uns erkenntnisleitenden Frage verknüpft, welchem Leit- und Selbstbild Soldaten und Bundeswehr in der Gegenwart des (Kampf)Einsatzes, des

---

12   Zitiert nach Meier-Welcker, Deutsches Heerwesen, S. 38 f.

13   Siehe etwa die online-Ausgabe der Berliner Morgenpost, 25.12.2011, http://www.morgenpost.de/newsticker/dpa_nt/infoline_nt/brennpunkte_nt/article1864770/Mehr-Auslaender-zum-Bund.html [Stand: 26.02.12].

14   Siehe Loch, Das Gesicht der Bundeswehr, S. 328.

15   Siehe auch Naumann, Was sind wir dem Staat schuldig?

„gefühlten Krieges" also, verpflichtet sind oder sich verpflichtet fühlen. In der offiziösen Darstellung oszillieren sie zwischen Helfer, Schützer, Vermittler und Kämpfer[16] und basieren in ihrem verordneten Selbstbild auf dem Leitbild des Staatsbürgers in Uniform, das ursprünglich sowohl der Einhegung als auch der Legitimation des Soldaten in der Demokratie diente und damit den doppelten Zweck verfolgte, den „'Widerspruch' zwischen Militär und Demokratie aufzulösen.[17]"

Mit dem Verschmelzen dieser beiden Ereignislinien bleibt daher zu fragen: An welchem Vorbild orientieren sich die Männer und Frauen in Grenzsituationen der derzeitigen Einsätze aber tatsächlich, wenn es für sie situativ darauf ankommt, als Mensch und Soldat zu bestehen? An welchen historischen Vorgängern können sie sich orientieren?

2. Das Bild des deutschen Soldaten in der Militärgeschichte

Für das 20. Jahrhundert lassen sich vereinfacht zwei große Phasen nennen, die äußere Soldatenbilder hervorbrachten und den Männern und Frauen der Bundeswehr als visueller Steinbruch dienen: Das Zeitalter der Weltkriege und die Nachkriegszeit bis 1990. Es ist hier nicht der Raum, ausführlich auf die Genese des deutschen Soldatenbildnisses einzugehen[18], ein rascher Blick in die deutsche Militärgeschichte muss an dieser Stelle genügen, um doch drei Archetypen des deutschen Soldaten zu skizzieren.

Die „Ikone des deutschen Weltkriegsplakates"[19] (Abb. 1) visualisierte zum ersten Mal in der Ikonographie des modernen Militärwesens einen der anonymen Masse enthobenen und individualisierten Soldaten. Das Motiv warb für Kriegsanleihen, war mithin kein bewusst konstruiertes und staatli-

---

16 Weißbuch 2006, S. 75.
17 Loch/Zacharias, Tradition in deutschen Streitkräften.
18 Siehe Loch, Frontkämpfer, siehe auch Paul, Bilder des Krieges.
19 Vorsteher, Bilder für den Sieg, S. 159.

cherseits gesteuertes Bild eines politisch gewollten Soldaten. Der Typus, den Fritz Erler 1917 als „Mann unter dem Stahlhelm", als „deutsches Gesicht" schuf[20], zeigt nicht nur den Einzelkämpfer im Stoßtrupp, sondern repräsentiert vielmehr den visuellen Durchbruch einer bürgerlichen Gesellschaftsordnung. Nicht mehr der auf Anciennität gründende anonyme Stand spätaristokratischer Herrschaft, sondern der auf die Leistung des Individuums im Schützengraben abzielende bürgerliche Leistungsanspruch tritt mit ihm visuell in den Vordergrund. Gleichwohl zeigt es einen im Kampf stehenden, das Leiden erduldenden (Gasmaske) aber auch aktiv handelnden (Handgranaten) jungen Mann, einen bürgerlichen Soldaten.

Anders verhält es sich bei den Soldatenbildern des Nationalsozialismus. Diese wurden konstruiert, um einen bestimmten Soldatentypus zu schaffen und gleichzeitig die Gesellschaft auf den kommenden Krieg einzustimmen. Als visuelles Ideal des nationalsozialistischen Soldatenbildes kann Erich Hoffmanns Büste „Der Kämpfer" (Abb. 2) gelten[21], der ähnlich wie Arno Brekers „Wehrmacht" neben der visuellen Kriegsvorbereitung gleichzeitig Gedankengut im Sinne des NS-Herrschaftsverständnisses transportierte: „Rassenlehre, Kampf als zentrale Lebensgesetzlichkeit sowie totale Erfassung und Umformung des Menschen.[22]" Anders gesagt, die NS-Herrschaft konstruierte für den kommenden Krieg und den in ihm stattfindenden Genozid einen neuen Typus und goss ihn in ein Leitbild: das des Kämpfers, das zugleich den bisherigen Soldatentypus unbemerkt umwidmete. Das entworfene Ideal zeigte einen durch und durch charismatischen Heroen, der Kraft, Können und Führertum scheinbar in einer Person vereinte. Dieses äußere Bild des Kämpfers bot dem Betrachter einen Zustand, ein Aggregat und verband es mit einem Vorbildcharakter und Appell: So kannst, so sollst auch Du sein! Für den Soldaten war die im Bild manifeste Teilidentität zwischen nati-

---

20   Erler, Kriegskunst.

21   Loch, Frontkämpfer.

22   Schmidt, Wolfgang, „Maler an der Front", S. 635.

onalsozialistischen und soldatischen Tugenden und Werten verhängnisvoll[23]. Beide verband die NS-Propaganda mit einer festen Struktur, die dem Betrachter ein eingängiges, einfach zu verstehendes und eindimensionales Ideal bot. So ließ die visuelle Botschaft den Soldaten des Weltkrieges zu einem Kämpfer des Vernichtungskrieges mutieren. Offenbar musste der bisherige, an Werte und Normen gebundene Soldat, durch die neue staatliche Ordnung umgedeutet werden: zu einen Kämpfer, der bereit war, Grenzen des Menschlichen und Soldatischen zu überschreiten, um den ihm gegebenen Auftrag zu erfüllen: Mord im Vernichtungskrieg. Fatalerweise verkörperte dieser Kämpfertypus eben auch soldatische Tugenden, so dass er von Soldaten als Vorbild, als inneres Bild akzeptiert werden konnte. So trägt auch die visuelle Umdeutung des Soldatenbildes zu einem Kämpfertypus ein Teil am menschlichen Versagen im Zweiten Weltkrieg.

Die „deutsche Katastrophe"[24] von 1945 führte zu einer veränderten Herrschaftsordnung, die einen neuen Soldatentypus forderte und ebenfalls in ein Leitbild goss: den Staatsbürger in Uniform, der an das Wertegefüge des Grundgesetzes sowie die Prinzipien einer freiheitlich-demokratischen Grundordnung gekoppelt war[25]. Doch schuf man für ihn kein äußeres (emotionales) Soldatenbild, man schuf lediglich ein inneres Bild, ein Leitbild. Dieses neue Leitbild war nicht nur Instrument, sondern in der deutschen Militärgeschichte Ausdruck und zugleich Höhepunkt einer verbürgerlichten Armee.

Es gesellten sich aber schon bald äußere Bilder des „neuen" Soldaten hinzu: die Motive der Nachwuchswerbung, die seit 1956 das „Gesicht der Bundeswehr[26]" in die Öffentlichkeit transportierten. Die Darstellung des Soldaten ist in dieser Zeit von der Betonung des Neuen und somit von der Abgrenzung vom Soldatenbild der Wehrmacht gekennzeichnet. Die Wehr-

---

23	Zur „Teilidentität der Ziele" Messerschmidt, Die Wehrmacht im NS-Staat, zur Modifikation des Bildes des Soldaten in der Ära Blomberg siehe ebd S. 200-209.
24	Meinecke, Die deutsche Katastrophe.
25	Nägler, Der gewollte Soldat und sein Wandel; zeitgenössisch siehe Vom künftigen deutschen Soldaten; Birk, Neue Perspektiven, S. 16.
26	Loch, Das Gesicht der Bundeswehr.

macht stand für Aggression und (Angriffs-)Krieg, für Niederlage, Not, Elend und auch moralisches Versagen. Wollte man die Jugend nach 1945 erfolgreich für den Dienst in der „neuen Wehrmacht" gewinnen und ernsthaft wie in der Himmeroder Denkschrift postuliert, „grundlegend Neues[27]" schaffen, musste ein anderes Soldatenbild als das des heroischen Kämpfers gewählt werden. So entstand in der Nachwuchswerbung – unabhängig von der Konstruktion des Leitbildes des Staatsbürgers in Uniform – eine Grundlinie im bundesdeutschen Soldatenbild, welche die gesamte Nachkriegszeit prägte und sich bis in die 1990er Jahre hinein tradierte (Abb. 3). Dieses andere, dieses neue Bild ist als „postheroisch" zu bezeichnen und meint damit die Abkehr vom „Heros" der Wehrmacht. Neben einem offenen und weichen Gesichtszug, eine als bürgerlich zu bezeichnende Haltung, wurde ein Soldat in Hunderten Motiven präsentiert, der nicht ein einziges Mal kämpfend dargestellt wurde. Nicht der aggressive, pathetische Kämpfer der 1930er und 1940er Jahre wurde präsentiert, sondern der „andere Soldat", der vermeintliche Nichtkämpfer, der aber gleichwohl wehrhaft dargestellt wurde.

---

[27]   Rautenberg/Wiggershaus, Die „Himmeroder Denkschrift".

Abb. 1: »Das Deutsche Gesicht«, farbiger Druck, 58 x 44 cm, Entwurf: Prof. Fritz Erler, München; Druck: Fritz Maison, München, um 1917, hier: Ansichtskartenmotiv Sammlung Loch

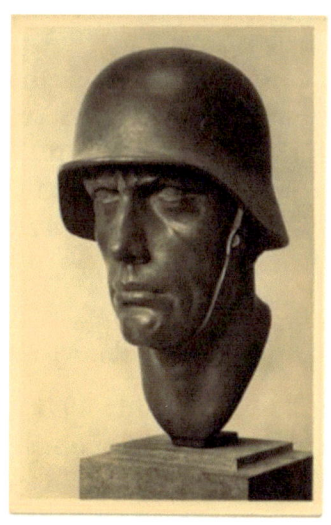

Abb. 2: Büste „Der Kämpfer", um 1940, Erich Hoffmann, verzeichnet in: Große Deutsche Kunstausstellung 1941 im Haus der Deutschen Kunst zu München, München 1941, S. 42, hier: Ansichtskartenmotiv Sammlung Loch

Abb. 3: Werbeplakat der Nachwuchswerbung, „Mach mit!", um 1960, Engel, hier: Reproduktion SKA IMZBw.

Aus dieser historischen Situation heraus resultiert ein Mangel an (emotionalen) Bildern, die den Staatsbürger in Uniform mit dem kämpfenden Soldaten hätte vereinen können. In der sicherheitspolitischen Situation der Nachkriegszeit war dies aus Gründen der Staatsräson unabdingbar, in der Nachwendezeit wuchs sich das Fehl zu einem Dilemma von politischer und militärischer Führung aus. Für die Männer und Frauen des Panzergrenadierbataillons 391 in Bad Salzungen ist dieses Dilemma bereits heute spürbare Realität, wie empirische Befunde zeigen.

3. Fallbeispiel Soldatenbild Panzergrenadierbataillon 391

Das Panzergrenadierbataillon 391 wurde 1991 in Bad Salzungen aus dem ehemaligen Mot.-Schützenregiment 23 aufgestellt. Die ersten Jahre des jungen Verbandes waren durch die gebotene Integration und Zusammenführung von Soldaten zweier Armeen, ehemaliger Gegner in der „Armee der Einheit" geprägt. Dieser bisweilen als schmerzlich empfundene Prozess gilt als abgeschlossen. Das Leitbild des Staatsbürgers in Uniform bot in dieser Phase durch den Wertebezug und das Menschenbild des Grundgesetzes ein

Höchstmaß an Offenheit und Flexibilität. Ehemalige Gegner dienten in der Folge den Interessen und dem Schutz des vereinten Deutschlands.

Schon bald zeichnete sich aber ein zusätzlicher katalytischer Wandel ab: die Bundeswehr wurde zu einer „Armee im Einsatz" umgedeutet. Die „Salzunger Grenadiere" erhielten ab 1995 den Status eines Krisenreaktionsverbandes und nahmen erstmals 1998 im Rahmen der SFOR-Mission in Bosnien-Herzegowina an einem Auslandseinsatz teil (1999/2000 sowie 2003/04). Es folgten darüber hinaus Einsätze im Kosovo (2002) und in Afghanistan (2006 sowie 2009/10). Was es in letzter Konsequenz bedeutet, als Soldat der Bundeswehr im Einsatz zu sein, erfuhr das Bataillon zuletzt am 23. Juni 2009, dem Tag, an dem drei Soldaten in Erfüllung ihrer Pflichten fielen[28]. Die Erfahrungen des Einsatzes hinterlassen aber auch im späteren Dienstbetrieb am Heimatstandort ihre Spuren: Wie fühlt sich der heute 25jährige Stabsgefreite, der 2009 als Scharfschütze im Kampf gezwungen war, Gegner zu töten? Schafft sich die „Generation Einsatz" vor dem Hintergrund ihrer Erlebnisse und Erfahrungen eine eigene, eine neue Tradition?

Die über 20jährige Geschichte dieses Bataillons, welche die „Armee der Einheit" und die „Armee im Einsatz" verkörpert, zeigt, dass der Einzelne sowohl als Mensch als auch als Soldat in unterschiedlichsten Situationen bestehen muss. Damit er das kann, greift das Soldatenbild des Panzergrenadierbataillons 391 als Orientierungshilfe auf ein ganzheitliches Kompetenzprofil zurück und reflektiert zugleich wertegebundene Maßstäbe. Das Kompetenzprofil muss den Soldaten in drei Situationsfeldern tragen können, da der Auslandseinsatz nicht nur den Soldaten im Einsatz, sondern auch den Soldaten im Grundbetrieb und den in Fürsorge und Betreuung bedingt. Insgesamt wirkt das Kompetenzprofil situativ in vier Facetten: Die *funktionale* Kompetenz umfasst die Fähigkeiten und Fertigkeiten, die Anforderung an den jeweiligen Dienstposten praktisch wahrzunehmen und handeln zu können. Die *kognitive* Kompetenz meint die Fähigkeit, die Anforderung an den jeweiligen Dienstposten intellektuell zu erfassen und denken und bewerten zu können. Die *voluntative* Kompetenz umfasst die Fähigkeit, die Anforderung an den

---

[28] Es fielen am 23. Juni 2009 die Hauptgefreiten Martin Brunn, Oleg Meiling und Alexander Schleiernick.

jeweiligen Dienstposten willentlich anzunehmen und dadurch handlungsfähig zu bleiben. Die *emotionale* Kompetenz umschreibt die Fähigkeiten und Fertigkeiten, eigene und andere Gefühle wahrzunehmen und bewusst zu machen und mit diesen angemessen umgehen zu können.

Damit der Einzelne aber situativ als Mensch und Soldat bestehen kann, bedarf es neben den hier genannten Kompetenzen einer weiteren Bedingung. Es ist dies die Beachtung eines wertegebundenen Maßstabes, der den Einzelnen an Recht und Gesetz, aber auch an Moral bindet. Welches soldatische Leitbild geben sich die Soldaten? Ist es das des antidemokratischen Kämpfers der NS-Propaganda, das nicht mit den Werten des Grundgesetzes in Übereinklang gebracht werden kann?

Zwei Drittel der Männer und Frauen des Bataillons verlegen im Sommer 2012 im 29. Kontingent ISAF nach Afghanistan. Sie versehen ihren Dienst im Rahmen der „Partnering und Advisory Task Force" (PATF) und begleiten und beraten die afghanischen Sicherheitskräfte (ANSF) vor Ort, auch im Gefecht. Trotz der Schwerpunktsetzung auf den Einsatz in Afghanistan verbleibt ein Drittel der Angehörigen in den Situationsfeldern Sicherstellung Grundbetrieb und Gewährleistung Betreuung und Fürsorge am Heimatstandort. Von den Soldaten, die in das Einsatzland verlegen, verfügt die Hälfte bereits über Gefechtserfahrung aus dem „gefühlten Krieg" in Afghanistan aus den Jahren 2009 und 2010 (19. bis 21. Kontingent). Der empirische Befund ist relativ eindeutig: Sie verstehen und definieren sich selbst als Kämpfer. Sie geben ihre Erfahrung und dieses Selbstbild an jüngere und nicht einsatzerfahrene Soldaten weiter. Die Vermittlung dieses Selbstbildes erfolgt in der sozialen Nahwelt der Soldaten, der Führungsebene Kleine Kampfgemeinschaft (Trupp- und Gruppenebene, bis zu neun Soldaten) und Teileinheit (Zug, 36 Soldaten und vier Gefechtsfahrzeuge).

Dabei ist zu beobachten, dass gerade die Soldaten mit Gefechtserfahrung das ganzheitliche Bild des Bundeswehrsoldaten auf jenes des Kämpfers reduzieren. Sie berufen sich aus ihrer Sicht auf die ausschließliche synergetische Kombination aus funktionaler und voluntativer Kompetenz, welche die übrigen Felder ausblendet. Dabei entsteht eine gefühlte Entfremdung zum Leitbild des Staatsbürgers in Uniform unter gleichzeitiger Annäherung an das Bild des NS-Kämpfers. Hier trifft der Soldat auf einen offenen Widerspruch.

Der Staatsbürger in Uniform, der durchaus auch ein guter und kämpfender Soldat sein kann, ist dies in seinem bürgerlichen Sinne aber nur als Landesverteidiger. Es zeichnet sich ein intellektueller Spannungsbogen ab, dessen Auflösung nicht möglich scheint und für Verunsicherung im Rollenverhalten des Einzelnen sorgt. Diesem inneren Zwiegespräch weicht vor allem der lebensjüngere Soldat aus, nicht zuletzt weil er weder die Anleitung erfährt noch die nötige Muße hat, um sich geistig mit seiner Rolle als kämpfender Soldat und Staatsbürger in Uniform auseinanderzusetzen. Er weicht nicht nur aus, er flüchtet sich in seine Sekundärtugenden und sucht deren Bestätigung. Er findet die visuelle Anleitung für die Lösung seines Problems nicht im spannungsreichen Deutungsfeld des Staatsbürgers in Uniform, er findet es im eindimensionalen Bild des Kämpfers der Wehrmacht. Dieses Bild offeriert ihm Tugenden in einer starren Struktur, die ihm zunächst und scheinbar Halt in einer chaotischen Gefühlswelt bietet. Damit flüchtet er sich in die einseitige Deutungswelt des Kämpfers, die es ihm in Grenzsituationen nicht erlaubt, wertegebunden zu handeln und damit als Soldat und als Mensch zu bestehen. Das Fehlen eines gesamtgesellschaftlich getragenen emotionalen äußeren Bildes, welches das innere Bild des Staatsbürgers in Uniform mit dem des kämpfenden Soldaten vereint, wird zu einem Dilemma von Militär, Staat und Gesellschaft. Der Rückbezug auf den Staatsbürger in Uniform ist in einer Demokratie alternativlos, der Rückbezug auf ein kämpferisches Ideal für eine Streitmacht ebenso.

Das Führungspersonal (Offiziere, Unteroffiziere, Vertrauenspersonen) des Panzergrenadierbataillons 391 hat den drei Situationsfeldern Einsatz, Grundbetrieb sowie Betreuung und Fürsorge Tugenden und Leitsätze zugeordnet. Die Tugenden für das Bestehen im Einsatz sind: Ausdauer, Besonnenheit, Disziplin, Durchsetzungswille, Entschlossenheit, Flexibilität, Mut und Tatkraft. Der Leitsatz lautet: „Wir setzen uns in Kampf und Gefecht, wenn nötig, mit Waffengewalt unter Achtung unserer Maßstäbe situationsgerecht durch!" Mannschaftssoldaten, die bereits über Einsatz- und Gefechtserfahrung aus Afghanistan verfügen, haben sich mit diesem Leitbild und ihren Erfahrungen bildlich auseinandergesetzt. (Abbildung 4). Eine Auseinandersetzung findet auch im Umgang mit Tod und Verwundung statt: Es wächst ein Band der Kameradschaft über den Tod hinaus. Im Eingangsbereich jener

Kompanie, aus der die drei am 23. Juni 2009 gefallenen Soldaten stammten, werden die Trauer und der Verlust in bildlicher Form verarbeitet.

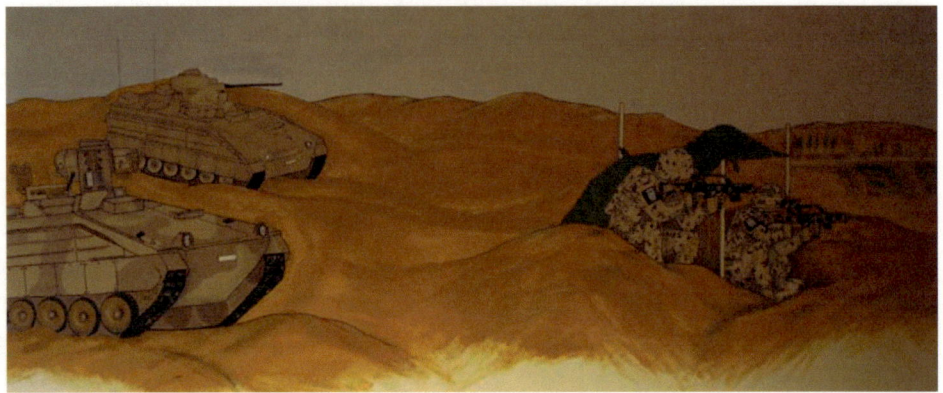

Abb. 4: Wandmalerei „Wüstenmarder", Panzergrenadierbataillon 391, Bad Salzungen.

Gerade der Umgang mit Tod, Verwundung und Gefallenen stellt dabei neue Herausforderungen an das Soldatenbild. Ein Gedenken an Gefallene der Bundeswehr im Rahmen des Volkstrauertages erscheint fragwürdig, weil unbeabsichtigt der gesellschaftliche Reflex auf den NS-Kämpfer ausgelöst wird. Zielführender und Identität stiftender könnte die Bezugnahme auf ein der Traditionssäule „Bundeswehr" nahe stehendes Datum sein. So böte sich der 12. November 1955 – Ernennung der ersten 101 Freiwilligen und 200. Geburtstag Scharnhorsts – als der Tag an, an dem nicht nur der Aufstellung der Bundeswehr, sondern zugleich der im Dienst gestorbenen Männer und Frauen der Streitkräfte gedacht werden könnte.

Es bleibt eine unbestreitbare Tatsache, dass die Lebenswelten der Auslandseinsätze und vor allem das Bestehen im Gefecht eine „neue" Tradition begründen. Die Soldaten der „Generation Einsatz" orientieren sich dabei an ihrer eigenen Erfahrungs- und Lebenswirklichkeit, die sie am Heimatstandort verarbeiten und für folgende Generationen als äußere Bilder hinterlassen. Bilder vergangener deutscher Armeen werden im doppelten Sinne übermalt. Insofern erfüllt vielleicht gerade diese Generation mehr als andere zuvor die Traditionssäule „Bundeswehr" über den Kampf mit Emotionen und macht sie auf diese Weise erlebbar.

4. Zusammenfassung

Die Soldaten der Bundeswehr befinden sich in einem gesamtgesellschaftlichen Dilemma. Die Einsatzrealität erlegt ihnen auf, im Kampf als Soldat und Mensch wertegebunden bestehen zu müssen. Gleichzeitig lehnt die Gesellschaft jedoch den Kämpfer, den sie in ihrem kulturellen Gedächtnis auf den NS-Kämpfer reduziert, ab. Damit verschließt sie sich nachvollziehbar den Problemen und Belangen ihrer Soldaten. Diese wiederum sehen sich zusehends unverstanden: einerseits wird von ihnen das Bestehen im Kampf gefordert, andererseits wird dieses Handeln gesellschaftlich nicht nur nicht geachtet, sondern tendenziell geächtet.

Das Leitbild des Staatsbürgers in Uniform, das sich über das in der Nachwuchswerbung transportierte Bild des postheroischen Soldaten zu einem Gesamtbild des Nichtkämpfers weiterentwickelte, schuf die Grundlage für die gesamtgesellschaftliche moralische Legitimation des Militärs nach 1945. In diesem Feld bewährte es sich voll, nicht zuletzt weil es den Bürger mit seinem Militär aussöhnte und dieses vollends verbürgerlichte. Gleichwohl, wenn nicht von oben, dann von unten weicht das Bild des Nichtkämpfers schrittweise einem kämpferischen Ideal, eine mögliche neue Tradition entsteht. Politische wie militärische Führung sind gut beraten, mit der Forderung nach einer neuen Traditionsdiskussion in diesen Prozess einzugreifen und den Soldaten neben dem idealen Leitbild ein visuelles Vorbild zu bieten, das die Sekundärtugenden des Kämpfers an die Primärtugenden des Staatsbürgers in Uniform rückkoppelt. Erhalten die Soldaten kein kämpfendes Leitbild präsentiert, das sich in die Argumentation des Staatsbürgers in Uniform einfügt, werden viele von ihnen bewusst oder unbewusst zum Vorbild des NS-Kämpfers greifen. Es muss gelingen, den die Einsatzrealität erforderlich machenden Kämpfer unter Ausprägung eines ganzheitlichen Kompetenzprofils als Soldat und Mensch rückzubinden an das Leitbild des Staatsbürgers in Uniform, damit sich die Streitkräfte auch zukünftig als Teil dieser Gesellschaft verstehen und von dieser in ihrem Dienst für die Gemeinschaft verstanden werden. Politische wie militärische Führung stehen vor der Herausforderung, das Auseinanderdriften von Militär und Zivil zu begrenzen.

Das zukünftig verbindende Element könnte das Bekenntnis zu einer Freiheit zur Verantwortung sein. Die Freiheit zur Verantwortung erfordert von den Soldaten die Rückbindung an gesellschaftliche Normvorstellungen, von der Gesellschaft erfordert sie die Akzeptanz von Wehrhaftigkeit, von Schutz und Kampf. Die demokratische Zivilgesellschaft muss sich zur Wehrhaftigkeit ihres Gemeinwohls bekennen, sollen sich ihre Soldaten weiterhin zu ihr bekennen können. Ein visuelles und emotionales Soldatenbild, das den Spannungsbogen von Kampf und Demokratie aushält, muss ausgehend vom Leitbild Staatsbürger in Uniform im gesamtgesellschaftlichen Diskurs gezeichnet und getragen werden. Ein solches Bild ist geboten, um nicht wie nach 1918 eine – im Übrigen europaweit – radikalisierte Generation an Frontkämpfern zu schaffen, die das bürgerlich-demokratische Gemeinwohl gefährdet.

„NEUE KRIEGE" UND „POSTHEROISCHE HELDEN"

Herfried Münkler

Im Selbstverständnis der Krieger spielt das Leitbild des Helden seit jeher eine zentrale Rolle. Dabei mögen sich die Inhalte des heroischen Ideals immer wieder geändert und den gesellschaftlichen Rahmenbedingungen oder der jeweiligen Art der Kampfführung angepasst haben, aber die Verbindung zwischen der Idee der „rettenden Tat" und einem Kodex der Fairness im Kampf hat das Bild des Kriegers bzw. Soldaten seit seinen Anfängen geprägt. Dabei konnte variieren, wem die „rettende Tat" galt: einem Einzelnen, in der Regel dem „Kameraden", der gesamten Truppe oder schließlich der Gesellschaft, für die das Aufgebot der Krieger in den Kampf gezogen war. Im Zentrum der Idee des Heroischen steht die Rettung eines Anderen durch stellvertretende Opferbereitschaft. Es ist das Selbstopfer im Kampf, in der Regel durch den Gebrauch von Waffen, das den Heroen vom Märtyrer unterscheidet. Und schließlich ist der Held, um als solcher anerkannt zu werden, an einen Kanon von Regeln gebunden, die einen fairen Kampf gegen einen gleichartigen Gegner gewährleisten. Nur wenn der Gegner zahlen- oder kräftemäßig überlegen war, gab es in Form von List und Tücke einen gewissen Dispens von den Regeln des fairen Kampfes.

Über das Bild des Helden verfügen freilich die Helden nicht selbst. Ihr Image wird geschaffen und kontrolliert von den Intellektuellen der Gesellschaft, für die sie kämpfen und von der sie anerkannt und geehrt werden wollen. Von dem Dichter Homer über die lange Reihe der Historiker und Lyriker des Krieges bis zu den Kriegsreportern und Fotografen unserer Tage wird das Bild des Helden durch die geprägt, die ihn beobachten und beurteilen, die von seinem Tun berichten und seinen Ruhm verbreiten – oder aber durchblicken lassen, dass es sich bei seinen Heldentaten in Wahrheit um Schandtaten gehandelt habe. Die Krieger kämpfen, siegen oder gehen zugrunde, aber ob sie dabei als Helden gekämpft haben, wird von anderen entschieden. Es sind die Dichter und Schriftsteller, die über den Begriff des Helden und dessen Merkmale verfügen. Daher haben die Krieger immer wieder versucht, aus den eigenen Reihen Dichter und Schriftsteller hervorzubringen[1], aber sie sind nur selten dabei erfolgreich gewesen, sich gegen die Intellektuellen der unheroischen Gesellschaft durchzusetzen. Auch wenn sie sich selbst vom Kampfe fernhält und ihn nur beobachtet, ist es der Gesellschaft doch gelungen, die Krieger mit literarischen Mitteln unter Kontrolle zu halten. Wer ein Held sein wollte, musste sich den Kriterien der ihn beobachtenden Gesellschaft unterwerfen. Der große Ajax tötet sich selbst, nachdem er in einem Anfall von Wahnsinn eine Rinderherde niedergemetzelt hat, die er für Agamemnon, Odysseus und all die anderen hielt, die ihm nach seiner Meinung übel wollten. Ihm war klar, dass er damit als Heros erledigt war. Indem er sich in sein Schwert stürzte, suchte er einen Rest von Anerkennung zurückzugewinnen.

Heroische Gesellschaften unterscheiden sich von unheroischen dadurch, dass sie das Heldenimage nicht nur als ein Kontroll- und Disziplinierungsinstrument gegenüber der Gruppe der Krieger benutzten, sondern sich selbst diesem Bild des Helden unterwerfen[2]. Das Ideal des Helden, das zunächst wie ein Suchscheinwerfer auf die Gruppe der Krieger gerichtet war, strahlt bei heroischen Gesellschaften zurück und erfasst deren männlichen Teil. Aus der Professionsethik der Krieger wird ein gesellschaftliches Ideal, dem die männlichen Mitglieder der Gesellschaft genügen müssen. In der deutschen Literatur wird das häufig auch als Militarismus bezeichnet, und verschiedentlich ist auch vom „Militarismus der kleinen Leute" die Rede. Der Begriff der heroischen Gesellschaft ist hier jedoch dem der militaristischen Gesellschaft vorzuziehen, denn es geht nicht um den gesellschaftlichen Militarisierungsgrad, auch nicht um die Übertragung militärischer Organisationsprinzipien auf Wirtschaft und Gesellschaft, sondern um die Dominanz bestimmter Ideale und Leitbilder, an denen sich die Gesellschaft orientiert.

---

1   Die altgriechischen Lyriker Tyrtaios und Archilochos sind Beispiele dafür, selbstverständlich Theodor Körner und dessen Gedichtsammlung unter dem Titel Leier und Schwert, und in gewisser Hinsicht ist auch Ernst Jünger (In Stahlgewittern) dieser Gruppe zuzurechnen.

2   Zur Unterscheidung zwischen heroischen, unheroischen und postheroischen Gesellschaften Münkler, Der Wandel des Krieges, S. 310-354.

Dass das Militär bzw. der Sozialverband der Krieger ohne die Tugenden der Einsatzbereitschaft, der Tapferkeit und der Opferbereitschaft auskommen können, ist schwer vorstellbar, und wenn dies doch einmal der Fall war, hat es sich kaum um ein Erfolgsmodell gehandelt, an dem sich andere Gesellschaften orientiert haben. Die Tugenden der Krieger blieben jedoch in den meisten Fällen gegenüber der Gesellschaft abgeschottet und stellten das Kernelement einer reinen Professionsethik dar: Wie Ärzte, Juristen und auch Handwerker ein professionelles Ethos haben oder doch haben sollen, so haben dies auch die Soldaten, und dadurch konstituieren sie sich als ein eigener, besonderer Stand der Gesellschaft. In der Regel tun sie dies in Abgrenzung gegen die in der Gesellschaft dominierenden bürgerlichen Ideale, die in Opposition zu den belligerenten Werten der Krieger stehen. Dass eine Gesellschaft die Werte und Tugenden der Krieger und Soldaten als allgemein gültige Werte übernimmt, ist eher die Ausnahme und ein historischer Sonderfall. Der Wertehimmel der meisten Gesellschaften war und ist eher unheroisch und mehr an den Vorstellungen des Tauschs als des Opfers orientiert. Aber fast alle diese Gesellschaften haben, um ihrem unheroischen Tun in Ruhe und Sicherheit nachgehen zu können, heroische Gemeinschaften hervorgebracht und diese entsprechend alimentiert. Deswegen sind sie jedoch nicht auf die Idee gekommen, sie sollten oder müssten selbst heroisch werden.

Der Umstand, dass es sich bei den westlichen Gesellschaften inzwischen um postheroische Gesellschaften handelt, ist also keineswegs etwas historisch Neues, Einmaliges oder Besorgniserregendes, sondern hier wird im Präfix „post" nur eine bestimmte zeitliche Abfolge zwischen heroischen und unheroischen Gesellschaften markiert: Zu Beginn des 20. Jahrhunderts waren die europäischen Gesellschaften noch zutiefst von heroischen Idealen geprägt. Vor allem in der deutschen Gesellschaft wird dieser Wandel vom Heroischen zum Unheroischen als ein Lernen aus der eigenen Geschichte dargestellt – das aber ist eine Form der Selbstaffirmation, bei der gesellschaftliche Veränderungen, die als solche gar nicht intendiert worden sind, als Ergebnis individuellen Wollens und gesellschaftlicher Entscheidungen begriffen werden. Tatsächlich dürften beim Übergang von heroischen zu postheroischen Gesellschaften der demografische Wandel und das Erkalten religiöser Energien eine sehr viel wichtigere Rolle gespielt haben als individuelles und kollektives Lernen. Ob eine Gesellschaft zur Übernahme heroischer Ideale fähig ist, hängt nicht zuletzt von der durchschnittlichen Anzahl der Söhne pro Familie ab[3], und ob eine Gesellschaft zur Übernahme heroischer Ideale drängt, hängt mit der Dominanz des Opfergedankens zusammen, die sich im Übergang vom 18. zum 19. Jahrhundert in Westeuropa durchgesetzt hat. Dabei haben Historiker und Schriftsteller eine entscheidende Rolle gespielt.

Es gibt nicht viele Beispiele für eine nachhaltige Selbstheroisierung der Gesellschaft, und diese beschränken sich im Wesentlichen auf die griechischen Stadtstaaten, die römische res publica und die Verschmelzung von Staat und Nation zum Nationsstaat in der europäischen Moderne. Dahinter stand die republikanische Idee, wonach der Bürger als „Eigentümer" des Gemeinwesens auch dessen Verteidiger zu sein habe und nicht andere mit seiner Stellvertretung beauftragen dürfe. Die Idee der Allgemeinen Wehrpflicht kam mit der Französischen Revolution auf und verbreitete sich von hier aus über ganz Westeuropa: Nur wenn er sich auf eine heroische Nation zu stützen vermochte, hatte ein Staat in dem von revolutionären Ideen getränkten Europa politische Überlebenschancen. Das europäische Staatensystem war von nun an hochentzündlich: Jeder eher belanglose Konflikt avancierte zu einer Frage der Ehre, und die erforderte die Opferbereitschaft der Bürgerkrieger. Die Kriege, mit denen nun permanent gedroht wurde, hatten infolgedessen eine starke Tendenz, vom instrumentellen zum existenziellen Krieg zu eskalieren. Der Kriegsausbruch von 1914 führte schließlich zur Selbstzerstörung dieses Systems der heroischen Gesellschaften. Die politischen Religionen des Nationalismus, von denen die Opferbereitschaft angefeuert worden war, verloren an Kraft, und allmählich trat an die Stelle der großen Opfererzählungen, aus denen sich die heroische Gesellschaften gespeist hatten, Prosperitätsvorstellungen, in denen es um Sicherheit, Wohlstand und ein gutes Leben ging. An die Stelle des Heldenideals hat die postheroische Gesellschaft die Vorstellung vom Bürger als Produzent und Konsument gesetzt. Nach 1945 haben fast alle europäischen Gesellschaften einen nachhaltigen Wandel zu postheroischen Wertorientierungen durchgemacht, und dort, wo die Gesellschaften einen relevanten Resonanzboden der

---

[3] Zum Zusammenhang von Kriegsbereitschaft und demografischer Reproduktionsrate Heinsohn, Söhne und Weltmacht.

Politik bildeten, wie im Westen, hat das auch Folgen für das politische Selbstverständnis des Militärs gehabt. Um eine in der Schlussphase des Ost-West-Konflikts gebräuchliche Wendung zu variieren: Nicht das heroische Selbstopfer, sondern dessen Vermeidung war der Ernstfall des Militärischen.

Mit der Ausbildung postheroischer Gesellschaften und ihrem wachsenden Einfluss auf die Politik breitete sich auch die Erwartung einer stabilen und dauerhaften Friedensordnung heraus. Der von Immanuel Kant in seiner kleinen Schrift „Zum ewigen Frieden" ins Spiel gebrachte Gedanke, wonach der Krieg allmählich verschwinden werde, wenn das Volk darüber zu entscheiden habe, ob Krieg oder Frieden herrschen solle, begann nun, nachdem er unter der Vorherrschaft heroischer Gesellschaften lange Zeit wenig überzeugend gewirkt hatte, mehr und mehr an Plausibilität zu gewinnen, und in einem demokratisch gewordenen Europa bekam die Vorstellung, man könne und müsse regelmäßig gegeneinander Krieg führen, etwas Absurdes. Zwar ist der Krieg nicht gänzlich aus Europa verschwunden, aber er hat sich an dessen Peripherie, konkret: auf den Balkan, zurückgezogen, wo er seit Ende der 1990er Jahre von den europäischen Staaten mit politischen, wirtschaftlichen und zeitweilig auch militärischen Mitteln bewacht und an einem neuerlichen Aufflammen gehindert wird.

Zeitweilig herrschte die Erwartung vor, man könne dieses europäische Modell der Friedenssicherung exportieren und in globalem Maßstab zur Geltung bringen. Aber dann zeigte sich, dass die institutionellen Mechanismen der KSZE-/OSZE-Ordnung nicht griffen, wenn sie nicht von den mentalen Dispositionen und materiellen Voraussetzungen postheroischer Gesellschaften getragen wurden. Im einen Fall war es der Glutofen nationaler Ressentiments und/oder religiöser Glaubensüberzeugungen, der die politischen Konflikte in Kriege umschlagen ließ, und im anderen Fall verschärfte ein rasanter Bevölkerungsanstieg den Kampf um knappe Ressourcen, und eine permanent wachsende Zahl männlicher Jugendlicher, die um einigermaßen auskömmliche Lebensbedingungen sowie um Status und Ansehen konkurrierten, ließ diese Konflikte zu brutalen und grausamen Kriegen eskalieren. Fast immer handelte es sich dabei nicht um zwischenstaatliche, sondern um innergesellschaftliche Kriege, in denen eher Bürgerkriegsformationen als reguläre Truppen gegeneinander kämpften. Der klassische Staatenkrieg, wie ihn die heroischen Gesellschaften gegeneinander geführt haben, scheint zum historischen Auslauf-Modell geworden zu sein, und an seine Stelle ist ein Typus von Krieg getreten, den man in Kontrastierung gegen den klassischen Staatenkrieg als „neu" bezeichnen kann. Die postheroischen Gesellschaften, für die der Krieg im Verkehr untereinander kein erwägenswertes Mittel der Politik mehr ist, sind dadurch mit einer Form des Krieges konfrontiert, die besonders grausam, in höchstem Maße unberechenbar und mit den herkömmlichen Instrumentarien des Kriegsrechts nicht zu regulieren ist[4]. Das ist die gegenwärtige Lage, von der anzunehmen ist, dass sie auf lange Zeit fortbestehen wird.

Eine der naheliegenden Reaktionen auf diese Herausforderung besteht darin, dass sich die postheroischen Gesellschaften von diesen „Kleinkriegen" fernhalten, sich in sie nicht einmischen, sondern allenfalls politische Hilfestellung bei der Anbahnung von Friedensprozessen leisten, humanitäre Hilfe zur unmittelbaren Linderung von Not und Elend bereitstellen und wirtschaftliche Hilfe beim Wiederaufbau des Landes und der Schaffung von Arbeitsmöglichkeiten anbieten. Ansonsten jedoch achten sie darauf, dass diese Kriege regional begrenzt bleiben. Doch genau das hat sich als schwierig erwiesen, und das wiederum hat mit dem Charakter der „neuen Kriege" zu tun. Die nämlich enden nicht, wenn die politischen Ziele einer Seite erreicht sind, weil es diese Ziele in der Regel ebenso wenig gibt, wie sich zuverlässig identifizieren lässt, wer die eine und wer die andere Seite darstellt. Das wesentlich Neue an diesen Kriegen ist, dass die Gewalt in ihnen zu einer Lebensform geworden ist, dass sie eine ökonomische Ressource darstellt und sich Gruppen herausgebildet haben, die buchstäblich „vom Kriege leben". Das erklärt nicht nur die lange Dauer der „neuen Kriege", sondern auch die für sie typische Verbindung zur organisierten Kriminalität. Die Entgrenzung des Krieges findet hier sowohl in Raum und Zeit als auch gegenüber anderen Formen der Gewalt statt, von denen sie in der langen Geschichte des Kriegsvölkerrechts getrennt worden ist. Die Folge dessen ist, dass die „neuen Kriege", wo auch immer sie stattfinden, auch unsere Gesellschaften betreffen und wir uns ihnen gegenüber nicht indifferent verhalten können. Das heißt nicht, dass wir unbedingt intervenieren müssen, aber es gibt eine Reihe von Fällen, in denen

---

4   Dazu ausführlich Münkler, Die neuen Kriege.

eine Intervention angezeigt ist. Diese Interventionen folgen freilich der Idee einer „Verpolizeilichung" des Militärs, wie sie von Morris Janowitz bereits vor einem halben Jahrhundert als Entwicklungsrichtung des Militärischen beschrieben worden ist[5]. Verpolizeilichung bzw. Konstabularisierung des Militärs ist aber mit einem deutlichen Dispens von Heroentum verbunden.

Versucht man, die neuen Kriege geografisch zu lokalisieren, so lässt sich eine breite Zone der Gewalt identifizieren, die sich tendenziell um den gesamten Globus zieht. Sie beginnt in Peru und Kolumbien in Form von Drogenkriegen, die inzwischen in der Form von Bandenkriminalität auch Mexiko erfasst haben, springt dann ins subsaharische Afrika über, wo sie sich von der Kivu-Region im Osten Kongos bis zum Horn von Afrika erstreckt, um dann in den Kaukasus und angrenzende Gebiete zurückzuspringen und sich von dort über den Hindukusch und den Himalaya nach Osten zu ziehen und in der Inselwelt Südostasiens zu enden. Es kommt nicht von ungefähr, dass ein erheblicher Teil dieser Kriegsgebiete in Gebirgsregionen liegt, wo sich Armut und ethnische bzw. religiöse Konflikte miteinander verbinden. Ebenso fällt auf, dass sich die weltweit größten Drogenanbaugebiete in dieser Zone befinden, dazu Fundorte von Diamanten, Coltan und anderen Rohstoffen, aus deren Gewinnung, Transport und gewaltsamer Sicherung die „neuen Kriege" einen Teil ihrer finanziellen Ressourcen beziehen. Da es sich bei Rauschgift, tropischen Edelhölzern und vielem anderen mehr um illegale oder als illegal zertifizierte Güter handelt, die in einer regulären Ökonomie nicht gehandelt werden dürfen, gibt es eine permanente Nachfrage nach Gewalt bzw. Gewaltbereitschaft, durch die Warlords oder Gruppen von Aufständischen ihre Pfründe sichern und den Aufbau einer halbwegs robusten Staatlichkeit verhindern. Über die international organisierte Kriminalität sind diese Drogenanbaugebiete an die Wirtschaftskreisläufe der Prosperitätszonen angeschlossen, und so kann man sagen, dass die Regulationssysteme des reichen Nordens, in denen sich die Illegalisierung von Gütern mit deren heimlichen Gebrauch verbindet, einen erheblichen Beitrag zur Fortdauer der „neuen Kriege" leisten. In anderer Form gilt dies auch für die Überfischung der somalischen Küstengewässer durch japanische und europäische Trawler, was

---

5   Janowitz, The Professional Soldier, S. 419 ff.

bei der Entstehung der Piraterie am Horn von Afrika anfänglich eine gewisse Rolle gespielt hat.

Es gibt also eine erhebliche Verantwortung des reichen Nordens für die Kriege im armen Süden, aus der zumindest eine moralische Verpflichtung gegenüber denen erwächst, die zu Opfern dieser Kriege geworden sind. Diese Verpflichtung wird dann akut, wenn die Flüchtlingsströme aus den Kriegsgebieten nach Europa größer und breiter werden und sich nicht mehr mit Hilfe von Polizei und Frontex blockieren lassen. Um die transkontinentalen Fluchtbewegungen in Grenzen zu halten, werden an den Rändern der Kriegsgebiete Flüchtlingslager angelegt, in die dann die humanitäre Hilfe aus den Gesellschaften des reichen Nordens fließt – zunächst durchaus in der Erwartung, dass der Krieg bald zu Ende gehen wird und die Menschen wieder in ihre Heimat und damit in ihr früheres Leben zurückkehren können. Genau das ist aber im Fall der „neuen Kriege" nur selten der Fall, denn entweder dauern sie infolge ihrer Verbindung mit den wirtschaftlichen Interessen der Warlords fort oder sie haben die wirtschaftlichen und gesellschaftlichen Strukturen der Regionen so nachhaltig zerstört, dass es keine Rückkehr mehr in ein friedliches Leben gibt. Das zeigt sich gerade am Beispiel Somalias und Afghanistans.

In dieser Situation breitet sich in den postheroischen Gesellschaften des reichen Nordens die Vorstellung aus, man könne mit Hilfe bewaffneter Friedensmissionen oder in Form militärischer Interventionen den Krieg beenden und so zugleich die Voraussetzungen für eine Wiederherstellung der Friedensökonomie schaffen. Dieses Projekt wird nicht selten von der politischen Forderung begleitet, man müsse das Problem einer Überlastung der sozialen Netze in den Zielländern der Flüchtlingsströme „an der Wurzel" bekämpfen und die Ursachen beseitigen, die zur Entstehung dieser Flüchtlingsströme geführt haben. Die Fernsehbilder von Elend und Not in den Kriegsgebieten tun ein Übriges, um in den postheroischen Gesellschaften eine Bereitschaft zur Entsendung von Militär zu wecken. Kommt dann noch hinzu, dass von den Gebieten der „neuen Kriege" eine manifeste Bedrohung für den reichen Norden ausgeht, wenn sich dort etwa Organisationen ansiedeln, die terroristische Angriffe in aller Welt vorbereiten, so befördert dies zusätzlich die Bereitschaft zum militärischen Eingreifen, von dem angenommen wird, dass es nur kurz dauern, aber von nachhaltigem Erfolg sein werde.

Der weitere Verlauf dieses Projekts ist bekannt: Mit einem Mal steht das Militär der postheroischen Gesellschaften in einem dieser „neuen Kriege", und anstatt Gewaltbeendiger und Friedensstifter zu sein, ist es selbst zur Kriegspartei geworden. Was als „Polizeieinsatz" des Militärs gedacht war, wird Schritt für Schritt zum Kampfeinsatz.

Das erste Problem dieser Einsätze ist, dass weder die politische noch die militärische Führung auf diese Entwicklung vorbereitet sind, sodass die entsandten Kräfte sich sehr bald für die ihnen zugedachte Aufgabe als unzureichend erweisen. Das lässt sich, wenn denn die Kräfte und Fähigkeiten vorhanden sind, relativ schnell korrigieren. Ein sehr viel größeres Problem sind die Erwartungen der Bevölkerung, die an einem Friedenseinsatz orientiert war und nun mit einem kriegsähnlichen Kampfeinsatz konfrontiert ist. Der aber kostet Verwundete und Gefallene; häufen sich die Nachrichten darüber, so schwindet die politische Unterstützung der Bevölkerung für den Einsatz schnell dahin. Die Regierung drängt nunmehr das Militär, so zu operieren, dass es zu keinen größeren Verlusten mehr kommt, und das wiederum hat zur Folge, dass nicht nach den Erfordernissen des Einsatzes, sondern nach den Imperativen einer Beruhigung der eigenen Bevölkerung agiert wird. Die Erwartungen der postheroischen Gesellschaft begrenzen die Einsatzmöglichkeiten einer limitiert heroischen Gemeinschaft. Die postheroische Gesellschaft legt der heroischen Gemeinschaft politische Fesseln an, die zur Formung „postheroischer Helden" führen. Der „postheroische Held" ist der Soldat, der einer der Idee nach heroischen Gemeinschaft angehört und sich deren Idealen verpflichtet fühlt, aber nicht so darf, wie er vielleicht will, weil dies die Gesellschaft aus ihrem Selbstverständnis heraus nicht zulässt. „Postheroische Helden" verkörpern einen Selbstwiderspruch und müssen damit umzugehen lernen. Daran leiden sie.

Dieses Leiden äußert sich unter anderem darin, dass sich die postheroische Gesellschaft, die ihre Soldaten in einen der „neuen Kriege" entsandt hat, nicht dafür interessiert, wie es ihnen dort ergeht, welchen Anforderungen sie ausgesetzt sind, welche Erfolge sie erzielen, wo die Probleme liegen. Eine Gesellschaft, die funktioniert, indem jeder „seinen Job macht", erwartet von ihren Soldaten dasselbe und hat wenig Verständnis dafür, dass militärische Einsätze anderen Imperativen folgen als denen der arbeitsteiligen Herstellung und betriebsförmigen Administration einer Aufgabe. Im Fall von

Militäreinsätzen gibt es freilich ein strategisches und taktisches Gegenhandeln, wie es die zivile Welt nicht kennt. Hier treffen zwei politische Willen aufeinander, von denen sich nur einer durchsetzen kann. Zwar versuchen die postheroischen Gesellschaften dies semantisch zu beschönigen, indem sie die Herausforderungen eines Militäreinsatzes in die ihnen geläufige Sprache von Produktion und Distribution übersetzen, aber damit tilgen sie alles aus ihrer Wahrnehmung, was auch nur von Ferne an Heroisches gemahnt. Gesellschaft und Militär entfernen sich in ihren Erwartungen und Erfordernissen immer weiter voneinander. Die postheroische Gesellschaft wendet sich ihren „Helden" erst wieder zu, wenn sie aus dem Einsatz zurückkehren und Symptome von Traumatisierung aufweisen. Mit traumatisierten Helden kann die postheroische Gesellschaft viel besser umgehen als mit Helden im Einsatz. Die Traumata sind eine Bestätigung ihrer Grundüberzeugungen. Ihnen kann sie sich zuwenden, ohne dadurch in Selbstzweifel zu geraten. Nicht der Einsatz, sondern seine Wunden werden von der postheroischen Gesellschaft narrativiert. Die Länge und Gründlichkeit der Berichte über die Folgen des Einsatzes der Bundeswehr in Afghanistan legen davon beredtes Zeugnis ab.

Im Prinzip hat die postheroische Gesellschaft zwei Möglichkeiten, um den beschriebenen Dilemmata zu entkommen: die erste besteht in der Verwandlung von Militäreinsätzen in das Administrieren von Widerständigkeit mit Hilfe von Technik; die zweite läuft auf ein weitgehendes Outsourcing der eigenen Verluste durch die Anmietung von Fähigkeiten auf den globalen Märkten für militärische Arbeitskraft hinaus. Der Inbegriff der ersten Reaktion sind Aufklärungs- und Kampfdrohnen, die aus weit entfernten, sicheren Lagern gesteuert werden und deren Aufgabe darin besteht, große Gebiete ohne den Einsatz eigener Militärpatrouillen zu überwachen, verdächtige Personen aufzuspüren, sie zu identifizieren und gegebenenfalls den feindlichen Kämpfern zuzuordnen, um sie schließlich durch einen überraschenden Angriff zu „eliminieren". Die darin erfolgende Angleichung von Kriegsführung und Computerspiel ist ein Sieg der postheroischen Gesellschaft über die Ideale des Heroischen, die dem Gegner immer eine Chance der Gegenwehr einräumen, um sich zu bestätigen. Das ist bei der „Bewirtschaftung" von Gefechtsfeldern aus einer Position der Unerreichbarkeit und Unverwundbarkeit nicht der Fall. Die postheroische Gesellschaft entzieht sich den Erfordernissen des Heroischen durch Technik[6].

Das Symbol für die zweite Reaktionsweise, den Ankauf (billiger) militärischer Arbeitskraft in anderen Ländern, sind die Private Military Companies, ohne die das US-Militär kaum noch in der Lage ist, seine weltweiten Einsätze auszuführen und durchzuhalten[7]. Zwar wird, wenn von der wachsenden Bedeutung der PMC für postheroische Gesellschaften die Rede ist, darauf verwiesen, dass es sich dabei zumeist nicht um Kampfeinsätze, sondern um Kräfte für klassische Logistikaufgaben handele. Aber bei diesem Einwand wird eines der wichtigsten Merkmale der „neuen Kriege" übersehen: dass in ihnen aufgrund der asymmetrischen Kampfweise der Gegner die Bewegung und Bewachung von Transportfahrzeugen in der „Etappe" mindestens ebenso gefährlich ist wie der Einsatz an der „Front". Eine weitere Entgrenzung der „neuen Kriege" besteht nämlich darin, dass die Unterscheidung von Front und Etappe verschwunden ist. Im dritten Golfkrieg (Irak 2003 ff.) war die Versorgung der US Stützpunkte mit Lebensmitteln und Munition gefährlicher als der Kampf gegen die reguläre irakische Armee. Das Heroische wird hier auf den bloßen Anschein dessen reduziert, und erhebliche Teile des Gefährlichen wird an Arbeitskräfte ausgelagert, die nur als Unterstützer auftreten können und deren zahllose Opfer in keinem offiziellen Bericht auftauchen. So wird die Verlustbilanz der postheroischen Gesellschaft im Kriegseinsatz „aufgehübscht".

Nüchtern betrachtet sind die beiden Auswege, die der postheroischen Gesellschaft angesichts der Dilemmata heroischer Anforderungen zur Verfügung stehen, wenig attraktiv: Entweder täuschen sie Tapferkeit und Opferbereitschaft vor, wo sie nicht mehr oder nur noch in reduziertem Maße anzutreffen sind, oder sie offenbaren den heimlichen Zynismus der postheroischen Gesellschaft, indem sie deren Tendenz zur spielförmigen Bewirtschaftung des Gefechtsfeldes offenlegen. Aber auch das Eingeständnis dessen wird nichts daran ändern, dass dies die bevorzugten Formen der Kriegfüh-

---

6 Dazu Coker, The Future of War.

7 Siehe Joachim, Der Einsatz von „Private Military Companies".

rung postheroischer Gesellschaften des 21. Jahrhunderts sein werden. Die Alternative dazu ist die Akzeptanz des Heroischen in einer postheroischen Umgebung. Die unheroischen Gesellschaften der Zeit vor der Französischen Revolution waren dazu in der Lage. Aber sie hatten auch keine Stimme, mit der sie auf die Politik Einfluss nehmen konnten. Die postheroische Gesellschaft des 21. Jahrhundert müsste das Ungenügen ihrer eigenen Dispositionen und Fähigkeiten angesichts der Herausforderung durch die „neuen Kriege" akzeptieren, um dazu in der Lage zu sein. Sie müsste dem Heroischen einen respektablen Platz einräumen. Dies ist eine Aufgabe, die, wie eingangs beschrieben, den Intellektuellen und Schriftstellern, Journalisten und Publizisten zufällt: Sie müssen das (begrenzte) Erfordernis des Heroischen in einer postheroischen Gesellschaft erklären. Dass das nicht leicht fällt, ist klar. Die Alternative dazu sind Technisierung und Outsourcing des Gewaltgebrauchs.

Deutsche Militärtraditionen im 21. Jahrhundert. Der Blick von außen nach innen

Donald Abenheim

Die heutigen deutschen Soldaten können stolz sein auf ihren Einsatz fern der Heimat, nicht zuletzt weil ihr Beruf heute auf einem tragfähigen Erbe fußt, das seine Wurzeln in der deutschen Demokratie in einem vereinten Europa hat. Aller öffentlichen Skepsis gegenüber der NATO/ISAF-Operation in Afghanistan zum Trotz – die zwingende Notwendigkeit, auch im 21. Jahrhundert der Politik die Mittel für eine begrenzte Gewaltanwendung bereitstellen zu können, erweitert die Legitimationsbasis der inzwischen „Armee im Einsatz" genannten Streitkräfte. Wie aber stellt sich die Tradition der Bundeswehr – vor allem die historischen Vorbilder für Werte, Ethik, die Symbole und das Zeremoniell dieser Parlamentsarmee – ihren Freunden, Verbündeten und sogar Gegnern angesichts dieser gewachsenen Bedeutung dar? Der Autor dieses Beitrags hat in mehr als 30 Jahren Auseinandersetzung mit diesem Thema die Überzeugung gewonnen, dass die meisten NATO-Verbündeten Geist und Wesen der deutschen Führungskultur und des deutschen militärischen Ethos nicht verstehen – anders gesagt, sie verstehen die militärische Tradition der Bundeswehr nicht. In seiner abwegigsten Form führt dieses Missverständnis deutscher Soldaten und der deutschen Vergangenheit zu Ausfällen gegen das Konzept des Staatsbürgers in Uniform und zu Gunsten eines Kriegerkults, wie er in anderen verbündeten Streitkräften existiert. Die verführerische Vereinfachung solcher falscher Argumente darf den gesunden Diskurs über und zwischen deutschen Soldaten ebenso wenig überdecken wie die ihr zu Grunde liegenden Lücken in der Selbstwahrnehmung. Das gilt besonders jetzt, wo ihr Beispiel aufzeigt, wie falsch die Dichotomie zwischen „Soldat" und „Demokratie" ist.

Junge deutsche Staatsbürger in Uniform, die gerade ihre Feuertaufe in Afghanistan oder im Kosovo hinter sich haben, haben genauso wie ihre dänischen, niederländischen, polnischen, französischen, britischen oder amerikanischen Kameraden das Recht, ihren Beruf und dessen Traditionen wertzuschätzen. Ihr soldatischer Habitus ist täglich konfrontiert mit Konflikten, wie sie sich aus politischem und sozialem Wandel ergeben. Zugleich prägt dieser Wandel das Leben von Soldaten und militärischern Einrichtungen. Einerseits kann diese Interaktion nicht überraschen. Vor zweihundert Jahren beschäftigte der Wandel von einem dynastisch geprägten zu einem revolutionären Europa Scharnhorst, Clausewitz und die anderen preußischen Reformer. Spätere epochale Veränderungen betrafen die Entstehung des industriellen Krieges oder die modernen Massenkulturen ebenso wie das Nuklearzeitalter und seine Auswirkungen auf die militärischen Institutionen und den Status des Soldatenberufs in Staat und Gesellschaft.

Auf der anderen Seite sind die historisch gewachsenen Ideale deutscher Militärs nur schwer zu vereinbaren mit den weitreichenden organisatorischen Veränderungen an Haupt und Gliedern der deutschen Streitkräfte. Die Aufgabe der Wehrpflicht ist ein echter Bruch mit der Tradition, der auch unter den deutschen Verbündeten allgemein zu wenig Beachtung findet. Gleiches gilt für die strategische Neuorientierung des Auftrags der Bundeswehr hin zu friedensschaffenden Operationen im Rahmen internationaler Organisationen, die bis hin zu Kampfeinsätzen reichen können. Hinzu kommt, dass die politischen Umwälzungen in Europa in Folge der weltweiten Finanzkrise, vor allem das Wiedererstarken rechtsextremistischer Gewalt, Möglichkeiten denkbar erscheinen lassen, wie die Streitkräfte in einer solchen Weise eine politische Waffe für Zivilisten werden können, dass es dem Kodex des Soldaten nur schaden kann.

Eine neue Generation deutscher Soldaten muss daher ihr historisches Erbe als Teil ihres Selbstverständnisses neu zu verstehen lernen, und das angesichts eines veränderten Gesichts des Krieges, angesichts politischer Unruhe in Europa, Absetzbewegungen in der NATO, dem Ende der Wehrpflicht, und im Strudel einer Gesellschaft, in der Medium immer mehr zum Inhalt geworden ist, wodurch sich traditionelle Werte und Symbole verflüchtigen. Eine solche Neuorientierung kann die deutsche Nation nicht einer Werbeagentur überlassen, auch nicht den Unternehmensberatern oder jenen mit einem betriebswirtschaftlichen Verständnis des militärischen Berufs, und auch nicht jenen, deren Leben sich in den neuen sozialen Netzen des Internets abspielt. Diese Neuorientierung ist die Aufgabe von aufgeklärten Zivilisten ebenso wie von erfahrenen, gut ausgebildeten und umfassend gebildeten Soldaten, die einer weiteren Bundeswehr-Tradition gerecht werden können:

der Rolle des kampferprobten Soldaten an der Spitze der Streitkräfte und im Leben der Gesellschaft, der zugleich eine gehobene Bildung als Ausweis echten Bürgertums vorweisen kann. Er, und heute auch sie, kann sich beteiligen an der Auswahl von Werten, Symbolen und Traditionen für die deutschen Streitkräfte auf der Basis des Grundgesetzes. Er oder sie sollte sich dabei begleitet wissen von früheren Soldaten, die jetzt in zivilen Berufen tätig sind, aber auch von solchen Zivilisten, die das gültige Erbe der Bundeswehr mitgeschaffen haben, und zuletzt von jenen Teilen der deutschen Gesellschaft, in denen die Bürger ein vitales Interesse an den Strukturen und der Lebensfähigkeit der Bundeswehr bezeugen.

Eine solche Überprüfung der unveränderlichen Elemente des gültigen militärischen Erbes sollte zuallererst ein angemessenes Maß historischer Empathie aufweisen für frühere Phasen in der Geschichte des inneren Gefüges der Bundeswehr. Das ist erforderlich, um die Grundentscheidungen zu Reform und Tradition in einer nun schon recht fernen Zeit zu verstehen, in der eine noch unsichere Demokratie im Schatten der totalen Niederlage eine neue Armee aufstellen musste. Insbesondere müssen jene Deutschen in den Blick genommen werden, die in den Traditionsrichtlinien von 1982 (siehe Anhang) noch überhaupt nicht behandelt wurden – nicht zuletzt, weil die inzwischen gereifte „Armee der Einheit" eine *„new model army"* geschaffen hat, wie sie sich Menschen aus der Generation des Verfassers 1991 noch kaum hätten vorstellen können, um von 1981 ganz zu schweigen.

Für den deutschen Soldaten der mittelbaren Vergangenheit (seit etwa 1980) ist die Normalität einer militärischen Tradition, die auf demokratischen und verfassungsmäßigen Werten beruht, keineswegs selbstverständlich. Die Tradition des Soldaten im politischen Leben hat Kontroversen in Staat, Gesellschaft und den Streitkräften selbst hervorgerufen, in den 1970er und 1980er Jahren und mehr noch in den 1950ern und 1960ern. Dieses Thema dauert fort, nicht zuletzt, weil vor 1933 der Soldatenkult eine Bastion der Standesprivilegien darstellte, deren Inhaber der Demokratie ablehnend oder doch zumindest indifferent gegenüberstanden. Von 1933 bis 1945 dagegen war der Kult der Tradition mit dem Hakenkreuz eine Waffe nationalsozialistischer Propaganda, die jedes soldatische Ethos pervertierte.

Jene Zivilisten und Soldaten, die nach der Niederlage in der Bundesrepublik den Soldatenberuf neu begründen wollten, sahen die Antwort in der *Innere Führung* – der Kern der Bundeswehrtradition. (Dabei muss daran erinnert werden, dass die Kommunisten in der DDR mit ihrer Nationalen Volksarmee ein konkurrierendes, sozialistisches Bild soldatischer Tugenden geschaffen hatten. Einander entgegen gesetzte Heldenbilder sollten sich im Propagandakrieg über die Grenze hinweg bedrohen während sie zugleich einige gemeinsame Vorbilder mit dem Klassenfeind teilten.) *Innere Führung* etablierte sich als ein System demokratischer Integration, militärischer Reform und eines modernen Führungsverständnisses, jedoch nicht ohne heftige innere Kämpfe während der ersten zwei Jahrzehnte der Bundeswehr. Die Frage der militärischen Tradition wurde zum Konfliktfeld unterschiedlicher Grundvorstellungen über den Soldatenberuf, sowohl in Gesellschaft als auch unter den Militärs. Alles dies klingt recht dramatisch, aber der Prozess entwickelte sich in eine Richtung, wie sie 1982, als der noch immer gültige Traditionserlass entstand, nur wenige für möglich gehalten hätten.

Die Geburt der Inneren Führung in den 50er Jahren des 20. Jahrhunderts hatte skandinavische, preußische, norddeutsche, lutherische sowie auch katholische Ursprünge. Diese finden allerdings kaum eine Entsprechung in den inneren Strukturen der Armeen der westlichen Alliierten – insbesondere nicht in denen der USA. Dieser Sachverhalt ist allerdings zu komplex ist, um ihn in diesem kurzen Beitrag zu analysieren. Der Umstand, dass die jeweiligen Traditionen so unterschiedlich sind und nur schlecht zusammen passen, sollte jedoch weder dazu verleiten, die Innere Führung als Tradition noch als Leitprinzip des soldatischen Ethos, noch als Führungsstil oder als Sinnstiftung abzuschaffen oder aufzugeben. Wandel um des Wandels Willen, wie er von vielen Unternehmensberatern in Uniform gefordert wird, stellt eine substantielle Bedrohung für den Erhalt dieser Tradition in einem Moment dar, in dem die Entwicklung der Bundeswehr einen kritischen Punkt erreicht hat.

Die jüngste Geschichte unterstreicht das Gebot, an der Inneren Führung als Traditionskern festzuhalten, insbesondere wenn man den Beitrag des Leitbildes vom Staatsbürger in Uniform bei der Schaffung der deutschen Einheit angemessen würdigen will. Die hohe Kampfkraft und Professionalität, die deutsche Soldaten während der Wiedervereinigung, die so nur von sehr wenigen erwartet worden war, unter Beweis stellten, beruhte zu einem ganz wesentlichen Teil auf der Konzeption der Inneren Führung. Wie der Autor dieses Beitrags selbst erlebte, ermöglichte dieses geistige Rüstzeug der Bundeswehr den Soldaten, die in die neuen Bundesländer gingen, die deutsch-deutsche Frontstellung sowohl von Zivilisten als auch von Soldaten friedlich und ohne Blutvergießen zu überwinden. Die friedliche Demobilisierung der NVA und ihrer Soldaten sowie der Aufbau der Bundeswehr im Osten mit neuen Staatsbürgern in Uniform, wie er grob zwischen den Jahren 1989-1995 erfolgte, stellen ein Paradebeispiel sowohl für die erfolgreiche Schaffung von Einrichtungen und Strukturen zur Verteidigung als auch für professionelles soldatisches Verhalten dar. Die Demobilisierung der NVA und der Aufbau der Bundeswehr in den neuen Bundesländern markierten auch den Beginn der Erweiterung der NATO und sie stellten einen Aspekt im Vergrößerungsprozess der Europäischen Union dar. Dieses rühmliche Kapitel deutscher Militärgeschichte verbreitet genug Glanz, um in Deutschland und darüber hinaus Teil des militärischen Traditionserbes im 21. Jahrhundert zu werden. Tatsächlich kann aufgrund der beispielhaften Rolle, die der deutsche Soldat in der Demokratie und in der Allianz ausübt, die Umstellung auf das besser gelingen, was in der NATO als vernetzte Sicherheit bezeichnet wird, also die begrenzte Verwendung militärischer Mittel im zivil-militärischen Verbund mit anderen zivilen Regierungsressorts. Diese Erkenntnis gilt, von pluralistischen Gesellschaften einmal abgesehen, gerade auch insbesondere für Nationen, in denen die Streitkräfte eher eine gesellschaftliche Kaste bilden bzw. eine elitäre Stellung einnehmen.

Die friedensschaffenden Einsätze, die die Bundeswehr seit Mitte der 1990er Jahre zuerst im ehemaligen Jugoslawien und später in Afghanistan leistet, stellen für die Leistungsbilanz des deutschen Soldaten eine kleine Revolution dar. Erstmals beinhalteten diese Einsätze nicht nur friedenserhaltende Aufgaben im traditionellen Sinne, wie sie in den Jahren bis 1989 durchgeführt worden waren, sondern auch friedenserzwingende Kampfhandlungen. Sie waren ein notwendiger Schritt, und sie brachen mit vielen Tabus in der deutschen politischen Kultur und in der deutschen Innenpolitik, die bis dahin jegliche Kriegshandlungen abgelehnt hatten und wo man Vorbehalte gegenüber dem angeblich zweifelhaften Wert eines militärischen Beitrags für die Erhaltung des Friedens gehegt hatte.

Während aber insbesondere nach 2009 die Kampfhandlungen hauptsächlich in Afghanistan in der Heimat noch heftige Kritik hervorriefen, war eine breite Unterstützung für die Beteiligung deutscher Soldaten an friedensunterstützenden und friedensschaffenden Einsätzen seit den frühen 1990er Jahren gegeben - auch dies teilweise das Ergebnis der Inneren Führung. Für die Kampfkraft der Bundeswehr auf dem Balkan und in Afghanistan erwies sich die belastbare Integration des Soldaten in Staat und Gesellschaft jedenfalls als ein Vorteil und keineswegs als eine Belastung.

Ohne Zweifel beunruhigen die Rahmenbedingungen der afghanischen NATO/ISAF Operation, soweit sie die Grenzen des Einsatzes von militärischer Gewalt, der Innenpolitik und des Zusammenhalts der Allianz betreffen, sowohl strategische Idealisten als auch diejenigen, die vorschlagen, dass in der NATO die kontinentaleuropäischen Staaten einen größeren Anteil an den gemeinsamen Lasten tragen sollten. Allerdings entspricht Strategie in einem Bündnis niemals der reinen Lehre der Kriegsakademien. Eine faire Lastenverteilung unter den Streitkräften demokratischer Staaten stellt immer einen Gegenstand der Kontroverse und inflationärer Rhetorik dar. Was für das Traditionserbe wertvoll bleibt, ist dagegen die Art und Weise, wie eine neue Generation von deutschen Soldaten, von denen viele aus Sachsen, Sachsen-Anhalt, Brandenburg, Mecklenburg-Vorpommern und Thüringen stammen, die Belastungen und Opfer dieses Dienstes, ob unter Feindfeuer oder ohne, akzeptiert haben. Sie tun diesen Dienst im Angesicht einer Gesellschaft, die ihnen nicht länger die gleiche Bewunderung und Zuneigung zuteilwerden lässt wie in früheren Zeiten. Diese Wahrheit wird noch problematischer durch den Fortfall der Wehrpflicht, der noch immer geeignet ist, die politischen Fundamente und Berufsideale des deutschen Soldaten zu untergraben, wenn Soldaten und Bürger sich von dem zentralen Merkmal abwenden, der die bundeswehreigene Tradition im Kern ausmacht: Das Leitbild des Staatsbürgers in Uniform.

Vergleicht man das deutsche soldatische Erbe mit jenem Großbritanniens, Frankreichs oder dem der USA, um nur einige zu nennen, dann wirft dies ein Schlaglicht auf die bestehenden Unterschiede in der jeweiligen nationalen politischen und strategischen Kultur, die weit über die Jahre 1914-1918 oder 1939-1945 hinausgehen. Kurzum, das Wunsch- und Idealbild von Befehl und Gehorsam ist in den genannten Nationen traditioneller, weniger aufgeklärt und weniger innovativ als in Deutschland. Generell wahren britische und französische Soldaten zudem einen größeren Abstand zu den jeweiligen politischen Kulturen ihrer Nationen und pflegen Idealvorstellungen über das, was eine Staatsbürgerschaft ausmachen soll, die weit von dem der deutschen Tradition abweichen. Dessen ungeachtet sind britische und französische Soldaten selbstverständlicher Teil ihrer Demokratie, und sie können ihrer Geschichte, ihren Symbolen und ihren Traditionen mit weniger Widersprüchen huldigen als ein deutscher Soldat. Britische und französische Uniformen sind farbenfroher und repräsentieren die Vergangenheit mit weniger Befangenheit als dies in Deutschland der Fall ist. Einer neuen Generation, die ohne unmittelbare Erinnerung an die Welt der 1950er Jahre und die Kriegstrümmer lebt, bleibt es vorbehalten, die Quadratur des Kreises zu schaffen und diese Unterschiede im soldatischen Erbe Deutschlands und seiner angelsächsischen und westeuropäischen Nachbarn zu überbrücken. Von einer gemeinsamen europäischen Tradition des Soldaten spricht es sich leicht. Ohne Zweifel ist sie ein erstrebenswertes Ziel. Beim Versuch, die partikularen Eigenheiten zu versöhnen und zu überwinden, muss aber vermieden werden, dass die historischen Errungenschaften der deutschen soldatischen Berufsauffassung in einer Demokratie zu Schaden kommen.

Inmitten der gegenwärtigen Reform der Bundeswehr (der größten seit ihrer Gründung, wie sie vielleicht zu hochtrabend genannt wird), die den Umbau zu einer Berufsarmee, die Reduzierung des „Wasserkopfs" aus Stäben und Hauptquartieren zugunsten der Truppe sowie eine Reform des Ministeriums zum Ziel hat, sei eine Warnung erlaubt, vor allem in Anbetracht der ursprünglichen, auf Stärkung der Kampfkraft abzielenden Intention der Inneren Führung, wie sie in ihren ersten Jahren galt. Politiker können die verfassungsrechtlichen und ethischen Grundlagen des soldatischen Daseins nicht einfach auswechseln, wie eine alte Fabrikausstattung im Zuge eines auf volkswirtschaftlichen Schulweisheiten basierenden Modernisierungsprozesses. Nach der Erfahrung des Autors meinen zu viele, dass die Bundeswehr als eine „Armee im Einsatz" von dem Leitbild des Staatsbürgers in Uniform Abstand nehmen und alles Militärische am Einsatz orientiert oder doch vom Einsatz her gedacht werden sollte. Man gewinnt den Eindruck, dass nicht nur die demokratische Herkunft des deutschen Soldaten, sondern auch vieles vom Besten, was militärische Schaffenskraft und Erfahrung in Deutschland in zwei Jahrhunderten zusammengetragen haben, ausgelöscht werden soll, und dies alles nur, um trotz eines enger werdenden Handlungsrahmens, trotz eines schmaleren Wehretats und trotz eines verkleinerten Truppenkörpers dennoch eine Liste operationaler und taktischer Bedürfnisse erfüllen zu können.

Beim Erhalt der Tradition der Bundeswehr muss die Konzeption der Inneren Führung das Herzstück bleiben. Dies gilt insbesondere angesichts der militärischen Einsätze seit dem 11. September 2001, die bei den alliierten Truppen Defizite im Hinblick auf ihre Führungs-, Befehls- und Gehorsamskultur sowie auf ihre Moral in Kampf- und Konfliktnachsorgeoperationen offenbarten.

Zusammengefasst kann festgestellt werden, dass außerhalb Deutschlands nur Wenige die Entwicklung und den Charakter der gültigen soldatischen Tradition der Bundeswehr verstehen. Die kollektive Biographie der gebildeten Soldaten und Zivilisten, die diese Tradition aus einem Berg von Schutt in den 1950er ausgruben, verbleibt weitgehend unbekannt - trotz aktueller Belege dafür, wie notwendig es ist, Armeen im Gefolge eines Konfliktes in einem wiedergeschaffenen Staat neu aufzubauen. Diese Tatsache stellt eine Gelegenheit für eine jüngere Generation dar, ihre Anstrengungen zu verdoppeln, um die Führungsprinzipien deutscher Streitkräfte in einem erweiterten multinationalen Kontext zu erhalten und fortzuentwickeln.

Für die Bildung einer gemeinsamen europäischen soldatischen Tradition bedarf es in der Gegenwart Bildung, Erziehung und Ausbildung, damit diese Wahrnehmungsdefizite außerhalb der deutschen Grenzen geschlossen werden. Die Einsparungen in den Verteidigungshaushalten und die Reduzierung der Truppenstärken als Folge der Finanzkrise machen diese notwendige Erziehung und Ausbildung noch schwieriger. Das Erbe des deutschen Soldaten im Gefolge des Zweiten Weltkriegs und des Endes des Kalten Krieges kennzeichnet die Fähigkeit der militärischen Berufsauffassung, sich an die Bedürfnisse des Pluralismus anzupassen, einschließlich der notwendigen Befähigung, Soldaten und Zivilisten, die früher der anderen Seite angehörten, in die eigenen Reihen zu integrieren.

Vom Standpunkt dieses Außenstehenden, der dessen ungeachtet mehr als 35 Jahre in enger Zusammenarbeit mit deutschen Soldaten verbracht hat, konnte diese Tradition der Integrierung nur entstehen, weil sie dem Genius der Konzeption der Inneren Führung entspricht, dem wahren Herz des gültigen Erbes.

Wurzeln des Selbstverständnisses: Werte – Tugenden – Ethos

Peter Andreas Popp

Zuweilen lohnt der Besuch des Theaters. So finden sich in George Bernhard Shaws Stück „Helden" bemerkenswerte Aussagen zum soldatischen Selbstverständnis. Auf die Fragen des Stubenmädchens Louka, „Sind Sie wirklich ein tapferer Mann?" und „Fanden Sie bei der Attacke die Leute armer Herkunft, wie meinesgleichen, weniger tapfer als die, die reich waren wie Sie?" antwortet der bulgarische Major Sergius Saranoff: „Ja, mutig bin ich wirklich. Mein Herz schlug beim ersten Schuss wie das eines Weibes, aber bei der Attacke fand ich meine ganze Tapferkeit wieder; ja, das wenigstens ist wahr und echt an mir." Die Leute armer Herkunft seien zwar nicht weniger tapfer gewesen, indes: „Sie fochten und fluchten und schrien alle wie Helden!" Ihr „Mut zu wüten und zu töten" sei lediglich „billig", gleiche er doch dem seines eigenen Hundes, eines englischen Bullterriers, der sich von seinem Stallknecht trotzdem prügeln lasse. Von derartigem Charakter seien zum Beispiel auch die serbischen und russischen Soldaten: Sie könnten „zwar Hälse abschneiden" und würden sich dennoch „fürchten [...] vor ihren Offizieren". Mehr noch: „Sie lassen sich Beleidigungen und Schläge gefallen, sie stehen dabei und sehen ruhig zu, wenn ihre Kameraden bestraft werden wie kleine Kinder, ja und was noch schlimmer ist, sie helfen [dabei] selbst mit, wenn sie dazu befohlen werden. Und die Offiziere erst, na..." Wahre soldatische Tugend, exemplifiziert an der Tugend der Tapferkeit, erweise sich hingegen ganz anders. Wie? – Saranoff fährt fort: „Zeigen Sie mir einen Mann, der jeder Macht auf Erden oder im Himmel, die ihn zwingen wollte, gegen seinen Willen oder sein Gewissen zu handeln, Trotz bietet bis in den Tod! Nur ein solcher Mann ist tapfer."

Damit ist das Spannungsfeld beschrieben, das sich auftut zwischen den Koordinaten „Werte – Tugenden – Ethos". Tapferkeit ist eine Tugend; das Gewissen steht für die Werte, die das konkrete Handeln leiten sollen; und Ethos steht für die verinnerlichten Handlungsmaximen, die uns gebieten, ein Verhalten an den Tag zu legen oder dies besser nicht zu tun.

Shaws Persönlichkeit berührt die hier zu behandelnde Thematik noch in anderer Weise: Er war ein kritisch eingestellter Mensch, der absolute Sicherheiten für die größte Unsicherheit hielt. Für manche Militärs sind solche Leute eine Provokation. Dennoch war auch Shaw, der Intellektuelle in der „Zeit der Ideologien" (Karl Dietrich Bracher), vor Irrtum nicht gefeit. Wie so viele beschönigte er in den 1930er Jahren die totalitäre Herrschaft eines Josef Stalin. Und dies hing zusammen mit dem Schein und Sein von Bürgerlichkeit, also der Frage nach der Authentizität gelebter Werte. Angesichts existierender Ungerechtigkeiten, potenziert durch das Trauma „Erster Weltkrieg", war sein Blick geschärft und vernebelt zugleich.

Zeitumstände können also Erkenntnis und Werturteil erheblich behindern. Wenn wertorientiertes Verhalten das Leben der Menschen, auch das des Soldaten, bestimmen soll, so ist zu beachten, dass absoluter Wertrelativismus im Extrem dazu führen kann, dass das ethische Fundament erodiert: Der hohe Wert der Toleranz würde dann zur Beliebigkeit degenerieren.

Muss der Soldat der Bundeswehr tolerant sein? Darf er sich dies überhaupt als Soldat einer Einsatzarmee erlauben. Die Antwort sei vorab gegeben: Ja, unbedingt. Doch der Soldat muss wissen, wofür Toleranz steht. Toleranz ist nicht dasselbe wie Beliebigkeit. Praktizierte Toleranz erfordert einen geistigen Standort, der verhindert, dass die Anwendung von Waffen als *„prima ratio"*, somit als erste und womöglich einzige Wahl gesehen wird. Hinzu kommt, dass erst praktizierte Toleranz kulturelle Kompetenz ermöglicht.

Entscheidend ist zudem, dass die Beschäftigung mit dem geistigen Fundament des Soldaten in der Demokratie immer auch die Legitimation und die Legitimität der Demokratie selbst betrifft – gerade dann, wenn sie sich als wehrhaft nach innen und außen versteht. Wie also sollen friedlich gesonnene und verständigungsbereite Menschen einem Einzelnen oder einer Gruppe von Menschen begegnen, der oder die sich auf die Kraft des ehrlichen, d.h. friedlichen Dialoges eben nicht einlassen und ihre Ziele im kriegerischen Monolog mit Totalitätsanspruch durchzusetzen versuchen? Darf aus durchaus guten Gründen in Anspruch genommener Wertrelativismus gegenüber sich selbst zur Toleranz gegenüber dem Totalitären führen? Rangiert dann nicht Frieden im Sinne von Friedhofsruhe vor dem hohen Gut der

Freiheit? Ist es dann nicht um die Universalität der Menschenrechte im negativen Sinne schlecht bestellt?

Die Demokratie als Staats- und Lebensform steht vor einem Dilemma, welches Ernst-Wolfgang Böckenförde, einer der führenden deutschen Staatsrechtslehrer, als „Problem der Freiheit" in folgende Worte fasste: „Der freiheitliche, säkularisierte Staat lebt von Voraussetzungen, die er selbst nicht garantieren kann. Das ist das große Wagnis, das er, um der Freiheit willen, eingegangen ist."[1]

Dieses Dilemma betrifft natürlich auch Angehörige der Institution, deren Aufgabe es ist, die Sicherheit und Freiheit des Gemeinwesens nach außen abzuschirmen. Angesichts der derzeitigen globalen Veränderungen mit unzweifelhaft ambivalenten Auswirkungen auf die Demokratie wie auch der Veränderungen innerhalb demokratischer Ordnungen, ist die Verankerung wertorientierten Denkens und Handelns notwendiger denn je.

1. Begriffliche Klärung

Die soeben aufgeworfenen Fragen zielen allesamt auf den Sinn des Dienens. Klarheit in der Begrifflichkeit ist deshalb angesagt und darum sei nun definitorisch festgehalten, was Normen, Werte, Tugenden und Ethos bedeuten.

Normen verkörpern Gesetze, also Regeln und Regularien mit durchschlagender Gesetzeskraft gegenüber Verordnungen und Geboten. Normen bilden Regeln und geben – zumindest auf den ersten Blick – Handlungssicherheit. Betrachtet man das Gegenteil von „Normalität" so zeigt sich die Notwendigkeit des Hinterfragens von Normen. Das Gegenteil von „normal" lässt sich schematisch wie folgt darstellen: (1) Normal vs. „unnormal" / „unnatürlich"; (2) Normal vs. „außerhalb der Regel" / „unregelmäßig"; (3) Normal vs. „außergewöhnlich"; und schließlich (4) Normal vs. „krank" / „defekt".

Es liegt auf der Hand, dass mit dem vielschichtigen Gegenteil von „normal" viel „Schindluder" getrieben werden kann oder getrieben worden

---

[1] Böckenförde, Staat, Gesellschaft, Freiheit, S. 60.

ist. Normen ist daher immer mit Kritikfähigkeit zu begegnen – auch deshalb, weil bei automatisierten Handlungsweisen, bei Routine, Fehler auftreten.

Normen, so klar sie definiert sein mögen, entheben keinesfalls des Nachdenkens über diese. Dieses Nachdenken ist durchaus anstrengend, denn es hat sich an Werten zu orientieren. Hinter Normen stehen nämlich immer zumeist miteinander konkurrierende Werte. Dieses Wertegefüge bildet den „Geist der Gesetze" (Montesquieu).

Erst der Wert also gibt der Norm den Sinn. Das heißt auch für den Soldaten: Es genügt nicht, den Wortlaut einer Norm, womöglich noch auswendig, zu kennen, ohne sich über den hinter ihr stehenden Sinn, den Wert also, bewusst zu sein.

Werte sind dem Bereich „Ethik und Moral" zuzuordnen; Normen hingegen gehören eindeutig zur Sphäre des Rechts. Indes: Recht ist nicht dasselbe wie Ethik / Moral. Das heißt: was rechtlich erlaubt ist, das ist ethisch / moralisch längst noch nicht geboten.

Schwieriger schon ist die Unterscheidung von Werten und Tugenden. Genau so wenig wie Norm und Wert ein und dasselbe bedeuten, sind Werte und Tugenden identisch. Denn Werte fragen nach dem „Was", dem ideellen oder materiellen Kern. Tugenden hingegen fragen nach dem „Wie". Tugend oder das Tugendhafte, also das „Wie", zielt ihrer-/seinerseits auf (1) die Effektivität (= Wirksamkeit / Durchschlagskraft) und (2) die Effizienz (= Wirkungsgrad / Wirtschaftlichkeit).

Das Problem wertegeleiteten soldatischen Selbstverständnisses, des Ethos des Soldaten also, liegt darin, dass vielfach Unklarheit herrscht über die Abgrenzungen der Begriffe „Wert", „Norm" und „Tugend". Woran kann man dies erkennen? Nun, für Soldaten wirkt soldatische Tugend, z.B. drillmäßiges Einüben einer Tätigkeit, vielfach als Wert an sich. Selbstkritisch die Führungsphilosophie der Bundeswehr, die Konzeption der Inneren Führung also, befragt: Begreift und verinnerlicht der auszubildende Soldat wirklich deren Botschaft, wenn er deren Leitsätze brav gelernt hat und bei Befragung „perfekt 'runterrasseln" kann?

Es soll an dieser Stelle nicht Aufgabe sein, die definitorischen Unterschiede zwischen „Ethik" und „Moral" zu behandeln. Sehr wohl aber ist es notwendig, sich dem Sinn des Dienens anhand des Begriffes „Ethos" zu nähern. Was also bedeutet ist Ethos? Im aristotelischen Sinne: (1) entweder die Dreiheit von Gewohnheit, Sitte und Brauch – das wäre dann das konventionelle, standardisierte Handeln anhand der Normen des allgemein anerkannten „Moralkodex" –, oder (2) das reflektierende Handeln.

Ethisch verhält sich dann derjenige, der Tradiertes – seien es Regeln oder Wertmaßstäbe – immer hinterfragt, um eine Güterabwägung zwischen verschiedenen wertmäßig bestimmten Entscheidungen zu treffen. Ethos zielt damit auf den Charakter eines Menschen oder einer Gruppe, und das berührt dann wiederum den nicht unproblematischen Begriff „Tugend".

2. Ethos und Profession

Bei der Thematik „Werte – Tugenden – Ethos" geht es um die Orientierung, das Selbstverständnis und schließlich das konkrete Verhalten von Soldaten in einem demokratischen Umfeld, welches repräsentiert wird durch eine pluralistische Gesellschaft. Diese zeichnet sich aus durch das Fehlen eines monolithischen Geschichtsbildes. Besäße sie es, noch dazu gestiftet von oben, dann wäre sie nicht pluralistisch. Befürworter und wohlmeinende Kritiker der „offenen Gesellschaft" (Karl R. Popper) heben hervor, dass diese Gesellschaft eines Grundkonsenses bedarf. Sie muss sich auf *essentials* einigen, z.B. die Notwendigkeit der Verteidigung oder die Schaffung von Gerechtigkeit im Widerstreit von Freiheit und Gleichheit, wenn sie überleben will.

Ganz anders beschaffen ist dagegen das Militär. Es verkörpert ein graduell geschlossenes System und zugleich eine hierarchische Organisation mit professionellem i.S. von sehr soldatenhandwerklich orientiertem Selbstverständnis und grundsätzlicher Sehnsucht nach einfachen Antworten auf komplizierte Fragen. Soldaten ist überdies erlaubt, unter bestimmten Umständen, das zu tun, wofür der „normale" Bürger ins Gefängnis käme.

Bildet das Militär deswegen einen gesellschaftlichen Sonderbereich? Ist Militär in seinem Streben nach handwerklicher Professionalität kompatibel mit der Demokratie? Gelten also für den Soldaten der Bundeswehr andere Konditionen als für den Normalbürger? Die Antwort darauf lautet bislang im deutschen Falle „NEIN". Vor dem Hintergrund der gesamten deutschen

Militärgeschichte stellte sich für die Gründergeneration der Bundesrepublik Deutschland ganz gravierend die Frage, wie denn Soldaten in der Demokratie disponiert sein müssten und wie sie zu handeln hätten. Heute bildet sie den Anlass zur Überlegung, ob die Bundeswehr als Einsatzarmee eines spezifizierten militärischen Ethos bedarf.

Soldatische Tätigkeit, überhaupt der Beruf des Soldaten, erschöpfte sich für die „Väter der Inneren Führung" nicht allein in der Ausprägung militär-handwerklicher Fähigkeit. Professionalität / Profession bedeutete ihnen mehr als „Soldatenhandwerk" nicht allein wegen gemachter historischer Erfahrungen, sondern wegen der Ethymologie des Wortes „Profession". Es leitet sich ab vom lateinischen Wort *„profiteri"*, zu Deutsch: (1) „bekennen", (2) „gestehen". Professionalität / Profession zielt also nicht allein auf handwerkliche, sondern nicht minder auf die geistig-sittliche Ebene. Professionalität setzt voraus und erfordert die Auseinandersetzung des Soldaten mit sich selbst.

3. Werteorientierung als Existenzbedingung für den Soldaten

Gemeinhin sind Menschen dann glücklich, wenn aus dem Beruf eine Berufung oder eine Leidenschaft geworden ist. Was also heißt für den Soldaten „Beruf aus Leidenschaft", wie hängen „Profession" und „Passion" zusammen? Vorsicht ist an dieser Stelle geboten. Denn „Passion" ist immer auch mit Emotion und damit durchaus der Ausschaltung des Verstandes verbunden.

Es geht beim Soldaten in letzter Konsequenz immer um das Töten und um das Getötet-Werden. Er muss genau wissen, wann er töten darf und wann nicht. Setzt der Beruf des Soldaten demnach nicht geradezu das Verständnis von „Beruf als Berufung" voraus, gerade weil es um das höchste Gut, das Leben in Würde und Freiheit geht? Wofür dient überhaupt der Soldat? Wie müssen Menschen mental beschaffen sein, um sich in ein bestimmtes Umfeld „uniformiert", wörtlich: „gefügt in eine einzige Form", einzuordnen ohne seelisch Schaden zu nehmen? Und was das Handeln selbst angeht: Wie steht es um die Relation von *„ratio"* und *„emotio"* gerade im Angesicht des Todes? Und mit dem Tod selbst – ist damit nicht immer aufgeworfen die Frage nach dem Sinn des Lebens?

Es sind dies Grundfragen, die direkt auf das Ethos des Soldaten zielen. Nun sind Soldaten zu allen Zeiten immer Instrumente politischer Herrschaft gewesen. Die Ausprägung des Berufs des Offiziers und auch des Unteroffiziers im Sinne eines konkreten Berufsbildes hängt überdies aufs engste zusammen mit der Entwicklung des modernen Staates als „Monopol legitimer physischer Gewaltsamkeit" (Max Weber). Der Offizier oder Unteroffizier als fester Beruf setzt das stehende Heer und Staatlichkeit zwingend voraus – materiell wie immateriell.

Unschwer also zu erraten, was mit dem Beruf geschieht, wenn Staatlichkeit sich teilweise oder ganz von Politikfeldern verabschiedet. Es wird sich etwas in den Denk- und Handlungsrastern verändern; erst recht dann, wenn im 21. Jahrhundert weltweit der Faktor „Religion" als politisches Deutungs- und Handlungsmuster wieder eine gravierende Größe darstellen sollte.

Überzeitlich betrachtet dienen Soldaten immer (1) der Durchsetzung von Interessen oder (2) von Lebensentwürfen ideeller Natur, von Werten also. Politische Herrschaft oder die wie auch immer bestimmten Protagonisten politischer Herrschaft gebrauchen Soldaten. Damit ist der Beruf des Soldaten kein unpolitischer Beruf und somit gilt auch für den Soldaten der berühmte Satz Lord Actons: „Power tends to corrupt, and absolute power corrupts absolutely".

Ausgehend von der historischen Tatsache, dass sich Mentalitäten nicht so schnell verändern, kämen neue Traditionsrichtlinien nicht umhin, den misslichen Umstand zu berücksichtigen, dass sich die deutsche Gesellschaft immer weniger mit dem Faktor „Militär" auseinandersetzt. Eine Fassung des Traditionserlasses im Sinne der Schneckenhausvariante, also dem Rückzug des Militärs in den wahrlich nicht fruchtbaren Schoß „machtgeschützter Innerlichkeit" (Thomas Mann), d.h. ein Leugnen der Bindung und Verzahnung von Soldat und Gesellschaft als Folge und Quintessenz, wäre perspektivisch demnach ein Rückschritt in die Zwanziger Jahre des letzten Jahrhunderts und ein Rückzug ins Ghetto mit daraus dann resultierenden Denkblockaden einschließlich „Wagenburgmentalität".

4. Neue ethische Rahmenbedingungen seit 1990?

Abermals sei an George Bernhard Shaws eingangs zitierten Passagen angedockt. Sie haben nämlich mit der Thematik „Ethos – Werte – Tugenden" sehr viel zu tun, indem sie zu folgenden Fragen führen: (1) Sind Werte und Tugenden einer Armee Ausdruck der sozialen Zusammensetzung ebendieser? (2) Sind diese – nicht minder – Ausdruck einer kulturell-zivilisatorischen Entwicklungsstufe? (3) Wie korrespondiert der bisherige – hoffentlich verinnerlichte – Werte- und Tugendkanon einer Armee mit einem bestimmten Kriegsbild und mit einem Gegner, der diesem nicht unbedingt entspricht oder in seinem Verhalten gar widerspricht?

Diese Fragen können hier nicht beantwortet werden. Sie sollten uns allerdings sensibilisieren. Traditionserlasse nämlich verkörpern durchaus geistige Fahrpläne. Fahrpläne orientieren sich am Wagenmaterial und an den Transportwegen. Wie sieht dies aus im Falle „Deutschland"? Bisher haben die Richtlinien zur Traditionspflege vom 20. September 1982[2] die seit 1989/90 veränderten außen- wie innenpolitischen Rahmenbedingungen erstaunlich gut aufgefangen. Die außen- und innenpolitische Entwicklung seit 1990 lässt die Neufassung auf Erlassebene des für das Traditionsverständnis der Bundeswehr geltenden Regelwerkes durchaus als Desiderat erscheinen und auch recht gut begründen.

Die Gegebenheiten seit 1990 seien in Kurzthesen angerissen: (1) Die Bundeswehr war und ist ein Seismograph für das gesellschaftliche Zusammenwachsen Deutschlands nach Erringen der staatlichen Einheit; (2) Deutschland ist und bleibt Teil eines sich vereinigenden Europas allen Widrigkeiten zum Trotz; (3) Gerade die westliche Welt und damit die Demokratie steht vor der Existenzfrage; (4) Die Bundeswehr befindet sich *de facto* im Stadium der Neugründung. Indikatoren dafür sind ihr neues Aufgabenspektrum, das militärische Professionalität möglicherweise neu definiert, sowie die seit Jahren praktizierten Reformen in Permanenz, zeitweilig unter dem aufbruchsorientierten Signet „Transformation"; (5) Umformung wohin? Jedenfalls mit dem Ziel, in Zeiten knapper Kassen dem neues Bedrohungsspekt-

---

2   Siehe Anhang.

rum gerecht zu werden und damit einer neuartigen Definition von „Sicherheit" (Stichwort: „erweiterter Sicherheitsbegriff") zu entsprechen. Armeen generell sind mehr denn je konfrontiert mit neuen Konfliktszenarien und Kriegstypen (Stichworte: „low(er) intensity conflict" und „asymmetrische Kriegführung") sowie dem Umstand der (Re-)Privatisierung des Krieges; (6) Militär als strukturell konservative Großorganisation mit entsprechendem Beharrungsvermögen ist immer beheimatet in einem gesellschaftlichen Spannungsgefüge. Bereits herausgefordert durch das postmoderne Menschenbild (Stichwort „gender") wird es nun konfrontiert mit dem misslichen Umstand, dass Soldaten aus postheroischen, weil (post-)industriellen Gesellschaften mit „archaischen Kämpfern" zusammentreffen, (7) Militär im westlichen Verständnis hängt aufs engste zusammen mit dem Faktor „Staatlichkeit". Dieser Faktor wird seit Ende der 1970er Jahre zunehmend relativiert durch die Entstaatlichung der politischen Strukturen infolge Ordo-Liberalismus, Globalisierung und Ökonomisierung.

Offensichtlich haben wir es im Jahr 2012 mit einer „etwas anderen" politischen Konstellation zu tun als seinerzeit im Jahr 1982. Doch Deutschland ist und bleibt in den Worten von Bundespräsident Dr. Gustav Heinemann „ein schwieriges Vaterland". Ob das Projekt „Neuer Traditionserlass", so als notwendig eingestuft, dann auch realisiert wird, ist letztlich getreu dem Grundsatz vom Primat der Politik eine politische Entscheidung. Wenn man sie bejaht, so sollte sie getroffen werden nicht im Sinne vergangenheitsorientierten Wunschdenkens und kurzatmigen nur gegenwartsbezogenen polittaktischen Kalküls, sondern im Sinne politischer Weisheit. Zur Weisheit gehört schließlich auch Erfahrung, historische zumal.

Die Historie und damit unsere Identität machen es letztlich unmöglich, die vermeintliche Idealform von Militär auf rein handwerklicher Ebene anzusiedeln. Selbst bei einer rein handwerklichen Verortung wäre dann noch der Umstand zu klären, ob auch das richtige, sprich zukunftsfähige Handwerk vermittelt wird. Militärische Tugenden müssen für deutsche Soldaten immer eingebettet sein in ein bestimmtes Wertesystem, nämlich das der freiheitlich-demokratischen Grundordnung. Wäre dies nicht der Fall, so hieße das dürftige Resultat nur: Nichts gelernt und nichts begriffen.

5. Der Tugendkanon des Soldaten

Problematisch ist der Tugendbegriff deshalb, weil der Soldat in Situationen kommen kann, wo er gekoppelt an sein Gewissen, d.h. in verinnerlichter Herzensbildung entscheiden muss, besser Ungnade zu wählen, wenn Gehorsam nicht Ehre bringen würde. Damit wird ganz bewusst Bezug genommen auf die berühmte Inschrift auf dem Grab des preußischen Majors aus dem Siebenjährigen Krieg, Johann Friedrich Adolf von der Marwitz: „Wählte Ungnade, wo Gehorsam nicht Ehre brachte." Für ihn kam gemäß dem Kodex seines Standes die Plünderung des Schlosses Hubertusburg, wie von Friedrich II. angeordnet, nicht in Frage.

Doch die Ehre des jeweiligen Untertanen in der ständischen Gesellschaft ist – individuelle Ehrenworte von heute sind damit nicht relativiert! – gewichen der Würde des Bürgers und der des Menschen.

Und noch ein weiteres zwingt, über Tugenden nachzudenken: Soldatisches Führungsverständnis in Deutschland ist entscheidend beeinflusst, wenn nicht geprägt durch Immanuel Kants Pflichtenethik. Sie ist nicht verantwortlich für die NS-Herrschaft und damit auch nicht für den Missbrauch soldatischer Existenz durch ein verbrecherisches Regime! Doch ohne rechtsstaatliche Bindung ist sie ambivalent, ja sie hängt gewissermaßen in der Luft.

Für Kant stellte sich dieses als Problem noch nicht. Für ihn war Pflichtenethik nur denkbar im rechtsstaatlichen Rahmen, das heißt unter den Konditionen zur Staatlichkeit geronnenen aufgeklärten Gedankengutes, in dessen Mittelpunkt die Freiheit des Bürgers als autonomes und mündiges Individuum zu stehen habe: Ethik demnach als Ausdruck von Mündigkeit.

Ergänzend tritt zu Beginn des 20. Jahrhunderts hinzu die Unterscheidung Max Webers zwischen „Verantwortungs- und Gesinnungsethik". Das heißt, die Pflichtenethik Kants wird nun ergänzt, wenn nicht ersetzt durch die „Verantwortungsethik".

Kants Pflichtenethik bildet u.a. die geistige Grundlage für das preußische Reformwerk von 1807-14, welches ja „die erste Traditionssäule" im Traditionsverständnis der Bundeswehr verkörpert. Die Konzeption der Inneren Führung gründet authentisch auf Kants Pflichtenethik. Denn das Staatsverständnis der Bundesrepublik Deutschland geht eben durchaus im

Kant'schen Sinn davon aus, dass der Staat eine Assoziation (Vereinigung) freier Bürger darstelle und eben deshalb für den Bürger da sei. Bürgerlichkeit habe das Militärische zu prägen; nicht umgekehrt. Ob für die bürgerliche Prägung des Militärischen im Kant'schen Sinne zwingend die Allgemeine Wehrpflicht erforderlich ist, sei dahingestellt. Für die preußischen Militärreformer, an erster Stelle Gneisenau, war sie es.

Renaissance des Preußentums? Während für Kant der Staat nur denkbar war als die Freiheitlichkeit des Bürgers konstituierende, deshalb im positiven Sinne zu verstehende und somit zu bewahrende Institutionen, liegt der Fall bei Friedrich II. (dem Großen) etwas anders. Umsicht ist daher geboten bei der Aufnahme preußischen Erbes in das grundrechtlich präzisierend zu fassende Traditionsverständnis der Bundeswehr – gerade dann, wenn es um die sprichwörtlich „preußischen Tugenden" geht!

Friedrich II., der „*roi philosophe*", sprach zwar auch von Pflicht und sah sich selbst als „erster Diener des Staates". Ein Fortschritt sondergleichen, denn auf diese Weise sind Figur und Amt des Herrschers voneinander endgültig getrennt und überdies können perspektivisch aus Untertanen moderne Staatsbürger auf dem unblutigen Weg der Reform werden. Doch der Weg dahin ist weit: Friedrich II. war lediglich eindimensional „der aufgeklärte Monarch": Er war vernarrt in Effizienz und Effektivität, hielt letztlich kaum etwas von der tatsächlichen Mündigkeit des Staatsbürgers in spe. Dies gilt am allerwenigsten für die Soldaten des Königs. Sie waren bloße Objekte und keine – was der Inneren Führung der Bundeswehr ja entspräche – im Rahmen des militärisch Möglichen frei handelnde Subjekte.

Nun stellt die Vorstellung des pflichtgemäßen Dienens eine unabdingbare Voraussetzung soldatischer Existenz dar. Sie kann es jedoch für die Bundeswehr nicht sein unter dem Aspekt des Dienens um seiner selbst willen, getreu der Devise „Deutsch sein heißt, eine Sache um ihrer selbst willen tun". Sie muss immer rückgekoppelt sein mit der an jede Tugend anzulegende Frage nach dem „Wofür?" und dem „Wozu?". Allein so ist Mündigkeit ermöglicht und gewährleistet.

Mündigkeit ihrerseits erfordert ein breites Set an „Orientierungswissen". Wenn also ein wertegeleitetes Tugendverständnis in einem neuen Traditionserlass verankert werden soll, so kommt dieser nicht umhin, die „historische und politische Bildung" als entscheidende Strebe neben der „Inneren Führung" und der Unterrichtung in „Wehrrecht und soldatische Ordnung" zu begreifen.

Ein neuer Traditionserlass würde ein vehementes Bekenntnis zur Bildung erfordern. Dies gilt umso mehr, da die Bundeswehr bei ihrer Personalauswahl fortan aufs heftigste konfrontiert ist mit den Defiziten unserer Gesellschaft in den Bereichen „Jugend" und „Bildungswesen". Natürlich ist die Armee nicht mehr die Schule der Nation. Doch es wird der Bundeswehr gar nichts anderes übrigbleiben, als sich entgegen des abstinenten Kurses der letzten Jahrzehnte bewusst als Stätte von Ausbildung, Erziehung und Bildung zu begreifen, wenn sie fürderhin Leistungsethos mit den Standards der Inneren Führung gewährleisten will.

Mit der bewussten Hinwendung dazu entspricht die Bundeswehr ihrer zunehmenden Bedeutung für die Integration und damit auch für die Aufstiegsmöglichkeit von Angehörigen der Gruppen unserer Gesellschaft, die ansonsten offensichtlich abzudriften drohen oder unzureichend integriert werden. Ein so verstandener Traditionserlass muss damit die Bereitschaft der Bundeswehr zur Übernahme gesellschaftspolitischer Verantwortung widerspiegeln. Denn der moderne Verfassungsstaat kann ohne eine *„réligion civile"* nicht existieren. Die Bundeswehr als eine von dessen Institutionen hat hierbei tätig zu werden auch mittels eines eindeutig grundwerteorientierten und in diesem Sinne noch präziser gefassten Traditionsverständnisses.

Bereits ein grundwerteorientiertes militärisches Tugendverständnis ist umso dringlicher, da zwei deutsche Diktaturen im 20. Jahrhundert einen absolut nachhaltigen Werteverlust bewirkten. Eingedenk der Tatsache, dass die „braune Diktatur" auch auf dem ethischen Totalversagen von Funktionseliten einschließlich des Militärs gründete, gilt es, in einem neuen Traditionserlass militärhandwerkliche Solidität mit historischer Erfahrung als einem – hoffentlich! – überzeitlich Gültigem zu verbinden. Dies muss geschehen ohne Schielen auf politische Konjunkturen oder gar ein konstruiertes Geschichtsbild im Sinne des politischen Optativs unter Ausblendung historischer Grundtatsachen, namentlich der doppelten Diktaturerfahrung in Deutschland und Europa. Historisches Wissen sowie historische Erkenntnis, nicht historisierende Weltsicht (gepaart ihrerseits mit nationalem Autismus) muss das militärische Ethos prägen.

Es soll nicht in Abrede gestellt sein, dass der Rekurs auf ein rein militärhandwerkliches Selbstverständnis die Integration von Soldaten, die zuvor der einen oder der anderen deutschen Diktatur dienten, unstrittig erleichterte. Doch wie ist es um die Nachhaltigkeit bestellt? Der Beruf des Soldaten ist kein Job! Er bedeutet auf alle Fälle etwas ganz anderes als der Beruf des Schönheitschirurgen, Steuerberaters, Goldschmieds oder des Entsorgungsspezialisten. Beim Soldatsein geht es ebenso wenig um noch dazu gut bezahltes Abenteurertum *à la bungee jumping*. Der Soldat der Bundeswehr hat ein staatlicher Funktionsträger zu bleiben; und er ist dies in einem Umfeld, wo sich Staatlichkeit auch hinsichtlich des Gewaltmonopols neu definiert; selbst dort, wo sie noch friedensstiftend existent ist.

Das sich im Traditionserlass spiegelnde Ethos des Soldaten der Bundeswehr muss sich mit der Tatsache auseinandersetzen, dass im Gefolge der Umgestaltung der Bundeswehr zu einer Einsatzarmee immer deutlicher vier Soldatentypen herauskristallisieren, die ihrerseits auf bestimmte militärische Szenarien geradezu idealtypisch zugeschnitten scheinen, andererseits aber für die Konzeption der Inneren Führung, erst recht deren permanente Umsetzung, eine Herausforderung bedeuten. Es sind dies: (1) der progressiv-rationale Soldatentyp, orientiert an einem rational analytischen Kriegsbild und demokratischen Normen; (2) der konservativ-traditionale Soldatentyp, orientiert am traditionellen Berufsbild, an Brauchtum i.S. von Tradition und an Geschichte in strikt applikatorischer Absicht; (3) der technokratisch-bürokratische Soldatentyp, orientiert an Gefechtsfeld und Technik; und (4) der atavistisch-destruktive Soldatentyp, orientiert am Kampf Mann gegen Mann und an einer männerbündisch geprägten Armee.

Ein neuer Traditionserlass müsste ins Auge fassen, ob zwischen diesen Typisierungen das militärische Ethos entweder einen kleinsten gemeinsamen Nenner oder ein größtes gemeinsames Vielfaches verkörpert. Kurzum, es stellt sich neben der Frage „Welchen Soldatentyp wollen wir?" nicht minder die Frage darnach, wie – sofern ein bestimmter Soldatentyp auf Grund der Einsatzorientierung nicht präferiert oder gar verabsolutiert werden kann – die unterschiedlichen Typen und Charaktere innerhalb ein und derselben Armee ethisch so angesprochen werden, auf dass dieselben Standards gelten und die Bundeswehr ein differenzierter und zugleich führbarer Gesamtkörper mit einem allgemein verbindlichen Ethos als „*corporate identity*" bleibt.

6. Schlussfolgerungen

Für einen neuen Traditionserlass gilt es hinsichtlich des „Ethos des Soldaten" unbedingt zu beachten, dass eine Fixierung auf eine einzige Einsatzvariante der Bundeswehr (z.B. den Afghanistan-Einsatz) unterbleibt und der Soldat der Bundeswehr nicht Gefahr läuft, in dreifacher Variante zu degenerieren, nämlich tendenziell als (1) privater Krieger, (2) archäischer Kämpfer und (3) technokratisch-ökonomistischer Macher, der seinerseits eingeschränkt fähig ist, die Tiefendimension soldatischer Existenz auszuloten.

Die Herausforderung darf nicht unterschätzt werden, zumal da (ad 1) für unsere Soldaten die Berufsperspektiven nach dem Dienst in einer Armee von Zeitfreiwilligen auch in die Richtung privaten Kriegertums deuten; (ad 2) unsere Soldaten im Einsatz es mit diesem „Genre Gewalt ausübender Zeitgenossen" viel unmittelbarer zu tun haben als ihnen lieb ist; und (ad 3) die Staaten der westlichen Welt unter dem Leitwert „*Good Governance*" und „Ordo-Liberalismus" in den zwei Jahrzehnten nach 1990 alles daran setzten, sich bisheriger zentraler staatlicher Aufgaben zu entledigen; sich also aus Gründen angestrebter höherer Effizienz und Effektivität zu entstaatlichen, und dabei Gefahr laufen Demokratie als lediglich ableitbare Größe einer kapitalistischen Ökonomie zu begreifen.

Unzweifelhaft, der Soldat ist gefordert, tapfer und kameradschaftlich zu sein. Darauf zielt soldatisches Ethos. Doch ganz gleich auf welcher Dienstgradebene – bei seinen Entscheidungen bleibt ihm nicht erspart, werteorientiert zu entscheiden. Ihm muss bewusst sein, immer eine Güterabwägung vorzunehmen unter Beachtung folgender Punkte: (1) Das höchste Gut ist das menschliche Leben unter Beachtung der Würde des Menschen; (2) Es gilt die Angemessenheit und Verhältnismäßigkeit der Mittel, gerade weil das zu erreichende Ziel durch die Art und Wahl der Mittel immer konterkariert werden kann.

Der neue Traditionserlass muss hinsichtlich des „Ethos" als Dienstethos hervorheben, dass der Soldat sehr wohl einen Sonderstatus im juristischen Sinne besitzt. Ihm wird abverlangt, unter Gefährdung des eigenen Lebens eine besondere Verantwortung für die Kameraden und für die zu schützende Gesellschaft zu übernehmen. Dieser rechtliche Sonderstatus ist kompatibel mit der freiheitlich-demokratischen Grundordnung. Er ist aber weit davon entfernt, einen materiellen Sonderstatus in Form von Privilegien zu legitimieren. Das Dienstethos des Soldaten bedingt ebenso wenig eine Binnenmoral, sondern verlangt – aufgrund der fatalen Wirkung von Waffen sowie des Prinzips von Befehl und Gehorsam – eine konstante Einbettung in allgemein gültige rechtsstaatliche Strukturen.

Das Gute allerdings ist nicht immer das Nützliche und das Bequeme. Denn hätten sich die Akteure des „20. Juli 1944" nach ökonomischen Nützlichkeitserwägungen verhalten, dann wären sie nicht zur Tat geschritten. Allzu oft ist zudem die Entscheidung zu treffen, zwischen einer schlechten und einer weniger schlechten Entscheidung. Bei der Bemessung dessen kommt es sehr wohl an auf den Zeithorizont. Der Soldat der Bundeswehr muss aushalten, dass es im Sinne ethischer Entscheidungsfindung keine Patentrezepte, erst recht keine perfekten militärischen Leitungslösungen militärischer Tugendlehre gibt.

Umgekehrt ist das Nützliche auch nicht immer das Gute; und da das so ist, sollte für Militärs der schiere Pragmatismus auch nicht zum Religionsersatz erhoben werden. Angesichts der inhumanen („Neben-")Wirkungen mancher Nützlichkeitserwägung zieht soldatisches Ethos nach sich, alles zu tun, sich selbst und die zur Führung Überantworteten davor zu bewahren, psychisch zu zerbrechen. „Altmodisch" ausgedrückt: Es geht um Fürsorge für den einzelnen. Es geht nicht minder um die Sorge für das große Ganze.

Für den Soldaten ist Hinwendung zu den öffentlichen Angelegenheiten mehr denn je „erste Staatsbürgerpflicht". Ein neuer Traditionserlass muss demnach hinsichtlich der ethischen Dimension des Dienens unbedingt das Diktum des Philosophen, Politologen und Verfassungspatrioten Dolf Sternberger klar und deutlich zum Ausdruck bringen, welches da lautet „Ich wünschte ein Bürger zu sein". Schon mit dem Leitmotiv „Wir. Dienen.

Deutschland." ist ja dokumentiert, dass der Soldat der Bundeswehr den demokratischen Gesellschaftsvertrag nicht aufkündigt.

Angesichts einer Welt, die vor der Wahl steht, weiter zusammenzuwachsen oder im Gegeneinander grandios zu scheitern und damit unterzugehen, dürfte somit unzweifelhaft erkennbar sein, dass ein neuer Traditionserlass mehr denn je rekurrieren muss auf das vom Philosophen Hans Jonas als Synthese von Kants Pflichtenethik und Webers Verantwortungsethik verstandene „Prinzip Verantwortung". Dieses erfährt eine Verinnerlichung nur durch die bewusste Auseinandersetzung mit der Geschichte. Und so kann Sternbergers Wunsch und Anspruch sich wandeln zum authentischen Bekenntnis „Ja, ich bin ein Bürger" – auf staatsbürgerlichem Fundament und nicht minder in weltbürgerlicher Perspektive.

„Tradition" der Traditionsdiskussionen? Zwischen kühler Ratio und emotionalem Anspruch

Burkhard Köster

1. Ein Problem?

60 Jahre Diskussion und kein Ende in Sicht? Der Befund mag auf den ersten Blick schon erstaunen. Handelte es sich doch von Anbeginn an um ein Thema, dessen große emotionale Bedeutung für die Soldaten allen Beteiligten bewusst schien. Schon im August 1950, zu einem Zeitpunkt, als sich die Konturen künftiger bundesrepublikanischer Streitkräfte noch kaum abzeichneten, stand „Tradition" auf der Agenda einer Denkschrift ehemaliger Generale im Auftrag Bundeskanzler Adenauers. Doch bereits hier zeichnete sich mit der Warnung vor „falschen Traditionsbegriffen" ab[1], dass nicht ein harmonischer Konsens, sondern die fortwährende Diskussion um das richtige Traditionsbewusstsein und die der neuen Demokratie angemessene Traditionspflege sowohl Streitkräfte als auch Politik und Öffentlichkeit künftig gleichermaßen beschäftigen sollte. Weitsichtig konstatierte der Abgeordnete Mellies (SPD) in einer Sitzung des Ausschusses für Fragen der europäischen Sicherheit am 24. Juni 1953, dass das Beharrungsvermögen alter Traditionen genauso zu Fehlentwicklungen führen könne wie das Fehlen von Traditionen. Sollte dieses Spannungsverhältnis nicht gelöst werden, dann würde „doch die Unsicherheit, in der wir uns im gegenwärtigen Augenblick befinden, sehr wahrscheinlich noch sehr lange anhalten"[2]. Der vorliegende Band und die darin zitierte vielfältige Literatur sind schon für sich genommen Beleg genug für eine Traditionsdiskussion, die bis in das Jahr 2012 ungebrochen scheint. Ob es sich dabei jedoch tatsächlich, wie in der Überschrift formuliert, um eine „Tradition" handelt, wird noch zu klären sein.

---

1   De Libero, Tradition in Zeiten der Transformation, S. 24.
2   Der Bundestagsausschuss für Verteidigung, S. 477.

„Ohne Anlehnung an die Formen der alten Wehrmacht heute grundlegend Neues schaffen", postulierte das Urdokument der späteren Bundeswehr, die Himmeroder Denkschrift vom Oktober 1950[3]. Die Frage nach dem richtigen Umgang mit Tradition stand damit zwar früh zur Debatte. Dass aber für die künftigen Streitkräfte nicht die Wehrmacht als Traditionsgeber heranzuziehen war, lag für die Tagungsteilnehmer in Himmerod offensichtlich auf der Hand. Fünf Jahre nach Kriegsende waren die Erinnerungen der ehemaligen Generale und Admirale an die Schreckensjahre der NS-Herrschaft, des Weltkriegs und ihr eigenes Handeln noch so frisch, dass ein Neuanfang unausweichlich schien. Angesichts der Verbrechen in der nationalsozialistischen Zeit stellte sich den Aufbaugenerationen[4] der Bundeswehr die bis heute alles überstrahlende Kernfrage: Wie halte ich es mit der Wehrmacht? Aus dieser Frage leitete sich eine Folgefrage ab, die so nur in der Bundesrepublik gestellt wird, den meisten anderen Armeen aber befremdlich erscheint: Ist es überhaupt für Soldaten im demokratischen Rechtsstaat möglich, militärische Traditionen von vor 1945 zu pflegen? Darf es Vorbilder aus der älteren deutschen Militärgeschichte geben, die beispielsweise als Namensgeber von Kasernen fungieren können? Was für die Verbündeten in der NATO eine Selbstverständlichkeit ist, erwies sich in der Bundesrepublik von Anbeginn als ein grundsätzliches Problem[5]. Die Vielfalt möglicher Antworten beschäftigt aber bis heute nicht nur die Truppe, sondern insbesondere Politik und Medien. Auf kaum einem anderen Feld lässt sich die jeweilige Bundesregierung besser mit begründeten wie auch unbegründeten Parlamentarischen Anfragen in ein moralisch fragwürdiges Licht rücken. Neben Fragen zum Umgang mit Soldaten-, Kameradschafts- und „Traditions"-

---

[3] Rautenberg/Wiggershaus, Die Himmeroder Denkschrift vom Oktober 1950, S. 185; Köster, Tradition in der Bundeswehr; Schreiner, Das aktuelle Traditionsverständnis der Bundeswehr.

[4] Zu dem Begriff Aufbaugenerationen siehe Militärische Aufbaugenerationen.

[5] Der Bundestagsausschuss für Verteidigung, S. 20 und 483 (36. Sitzung vom 24. Juni 1953).

Verbänden standen und stehen zumeist Namensgeber für Kasernen, Schiffe und fliegende Verbände im Mittelpunkt der öffentlichen Debatten[6].

Schon die geäußerte Vermutung eines angeblichen rückwärtsgewandten Ungeistes in der Truppe lässt immer Zweifel zurück, befördert den Ruf nach Maßnahmen, motiviert politischen Aktionismus und verunsichert die Truppe. Ob die Vorwürfe begründet sind, scheint dabei weniger entscheidend als der mit der Frage unterschwellig beförderte Verdacht, es könne Grund zur Besorgnis geben. Beispielhaft für diese Art der politischen Auseinandersetzung steht die jüngste Parlamentarische Anfrage der Fraktion „Bündnis 90/Die Grünen" an die Bundesregierung vom 7. Februar 2012, die in Frage 10 formuliert: „Welchen Zusammenhang sieht das BMVg zwischen der Wiederkehr rechtsextremistischer Vorfälle in der Bundeswehr und der militärischen Traditionspflege in der Truppe?" Die begründete Antwort, es gäbe „keinen Zusammenhang zwischen extremistischen Vorfällen in der Truppe und der Traditionspflege der Bundeswehr" fällt gegenüber der moralischen Wucht der Anfrage deutlich ab[7].

Das ist aber nur die eine Seite der Medaille. Die andere ist die bundeswehrinterne Befassung mit dem Themenfeld Tradition, die als Frage formuliert werden muss: Wieso gibt es bis heute kein selbstverständliches, von innerer Überzeugung und Gelassenheit getragenes Traditionsverständnis über alle Dienstgradgruppen hinweg? Als eine Antwortmöglichkeit bietet sich an, dass es zwar einen intellektuellen, von oben herab befohlenen, aber keinen an der Basis verinnerlichten, emotional getragenen Konsens gibt. Die Bundeswehr- und damit zugleich die bundesrepublikanische Geschichte bietet dafür eine Fülle von Belegen. Einige wenige sollen im Folgenden bei-

---

[6] Die letzten Parlamentarischen Anfragen aus dem Jahr 2011: Kleine Anfrage der Fraktion Bündnis 90/Die Grünen „Namen von Bundeswehrkasernen überprüfen". Bundestagsdrucksache 17/6495 vom 6. Juli 2011. Diese „Kleine Anfrage" ist eine Reaktion auf die Antwort der Bundesregierung auf die Kleine Anfrage der Fraktion DIE LINKE, „Gebirgstruppe Rudolf Konrad" - Bundestagsdrucksache 17/5877 vom 20. Mai 2011.

[7] Antwort der Bundesregierung BT-Drucksache 17/8720 vom 23. Februar 2012 auf die Kleine Anfrage der Fraktion BÜNDNIS 90/DIE GRÜNEN BT-Drucksache 17/8559 vom 7. Februar 2012.

spielhaft angerissen werden, um Gründe für die anhaltende Diskussion zu beleuchten.

2. Traditionsdiskussionen

„Nicht daran rühren! – Eigene Traditionen wachsen lassen."[8] Die Hoffnung des späteren Generalinspekteurs der Bundeswehr, General Adolf Heusinger, sich so 1954 der abzeichnenden Traditionsdiskussion entziehen zu können, zerschlug sich rasch. Soldaten- und Ehemaligenverbände hatten sich inzwischen formiert[9]. Neben finanziellen Interessen, dem Bemühen um die Rückführung der letzten Kriegsgefangenen und der Forderung nach Freilassung der noch als Kriegsverbrecher inhaftierten Generale und Admirale ging es ihnen zugleich um Meinungsführerschaft bei der Bewertung militärischen Handelns im Zweiten Weltkrieg. Die Erinnerungsliteratur unterstützte dies nachhaltig[10], ging es doch auch darum, ein Bild vom Zweiten Weltkrieg zu entwerfen, das die Auseinandersetzung mit dem eigenen Erleben nicht zur völligen Bankrotterklärung geraten ließ. Zugleich galt es für die Bundeswehrplaner, ehemalige Soldaten der Wehrmacht als Führungspersonal für die jungen deutschen Streitkräfte zu gewinnen. Diese Problematik zeigt sich besonders eindringlich bei der sogenannten „Großadmiralfrage" der Marine, lässt sich aber auch auf die anderen Teilstreitkräfte übertragen. Sie stand im Zentrum der ersten großen parlamentarischen Befassung zum Umgang der neuen Streitkräfte mit der Wehrmachtsvergangenheit und Fragen der Tradition.

Am 16. Januar 1956 war der höchste aktive Marinerepräsentant, Kapitän zur See Karl-Adolf Zenker, vor die ersten Freiwilligen der Marinelehrkompanie in Wilhelmshaven getreten und hatte dabei die Themen angespro-

---

[8] Zitiert nach Abenheim, Bundeswehr und Tradition, S. 91; dazu auch: de Libero, Tradition in Zeiten der Transformation, S. 25.

[9] Für die Zeit bis 1953: Manig, Die Politik der Ehre.

[10] Z.B. Manstein, Verlorene Siege; siehe auch Gerstenberger, Strategische Erinnerungen; dazu auch Frei, Vergangenheitspolitik.

chen, die ihm „am Herzen" lagen[11]. Wohl wissend um die Erwartungshaltung der alten und potentiell neuen Marineangehörigen aller Dienstgrade nahm er dabei Stellung zu den noch in Spandau inhaftierten Großadmiralen Dönitz und Raeder. Sie seien zu Unrecht verurteilt. Dies stellte er in den Kontext einer 100-jährigen Marinetradition, derer man sich „nicht zu schämen" brauche. Die Marine habe auch unter ihren Großadmiralen im Zweiten Weltkrieg „sauber, anständig und ehrenhaft" gekämpft. Diese öffentliche Bewertung hielt er aus einem für die Wiederbewaffnung wichtigen Gesichtspunkt für notwendig. Es galt, Ehemaligen den Wiedereintritt als Soldat schmackhaft zu machen. Insbesondere vielen U-Boot-Fahrern schien es nicht möglich, in die Streitkräfte einzutreten, solange sie sich (mit-)angeklagt sahen. Ganz anders interpretierte dies aber die sofort beginnende öffentliche Diskussion über die Rede. Sie wurde naheliegend als Versuch betrachtet, die Bundeswehr künftig in die Tradition der angeblich sauberen Wehrmacht zu stellen. In der Bundestagsdebatte um die Große Anfrage der SPD-Fraktion am 18. April 1956 prangerte der SPD-Abgeordnete Franz Böhm das hier zu Tage tretende unkritische Wehrmachtsbild an[12]. Ihn trieb die Sorge um, dass wiederum ein geschlossenes Marinekorps im Entstehen sei, das mit der Diskussion in der Gesellschaft und neuen Streitkräften in der Demokratie nichts zu tun habe. Bundeskanzler Konrad Adenauer musste intervenieren, Verteidigungsminister Theodor Blank missbilligte offiziell die Rede und löste Zenker als kommissarischen Leiter der Abteilung Marine ab[13]. Insgesamt muss die massive Kritik im Nachhinein als heilsamer Schock für die Marine bewertet werden. Ihr Inspekteur, Vizeadmiral Friedrich Ruge, reagierte, indem er sich bereits 1957 in der Traditionsfrage positionierte[14]. Erstmals wurde nun in der Bundeswehr schriftlich fixiert, dass unter Tradition „Tugenden und

---

[11] Dazu und zum Folgenden ausführlicher: Köster, Aus Liebe zur Seefahrt!; BA-MA, Bw 9/728, fol 44-49; abgedruckt ist die Rede u.a. in: Duppler, Germania auf dem Meere, Dokument 3, S.190-197.

[12] Dazu auch Krüger, Das schwierige Erbe.

[13] Köster, Aus Liebe zur Seefahrt, S. 341.

[14] Krüger, Das schwierige Erbe; de Libero, Tradition in Zeiten der Transformation, S. 33 f; Abenheim, Bundeswehr und Tradition, S. 132.

Werte [zu verstehen seien], die sich im Erbgang über Generationen als wertbeständig erwiesen [hätten]", ohne dabei jedoch den Wertebezug zum Grundgesetz herzustellen. „Die Bewertung des Menschen im Ringen mit der See" sollte im Zentrum stehen gemeinsam mit der Kameradschaft über Generationen hinweg. Visionär im Hinblick auf die Wehrmachtsfrage sollte aber die Feststellung sein, dass „Symbole ihre Kraft verlieren, wenn der Kreis der Menschen, den sie binden, im Wechsel der Generationen auf Wenige zusammenschrumpfen"[15].

Schon die erste öffentliche Traditionsdiskussion im Rahmen der „Großadmiralfrage" verwies auf das Phänomen, dass der Umgang mit der Wehrmacht die künftigen Diskussionen zumindest solange überlagern würde, wie noch Angehörige lebten. Die Aufbaugenerationen waren nach oftmals entbehrungsreichen Jugendjahren im Krieg viel zu sehr emotional gebunden, als dass sie einen radikalen Bruch mitgetragen oder verstanden hätten. Der Wunsch, durch Traditionspflege in eine längere Kontinuität eingebunden zu werden, war zu stark. Auch von da her versteht sich die Forderung im ersten Traditionserlass der Bundeswehr von 1965, „die Pflege kameradschaftlicher Beziehungen zu ehemaligen Soldaten [sei] auch ohne eine offizielle Zuteilung von Traditionen möglich und erwünscht"[16]. Es ging darum, diejenigen zu gewinnen und zu überzeugen, die die Traditionspflege mit Leben füllen mussten und sollten, die Soldaten in der Truppe, gerade auch angesichts einer Fülle kriegsgedienter aktiver Soldaten.

Der Wunsch der Wehrmachtsgeneration, eingebunden zu werden, war menschlich nachvollziehbar. Er führte jedoch in den Folgejahren zunehmend zum Spagat zwischen einem Wildwuchs in der Traditionspflege und einer Gesellschaft, die zur Kenntnis nehmen musste, dass die Legende von der sauberen Wehrmacht nicht länger aufrechtzuerhalten war. Der Spagat zeichnete sich parallel in der Truppe ab. Sogenannte Traditionsräume waren entstanden, und an einigen Truppenschulen wurde explizit in den Hörsä-

---

15 Der Kommandeurbrief Nr.3 vom 27. Februar 1957 ist abgedruckt in: de Libero, Tradition in Zeiten der Transformation, S. 209-211.

16 Traditionserlass von 1965, Ziffer 26.

len an Wehrmachtstruppenteile erinnert. Eine kritische Reflexion fand dort nicht statt. Gleichzeitig hatten die „Leutnante 70" ein erstes Zeichen gesetzt[17], dass eine neue Offiziersgeneration im Wachsen war, die Ende der 1970er Jahre zunehmend mit Studium in die Truppe kam und durch eine akademische Diskussionskultur geprägt war.

Mit der „Rudel-Affäre" wurde dann 1976 eine große öffentliche Diskussion angestoßen, die zeigte, wohin ein unkritischer Umgang mit Weltkriegsgedienten führen konnte. Ranghohe Bundeswehrgenerale hatten den hochdekorierten Kriegspiloten und unbelehrbaren Alt-Nazi Hans-Ulrich Rudel im Oktober 1976 zu einem „Traditionstreffen" ehemaliger Angehöriger des Wehrmachts-Aufklärungsgeschwaders 2 „Immelmann" auf dem Fliegerhorst Bremgarten eingeladen. In der Folge mussten ein Staatssekretär und zwei Generale gehen, und der Bundestag debattierte im Februar 1977 ausführlich die Traditionsfrage. Als dann noch 1980 Verteidigungsminister Hans Apel dem verstorbenen Großadmiral Dönitz wohlbegründet ein militärisches Ehrenbegräbnis verweigerte und sich daraufhin massiven Anfeindungen Ehemaliger ausgesetzt sah, schien eine Neuorientierung in der Traditionsdiskussion dringend notwendig. Ganz im visionären Sinne Ruges 1957 schrumpfte mit dem Ausscheiden der letzten Kriegsgedienten aus dem aktiven Dienst der Kreis derer, die unkritisch die Wehrmacht eingebunden haben wollten. Mehr und mehr führte ein alternder Pensionärskreis außerhalb der Bundeswehr die Forderung nach Einbindung der Wehrmacht in die Traditionspflege weiter. Zugleich entstand mit der Frage der Nachrüstung und der sogenannten Friedensbewegung in den 1980ern eine neue Diskussionskultur[18]. Tradition wurde nun als willkommener Hebel genutzt, um die Bundeswehr grundsätzlich in Frage zu stellen. Zwischen Wehrmachtsglorifizierung und völliger Ablehnung alles Militärischen wurde die Diskussion öffentlich schriller, ohne damit aber dem emotionalen Bedarf der aktiven Truppe nach angemessener Traditionspflege in irgendeiner Form näher zu kommen.

---

17   Die Thesen der Leutnante und ihr Widerhall, in: Information für die Truppe 1970, S. 483-510.

18   Zu den Diskussionen ausführlich: Abenheim, Tradition, S. 188-203.

Das war auch nicht das Interesse derer, die in Politik und Medien mit erhobenem Zeigefinger auf Missstände verwiesen

3. Wehrmachtausstellung, Traditionsräume und „Schießpflaster"

Der unkritische Umgang in Teilen der Truppe mit der Wehrmacht, eine zunehmend kritische Öffentlichkeit und der anstehende Regierungswechsel bewog Verteidigungsminister Apel, noch kurz vor Ende seiner Amtszeit am 20. September 1982 einen neuen Traditionserlass herauszugeben. Er unterschied sich im Wesentlichen von dem ersten Erlass durch eine, wenn auch bundeswehrspezifische, klare Definition von dem, was künftig unter Tradition zu verstehen sei. Nun hieß es nicht mehr an erster Stelle, Tradition sei „Überlieferung des gültigen Erbes der Vergangenheit"[19], sondern sie sei „die Überlieferung von Werten und Normen"[20]. Zwar wurde weiterhin zugebilligt, Tradition verbinde die Generationen, doch nur noch dann, wenn dies mit der Werteordnung des Grundgesetzes und dem „demokratischen Selbstverständnis" der Streitkräfte vereinbar sei. Während 1965 noch die „Pflege kameradschaftlicher Beziehungen zu ehemaligen Soldaten [...] niemanden ausschließen" sollte[21], hieß es nun unmissverständlich: „Ein Unrechtsregime, wie das Dritte Reich, kann Tradition nicht begründen."[22] Vielmehr gelte es künftig, bundeswehreigene Traditionen weiter zu entwickeln[23].

Die Veröffentlichung des bis heute gültigen Traditionserlasses traf aber zunächst auf wenig Resonanz in der Truppe und auf noch weniger Akzeptanz bei den ehemaligen Wehrmachtssoldaten. Das lag weniger daran,

---

[19] Traditionserlass von 1965, Ziffer 1.

[20] Richtlinien zum Traditionsverständnis und zur Traditionspflege in der Bundeswehr vom 20. September 1982 (siehe Anhang), Ziffer 1.

[21] Traditionserlass 1965, Ziffer 27.

[22] Richtlinien 1982, Ziffer 6.

[23] Richtlinien 1982, Ziffer 20.

dass der Erlass wieder einmal von oben und ohne umfassende Diskussion in Bundeswehr und Öffentlichkeit erstellt worden war. Als problematisch erwies sich, dass das Papier kurzfristig vor dem Regierungswechsel erlassen wurde und damit als Schnellschuss mit wenig Verbindlichkeit interpretiert werden konnte. Ein Indiz dafür war und ist, dass der militärische Widerstand, obwohl unstrittig traditionswürdig, darin schlichtweg keine Erwähnung fand. Zudem hatte ja auch der neue Verteidigungsminister Manfred Wörner sofort nach seinem Amtsantritt im Rahmen seiner ersten großen Rede an der Führungsakademie verkündet, er beabsichtige, den Erlass bald zu kassieren[24]. Zu Fall gebracht wurde dieses Vorhaben aber nicht im Rahmen einer notwendigen Traditionsdiskussion, sondern vermutlich im Wesentlichen durch die „Kießling-Affäre". Sie führte dazu, dass Wörner zunächst Ruhe wollte und keine neue politische Kontroverse gebrauchen konnte. Dennoch lag in den 1980ern und frühen 1990er Jahren die Traditionsdiskussion in einer Art Dornröschenschlaf. Ohne Wissen um den alten oder den neuen Erlass lebte die Truppe ihr eigenes, von neuen Erkenntnissen der Geschichtswissenschaft wenig getrübtes Traditionsleben[25]. Wenn auch nicht offiziell, so gab es doch weiterhin eine Fülle von „Traditionsräumen", in denen auch Originalexponate aus der Wehrmacht unkritisch, ohne historische Einbindung und teilweise verherrlichend ausgestellt wurden. Dem lag weniger ein rechtsextremer oder undemokratischer Geist als vielmehr ein naives Geschichtsbild zugrunde[26]. Die Räume dokumentierten aber auch, dass es ein Bedürfnis nach dem gab, was der Traditionserlass „Zeugnisse, Haltungen und Erfahrungen aus der Geschichte" nannte, und dass Soldaten Interesse hatten an Vorbildern und

---

24   De Libero, Tradition in Zeiten der Transformation, S. 42, mit weiter führenden Literaturangaben.

25   Bei einer Offizier-/Unteroffizierweiterbildung zum Thema Tradition durch den Autor in einem aktiven Bataillon Anfang der 90er Jahre mit rund 50 Teilnehmern kannte auf Nachfrage nur der Bataillonskommandeur die aktuellen Richtlinien 1982.

26   Zu den Anwürfen und den Befragungen ausführlich: Beschlussempfehlung und Bericht des Verteidigungsausschusses [...] zur Abklärung tatsächlicher und behaupteter rechtsextremistischer Vorfälle in der Bundeswehr [...] als Untersuchungsausschuss [...]. BT-Drucksache 13/11005 vom 18. Juni 1998.

Erfahrungen, die „dem Soldaten bei der Bewältigung seiner Aufgaben helfen, durch Bereitschaft und Fähigkeit zum Kampf"[27]. Dies ist letztlich eine wesentliche Funktion von Traditionspflege: das zu beleben, was die jeweilige Traditionsgruppe wesentlich bestimmt und von anderen abhebt. So erinnert eine Feuerwehr im Rahmen ihrer Traditionspflege an die Bewährung bei einem Großbrand, um so die neue Generation zu motivieren, ebenfalls künftigen Herausforderungen solcher Art gewachsen zu sein. Doch was bei der Feuerwehr unstrittig erscheint, wird im Traditionserlass nachhaltig relativiert: „Die Pflege von Traditionen soll der Möglichkeit entgegenwirken, sich wertneutral auf das militärische Handwerk zu beschränken." Das ist intellektuell sauber, politisch nachvollziehbar, emotional aber in der Truppe schwer vermittelbar. Ist doch gerade auch das Handwerk des Soldaten das, woran ein Soldat Interesse haben muss. Der rationale Kunstgriff, das Handwerk ausschließlich dem Geschichtlichen zuzuordnen, hilft auch kaum weiter, weil dieser Ansatz mit dem Begriff „Tradition" in der Umgangssprache wenig zu tun hat.

Die zumeist naive Emotionalität brach sich noch einmal Bahn im Rahmen der ersten „Wehrmachtausstellung" (1995-1999) des Hamburger Instituts für Sozialforschung. Diese Ausstellung brachte eine neue, ungeahnte Dynamik in die Diskussion um die Bewertung der Wehrmacht und daraus folgende Konsequenzen für die Traditionspflege. In der Geschichtswissenschaft waren die Verbrechen im Rahmen des Feldzugs gegen die Sowjetunion nichts Neues[28]. Für Teile der Öffentlichkeit bedeutete sie aber einen Schock und für die noch lebende Weltkriegsgeneration das endgültige bittere Aus einer Legende. Kaum überraschend musste nun die Kernfrage erneut durch die Bundeswehr beantwortet werden. Bundesminister Volker Rühe brachte die Diskussion zu einem vorläufigen Ende, indem er im Deutschen Bundestag die Wehrmacht aus der Traditionspflege ausschloss und feststellte: „Die Bundeswehr hat sich von Anfang an der ganzen deutschen Geschichte gestellt, mit ihren Höhen und Tiefen. Tradition […] ist aber nicht gleich Geschichte. Tradition ist die bewusste Auswahl von Ereignissen und Menschen,

---

27   Richtlinien 1982, Ziffer 13.

28   Förster, Das Unternehmen "Barbarossa" als Eroberungs- und Vernichtungskrieg,

von Haltungen und Taten, die beispielgebend sind. Die Werteordnung des Grundgesetzes ist dafür Orientierungsrahmen. Ein solches Verständnis lässt Raum, vorbildliche soldatische Haltung und hervorragende militärische Leistungen aus allen Epochen der deutschen Militärgeschichte in die Tradition der Bundeswehr zu übernehmen. Die Bundeswehr stützt sich auf die freiheitlichen Werte der deutschen Militärgeschichte." Richtungweisend setzte er noch hinzu: „Im Übrigen hat sie inzwischen auch eine eigene, wie ich finde, sehr eindrucksvolle Tradition entwickelt."[29] Doch was dies für die Praxis bedeutete, stand weiter außen vor, ein angesichts zunehmender Einsätze spürbares Defizit.

Im Rahmen der Diskussion rückte jedenfalls der Traditionserlass in den Blick weiter Teile in der Truppe, der militärischen Führung und der Politik. Anstöße boten 1998 auch Vorfälle bei den Fallschirmjägern[30] und Traditionsräumen der Luftwaffe mit problematischen Exponaten aus der NS-Zeit. Die erste Reaktion der Bundeswehrführung, 1998 ausnahmslos alle NS-Symbole in den Liegenschaften zu verbieten, führte zu einer unerwarteten, emotionalen Gegenreaktion. Viele „Traditionsräume" und Sammlungen existierten ja zum Teil liebevoll gepflegt seit Jahrzehnten, und eine Diskussion fand wiederum nicht statt. Plötzlich zierten aber Schießpflaster über den Hakenkreuzen im Reichsadler Gemälde auch von Soldaten des militärischen Widerstands oder auf Originalorden. Sie verwiesen auf den Handlungsbedarf, dass mit Verboten keine Traditionen zu pflegen sind und dass der Traditionserlass aus der intellektuellen Theorieecke zu holen war. Schnell reagierte das Verteidigungsministerium auf die unerwartet heftigen Reaktionen in der Truppe mit einer weiteren Weisung. Seit 1999 durften nun doch wieder in genehmigten „militärgeschichtlichen Sammlungen" Originale aus der gesam-

---

29 Deutscher Bundestag: Plenarprotokoll 13/163 vom 13.03.1997, S. 14722.

30 Beschlussempfehlung und Bericht des Verteidigungsausschusses […] zur Abklärung tatsächlicher und behaupteter rechtsextremistischer Vorfälle in der Bundeswehr […] als Untersuchungsausschuss […]. BT-Drucksache 13/11005 vom 18. Juni 1998.

ten Geschichte gezeigt werden, so sie denn in den geschichtlichen Kontext eingebunden waren[31].

Doch nur die Heeresführung stellte sich konsequent der notwendigen Frage nach dem, was der Traditionserlass für die Praxis bedeuten könnte. Die Umsetzung gelang Ende 1999 mit dem „Wegweiser für die Traditionspflege im Heer", der den aktuellen Traditionserlass für die Truppe in Praxisempfehlungen übersetzte[32]. Der spürbar gewordene Bedarf nach Konkretem führte aber beinahe zeitgleich zur Verengung auf politischer Ebene. Denn den Anspruch des 1982er-Erlasses, aus dem ganzen Fundus der deutschen Militärgeschichte schöpfen zu wollen, verengte 1998 der neue Verteidigungsminister Rudolf Scharping anlässlich einer Rede in Hamburg auf „drei Traditionslinien: die Ideen der preußischen Staats- und Heeresreformer von 1806, die Ideale des deutschen Widerstands gegen den Nationalsozialismus und die eigene Tradition der Bundeswehr als Armee in der Demokratie und in einem Bündnis von Demokratien"[33]. Damit begaben sich Politik und Bundeswehrführung zwar auf völlig sicheres Terrain, doch dem emotionalen Bedürfnis nach Vorbildhaften aus dem „militärischen Handwerk" war damit nicht geholfen. Dieses Defizit war aber mit den Einsätzen spürbarer denn je.

4. Resümee

Eine Gesamtbilanz zu 60 Jahren Traditionstheorie und -praxis kann in einem kurzen Textbeitrag nur schlaglichtartig sein. Das Thema verlockt jedoch, bewusst vereinfachend einige zugespitzte Thesen zu wagen. Dabei geht es nicht

---

31	Richtlinien zur Unterstützung der politisch-historischen Bildung durch militärgeschichtliche Exponate (Sammlungen), Bundesministerium der Verteidigung, Generalinspekteur/Fü S I4 - Az 50-50-90, vom 19. März 1999; abgedruckt u.a. in: Bundeswehr und Tradition.
32	„Wegweiser für die Traditionspflege im Heer", Inspekteur des Heeres/Fü H I 1 – Az 35-31-01 vom 1. Dezember 1999.
33	„Die Zukunft der Bundeswehr mitgestalten und mitverantworten". Festansprache des Bundesministers der Verteidigung Rudolf Scharping anlässlich des 25-jährigen Bestehens der Universität der Bundeswehr Hamburg, 11. November 1998 in Hamburg, Redemanuskript S. 4.

darum, Patentrezepte oder gar Lösungen aufzeigen. Vielmehr sollen Unstimmigkeiten und Defizite in der Debatte angerissen werden, um so Anregungen für weitere Diskussionen zu liefern.

Der Befund einer anhaltenden Traditionsdiskussion erscheint evident[34]. Damit ist aber noch nicht die eingangs formulierte Frage beantwortet, wieso es bis heute an einem selbstverständlichen, unaufgeregten und über alle Dienstgradgruppen hinweg getragenen Traditionsverständnis mangelt. Wenn es in vielen Vereinen und Bereichen des öffentlichen Lebens gelingen sollte, durch Traditionspflege „die Generationen […] zu verbinden", Identität zu sichern und eine Brücke zu schlagen „zwischen Vergangenheit und Zukunft"[35], wieso dann immer noch nicht überzeugend in der Bundeswehr? Sicher liegt es wesentlich an dem durch NS-Zeit und Zweiten Weltkrieg verursachten Bruch in der deutschen militärischen Tradition. Die Jahre zwischen 1933 und 1945 stellen unstrittig einen Zivilisationsbruch dar. Doch stellt diese Zeit eine Grenze dar, die „jeder deutschen Traditionsbildung Halt gebietet"[36]? Ob tatsächlich ein Rückgriff auf die Zeit davor sinnvoll und notwendig ist, muss nicht nur ergebnisoffen weiterhin diskutiert werden, sondern ist mit Blick auf die preußische Reformära und den Bürgersoldaten 1848/49 bereits positiv beantwortet. Dies entspricht dem Verständnis des Traditionserlasses: „Traditionsbewusstsein kann nicht verordnet werden. Es bildet sich auf der Grundlage weltanschaulicher Überzeugungen und persönlicher Wertentscheidungen." Ohne Verordnung bedeutet zugleich fortwährende Diskussion. Das offen und tolerant formulierte Credo in dem Erlass der Bundeswehr erfährt nur eine Einschränkung: „Die Freiheit der Entscheidung in Traditionsangelegenheiten gilt innerhalb des Rahmens von Grundgesetz und Soldatengesetz."[37]

34	De Libero, Tradition im Zeitalter der Transformation, S. 159.
35	Richtlinien 1982, Ziffer 1.
36	Heinz Karst, Tradition im Atomzeitalter, (Beilage der Zeitschrift Truppenpraxis, Heft 1/1958), S. 12.
37	Richtlinien 1982, Ziffer 4.

Verfassungs- und Gesetzestreue müssen von Staatsdienern zweifellos erwartet werden. Doch innerhalb dieses Rahmens soll Tradition „eine persönliche Entscheidung" sein[38]. Dies entspräche dem „Leitbild vom mündigen Bürger, dem Staatsbürger in Uniform". Anspruch und Wirklichkeit klaffen jedoch beim Thema Tradition seit Anbeginn der Bundeswehr regelmäßig auseinander. Angst vor möglichen Fehlentwicklungen in der Traditionspflege, die meist nur die Angst vor einer möglichen politischen Kontroverse widerspiegeln, führte eben doch zu Verordnungen wie dem Erlass von 1998, die durch ein Absicherungsdenken geprägt sind. Die Traditionsdiskussion lief über Jahrzehnte auf einer rein rationalen, intellektuellen Ebene ab. Beherrscht wurde sie dabei weitgehend von der Deutungshoheit derer, die sich dienstlich notwendig oder aus politischem Interesse mit der Thematik befassten. Dass er die Herzen in der Truppe anspricht, wurde dem Traditionserlass von 1982 nicht einmal von seinen Befürwortern unterstellt. Doch gerade das muss im militärischen Alltag gelingen, um eine emotional getragene Traditionspflege auf breiter Basis zu erhalten.

Auf der einen Seite wird zu Recht kritisiert, dass sich die Bundeswehr von ihrer ersten Stunde an schwer tat, „Militärtradition" oder „gültige Traditionen" festzulegen[39]. Doch inwieweit andererseits die Festlegung auf drei Traditionslinien dem Anspruch zuwider läuft, dass Traditionsbewusstsein eine persönliche Entscheidung des Einzelnen sei, bleibt aus Sorge vor den möglichen Konsequenzen undiskutiert. Hinzu kommt, dass deutlich erkennbar ein Wandel stattgefunden hat. Noch bis in die 1970er Jahre stand der Gedanke im Vordergrund, Traditionspflege dürfe nicht gegen die im Grundgesetz verankerten Werte verstoßen[40]. Spätestens mit den Richtlinien von 1982 wurde dann eine Entwicklung angestoßen, die zu einem intellektuell zwar lupenreinen, aber kaum in die Praxis umzusetzenden Anspruch führte, nur dasjenige sei zu pflegen, das Grundgesetz und Demokratieverständnis

---

[38] Richtlinien 1982, Ziffer 3.

[39] De Libero, Tradition in Zeiten der Transformation, S. 26.

[40] BMVg Fü B I 4 – AZ 35-08-07 vom 1. Juli 1965: „Bundeswehr und Tradition" („Erster Traditionserlass"), Ziffern 3, 13, 17, 27.

stärke. Mit diesem Anspruch verengte sich der Auswahlrahmen dramatisch. Das spüren genau diejenigen, die Adressaten der Traditionsdiskussion sein sollten, die einzelnen Soldatinnen und Soldaten in der Truppe. Letzten Endes bleibt das Gefühl von Bevormundung und Unsicherheit beim Thema Traditionspflege solange, wie Vorgesetzte und Politik nicht bereit sind, andere als die oben dargestellten drei im breiten politischen Konsens abgesicherten Traditionslinien in den Blick zu nehmen. Die Traditionsdiskussion wird bis heute nur dann in Gesellschaft und Politik geführt, wenn der Themenkomplex Wehrmacht in irgendeiner Form berührt wird[41].

Dabei ist es gut begründbar, ausschließlich demjenigen Traditionsgut „traditionsbildende Bedeutung für die Bundeswehr"[42] zuzusprechen, das vor der Werteordnung des Grundgesetzes Bestand hat. Doch wenn sich die Diskussion nur auf diese drei oder vielleicht noch die Bürgersoldaten von 1848/49 reduzieren darf, sollte das auch so offen und ehrlich gesagt werden. Eine Suche nach weiteren Vorbildern in der militärischen Vergangenheit wäre obsolet. Es gäbe Klarheit, da die Masse der deutschen Geschichte kaum vor den „rechtsstaatlichen, freiheitlichen und demokratischen" Prüfinstanzen bestehen könnte. Damit würden sich auch die Traditionsdiskussionen reduzieren. Die Debatten um Kasernennamen bewegen kaum noch die Medien, seit „die anstößigsten unter ihnen verschwunden sind". Aber ging es den Kritikern wirklich darum, eine Diskussion anzustoßen, die der Bundeswehr in der Traditionsfrage Anstöße zur Weiterentwicklung gab? Vielmehr hat es den Anschein, und so wurde es in der Truppe empfunden, dass Tradition als Hebel benutzt wurde und wird, um die Bundeswehr oder die Verteidigungspolitik grundsätzlich friedensethisch in Frage zu stellen[43]. Ein ernsthaftes Interesse an den Soldatinnen und Soldaten ist dabei selten verspürbar.

41	Heinemann, Tradition und Erinnerung, S. 81.
42	Weißbuch 1985. Zur Lage und Entwicklung der Bundeswehr. Im Auftrag der Bundesregierung hrsg. vom Bundesministerium der Verteidigung, Bonn 1985, S. 315, Ziffer 705; Köster, Neue Wege in der Traditionsbildung,", S. 270.
43	Heinemann, Tradition und Erinnerung, S. 81.

Der Wunsch des Menschen, sich in eine geschichtliche Kontinuität eingebunden zu fühlen, ist aber vorhanden, sei es im Kleinen, beispielsweise der Tradition eines Vereins, sei es im Großen, der Tradition der Demokratie. Eine Tradition, die emotional trägt, benötigt selbstverständliche Kontinuität, kein ständiges Hinterfragen mit dem moralischen Anspruch einer absoluten Gewissheit. Eine Tradition jedoch, die die Menschen nicht anspricht, mitnimmt und emotional anrührt, taugt nicht, sie ist überflüssig und leer. Vielleicht auch aus diesem Grund behaupten immer mehr junge Soldaten, mit Tradition nichts anfangen zu können. Für sie reduziert sich Traditionspflege augenscheinlich auf Absicherung der Vorgesetzten gegen zumeist imaginäre vor- oder undemokratische Tendenzen. In der ganzen Diskussion zeigt sich ein Hang zu rigidem Schwarz-Weiß-Denken. Es fehlen die Grau- und Zwischentöne, das von Empathie getragene Verständnis dafür, dass es ein Bedürfnis nach Vorbildern geben kann und dass es eine große Bandbreite von Traditionspflege geben könnte, gerade auch im Bezug auf vorbildhafte Bewährung im Krieg, ohne reflexhaft einen strafwürdigen, undemokratischen Hintergrund zu unterstellen. Gelassenheit würde der Traditionsdiskussion insgesamt gut tun.

Sollten aber aus historischen und politischen Erwägungen hinaus durchaus begründbar tatsächlich nur die genannten Traditionslinien gültiger Maßstab bleiben, besteht angesichts einer eigenen, langen Bundeswehrgeschichte heute dennoch die Chance zu einer emotional gebundenen Traditionspflege. Sie bietet sich auf dem Gebiet, das Soldatsein in letzter Konsequenz fordert: Gesundheit und Leben im bewaffneten Kampf einzusetzen. Diese unbedingte Forderung ist es, die den Soldatenberuf von allen anderen unterscheidet. Soldaten sind die einzigen Staatsdiener, die ihr Leben auf Befehl einsetzen müssen. Dass man bei dieser Formulierung als Autor sofort wieder das Gefühl verspürt, die eigentlich selbstverständliche Voraussetzung der Rechtmäßigkeit von Befehlen im Kampf betonen zu müssen, ist weiterer Ausdruck einer verkrampften, ständig um juristische und politische Absicherung bemühten Traditionspflege, bei der die Emotionalität schnell auf der Strecke bleibt. Dem muss und kann sich die Traditionspflege angesichts einer langen Einsatzerfahrung heute stellen. Inwieweit bei der Ausgestaltung der bundeswehreigenen Einsatztradition der Forderung Rechnung getragen wird, dass die Entscheidung in Traditionsfragen innerhalb des Rahmens von

Grundgesetz und Soldatengesetz frei sei, wird die Zukunft zeigen. Hier kann eine fruchtbare Traditionsdiskussion angestoßen werden, falls nicht schon im Vorfeld durch die Angst der Vorgesetzten vor möglichen Fehlinterpretationen alle Versuche unterbunden werden.

Damit steht noch die Beantwortung der Frage aus, ob eine bis heute anhaltende Traditionsdiskussion überhaupt eine „Tradition" sein kann. Sicher ist sie es nicht im engen und bundeswehrspezifischen Verständnis des Traditionserlasses, der ausnahmslos die Wertebezogenheit fordert. Genauso wenig kann es ein Wert an sich sein, Diskussionen unbegrenzt weiter zu führen. Ganz anders ist dies jedoch im umgangssprachlichen Sinne. Hier meint der Begriff zumeist nur die Überlieferung von Bräuchen und Verhaltensweisen in einer menschlichen Gemeinschaft oder banal, dass etwas immer wieder geschieht. Dies verweist auf das Dilemma, dass die Bundeswehr-Definition und das umgangssprachliche Verständnis von Tradition auseinander klaffen.

Eine richtig verstandene Traditionspflege verlangt, den Traditionsbestand regelmäßig zu überprüfen. Damit ist die Diskussion ein notwendiger Begleiter von Tradition. Gut und wichtig sind Diskussionen in Politik und Öffentlichkeit, wenn sie von wirklichem Interesse an der Truppe geleitet werden. Innerhalb der Bundeswehr wird eine offene Diskussionskultur dringend benötigt, um so letztlich Akzeptanz für eine auch emotional angenommene Traditionspflege zu erreichen. Vielleicht bietet die bundeswehreigene Einsatzgeschichte dazu Möglichkeiten für die Zukunft, um so zumindest die Generationen der Bundeswehr miteinander zu verbinden. Die Frage nach der Traditionspflege der Bundeswehr im Kalten Krieg ist damit jedoch nicht zu beantworten. Für Diskussionsstoff ist reichlich gesorgt.

Kann man in der NVA Traditionswerte für die Bundeswehr finden?

Günther Glaser/Rüdiger Wenzke

Mit der hier als Überschrift wiedergegebenen Frage stieß der Bundesminister der Verteidigung Dr. Thomas de Maizière in seiner Rede zur Eröffnung des Militärhistorischen Museums in Dresden im Oktober 2011 eine Diskussion an, die für die Traditionspflege in der Bundeswehr eigentlich bereits „abgehakt" schien[1]. Seit die Bundeswehr 1990 zur „Armee der Einheit" wurde, haben sich Politiker, Militärs und Wissenschaftler unterschiedlichster Couleur dazu geäußert. Die meisten von ihnen waren sich relativ schnell in einem einig: Streitkräfte im Dienste eines diktatorischen Regimes, und als diese ordnete man die Nationale Volksarmee (NVA) der DDR ein, können keine Tradition für die Bundeswehr begründen.

Diese klare Linie, dass in Streitkräften eines freiheitlichen Staatswesens nur freiheitliche Traditionen Platz haben, war bereits 1969 von Wolf Graf von Baudissin angelegt worden[2]. Ein Unrechtsregime könne Tradition nicht begründen, zumal „Maßstab für das Traditionsverständnis und die Traditionspflege" in der Bundeswehr zuvorderst das Grundgesetz sei, so hieß es dann auch in dem bis heute noch gültigen „Traditionserlass" der Bundeswehr aus dem Jahr 1982[3]. Fünf Jahre nach der Wiederherstellung der Deutschen Einheit und dem damit verbundenen Ende der DDR und ihrer Armee schrieb der damalige Verteidigungsminister Volker Rühe: „Mit der Vereinigung Deutschlands im Jahre 1990 kam auf die Bundeswehr die zweite große Aufbauleistung ihrer Geschichte zu. Sie hat diese Herausforderung mit Loya-

---

[1] Rede des Bundesministers der Verteidigung, Dr. Thomas de Maizière, anlässlich der Neueröffnung des Militärhistorischen Museums der Bundeswehr am 14. Oktober 2011 in Dresden, S. 6. In: http//www.bmvg.de (31.01.2012)

[2] Baudissin, Soldat für den Frieden, S. 110.

[3] Richtlinien zum Traditionsverständnis und zur Traditionspflege in der Bundeswehr vom 20.9.1982 (siehe Anhang), Ziffer 2 und 6.

lität, organisatorischem Geschick, mit Enthusiasmus und Einfühlungsvermögen gemeistert. [...] Mit der Vereinigung Deutschlands ist die ehemalige Nationale Volksarmee Teil der deutschen Militärgeschichte geworden. Als Parteiarmee und Instrument der sozialistischen Diktatur kann sie jedoch keine Tradition begründen."[4]

Auch hohe Militärs in der Bundeswehr unterstützten diese Aussage von Anfang an.

Schon 1992 hatte beispielsweise General Hans Peter von Kirchbach, später Generalinspekteur der Bundeswehr, die NVA und ihre Traditionswürdigkeit für die westdeutschen Streitkräfte bewertet: „40 Jahre NVA begründen keine Tradition, sind aber Geschichte. Die ehemalige Nationale Volksarmee kann als Armee einer Partei keine Tradition begründen. Aber sie ist ein Teil unserer Geschichte, der nicht wegdiskutiert werden kann und sollte."[5] Dieser Befund wurde dann zuletzt nochmals ausdrücklich unterstrichen in der Zentralen Dienstvorschrift (ZDv) 10/1 „Innere Führung", erlassen am 28. Januar 2008 vom Bundesminister der Verteidigung Dr. Franz-Josef Jung: „Das Grundgesetz und die kritische Auseinandersetzung mit der Vergangenheit verpflichten die Bundeswehr, politische Geschehnisse und Zusammenhänge der Gegenwart zu beurteilen und ein angemessenes Traditionsverständnis zu entwickeln. Die ehemalige deutsche Wehrmacht als Werkzeug der nationalsozialistischen Weltanschauung kann für die Bundeswehr keine Tradition begründen. Dies gilt auch für die frühere Nationale Volksarmee als Partei- und Klassenarmee des SED-Regimes."[6] Kann dieser eindeutigen Aussage auch aus heutiger Sicht noch uneingeschränkt zugestimmt werden, oder haben sich möglicherweise neue Erkenntnisse aus den jüngsten wissenschaftlichen Forschungen ergeben? Scheute man seit 1990 – nach den Erfahrungen im Umgang mit der Wehrmacht – nur neue Auseinandersetzungen?

---

[4] Rühe, Geleitwort, S. X.

[5] Kirchbach/Meyers/Vogt, Abenteuer Einheit, S. 166.

[6] ZDv 10/1. Innere Führung. Selbstverständnis und Führungskultur der Bundeswehr, Bonn 2008. Bereits die Vorgängerin aus dem Jahr 1993 enthielt dazu eine fast gleichlautende Passage.

Oder wurde gar die Traditionswürdigkeit der NVA von den „Siegern" vorschnell und pauschal abqualifiziert, wie es mitunter von ehemaligen Angehörigen der NVA kolportiert wird?

1. Die Nationale Volksarmee in der SED-Diktatur (1956 bis Herbst 1989)

Was also war die NVA? Die historische Forschung hat in den vergangenen beiden Jahrzehnten eindrucksvoll bestätigt, was im Westen zwar frühzeitig erkannt, jedoch nicht immer wissenschaftlich belegt werden konnte: Die Nationale Volksarmee als das bedeutendste bewaffnete Organ in der DDR nahm nicht nur innerhalb der staatlichen Strukturen, sondern auch im politischen Herrschaftsgefüge des SED-Staates einen herausragenden Platz ein. Sie stand unter der Führung der Partei, handelte nach deren Beschlüssen und wurde rückhaltlos durch die Politik der SED vereinnahmt. Eine parlamentarische Kontrolle der Streitkräfte existierte ebenso wenig wie es demokratische Mitgestaltungsmöglichkeiten für die Soldaten in der Truppe gab[7].

Die SED sicherte sich nach dem Vorbild der Sowjetarmee ihren Einfluss in der Armee und auf sie wie bei keiner anderen Institution. Dazu dienten spezielle Beschlüsse zur politischen und fachlichen Entwicklung der Armee, die in den „Befehlen 100" des Ministers für Nationale Verteidigung der DDR und anderen Anweisungen für die Ausbildung umgesetzt wurden. Dem dienten zudem die Politorgane in der Armee (Politische Hauptverwaltung, Politische Verwaltung, Politabteilung, Politstellvertreter von Kommandeuren), die verpflichtende parteipolitische und dienstliche Befugnisse hatten. Für die Tätigkeit dieser Politorgane erließen das Zentralkomitee oder das Politbüro besondere Richtlinien („Parteiinstruktionen"). Für die Grundorganisationen der SED waren die Politorgane das übergeordnete Parteiorgan, obwohl sie nicht gewählt, sondern von „oben" eingesetzt wurden. Die Parteiorganisationen der SED in der NVA bildeten darüber hinaus eine eigene zentrale Struktur- und Organisationseinheit (Bezirksverband) in der Partei. Als

---

7   Siehe dazuGrundkurs deutsche Militärgeschichte, Band 3; Heinemann, Die DDR und ihr Militär.

oberstes Parteiorgan in den Streitkräften fungierte die Politische Hauptverwaltung, deren Chef Stellvertreter des Verteidigungsministers war und zugleich direkt dem Ersten Sekretär/Generalsekretär des ZK der SED unterstand. Die Partei sicherte ihren Einfluss schließlich durch die Offiziere, die zu fast hundert Prozent Parteimitglieder waren. Zudem gehörten die Kommandeure häufig den Parteileitungen der Grundorganisationen der SED an und waren auch durch deren Beschlüsse in ihren Entscheidungen nicht frei[8]. Mit diesem Parteisystem bestimmte die SED-Führung die Erziehung und Bildung, die Gewährleistung der inneren Sicherheit und die Rolle der NVA in der Gesellschaft.

Wenn es also um die NVA während der SED-Herrschaft in ihrer Gesamtheit geht, wie in der ZDv 10/1 beschrieben, steht außer Frage, dass sich die ostdeutschen Streitkräfte über drei Jahrzehnte hinweg tatsächlich als „Partei- und Klassenarmee" gerierten und damit für die Bundeswehr nicht traditionsbildend sein können. Unterstrichen wird dieser Befund nicht zuletzt dadurch, dass die Grenztruppen bis 1973 offizieller Bestandteil der NVA waren und danach formell noch immer dem Verteidigungsminister der DDR unterstanden. Damit trug er eine Mitverantwortung für das menschenverachtende Grenzregime und für den Schießbefehl an der deutsch-deutschen Grenze.

Aber auch wenn die NVA als Armee im Dienste der SED-Diktatur nicht als Ganzes traditionswürdig ist, kann natürlich auf der Grundlage der neueren Forschung danach gefragt werden, ob sich möglicherweise nicht doch einzelne Teile, Bereiche oder Personen finden lassen, aus denen eine Tradition für die Bundeswehr erwachsen könnte. Tatsächlich wurde bereits in der Vergangenheit darüber diskutiert, ob denn nicht wenigstens die Traditionen der NVA oder Teile davon in die Bundeswehr übernommen werden könnten[9]. Die Antworten darauf zeigen sich durchaus unterschiedlich. Heben einige Autoren die signifikanten Unterschiede in den Traditionen und in

---

8   Hagemann, Parteiherrschaft in der NVA; Haueis, Die führende Rolle der SED.

9   Eine Anregung dazu stammte erst jüngst auch von einem der beiden Verfasser dieses Beitrages: Glaser, Armee der Einheit.

der Traditionspflege beider deutscher Streitkräfte bis 1990 hervor, versuchen andere, bestimmte Übereinstimmungen als gemeinsame Ansätze einer „gesamtdeutschen" militärischen Tradition in den Vordergrund zu stellen. So war für den Historiker und Bundeswehroffizier Klaus Storkmann eine „exemplarische Prüfung ausgewählter Elemente der Tradition der NVA" auf ihre Eignung für die Bundeswehr „negativ" ausgefallen[10]. Er sieht beispielsweise keine Überstimmung zwischen der von der NVA immer wieder besonders hervorgehobenen „antifaschistischen Traditionslinie" und der zweiten „Säule" der Bundeswehrtradition, dem militärischen Widerstand gegen den Nationalsozialismus. Tatsächlich wird eine auffällige Gegensätzlichkeit beider deutscher Armeen zum Beispiel bei den Namensverleihungen an Kasernen und Truppenteile sichtbar. Im Osten wurden alle vor 1945 vergebenen Namen von Kasernen getilgt und schrittweise durch neue ersetzt. Im Unterschied zur Bundeswehr erfolgte die Namensgebung zudem nicht nur an Kasernen, sondern auch an Verbände, Truppenteile, Einrichtungen und Einheiten. „Gegenwärtig tragen 147 Verbände, Truppenteile, Einheiten und Lehreinrichtungen sowie 88 Kasernen der NVA und der Grenztruppen der DDR und 6 Lehreinrichtungen der Zivilverteidigung 173 Namen historischer Persönlichkeiten", so war in einem Bericht an den DDR-Verteidigungsminister vom September 1984 zu lesen. Weiter hieß es darin: „164 von ihnen repräsentieren fortschrittliche und revolutionäre Traditionen der deutschen Geschichte. Darunter sind 9 Namen, mit denen die progressive Traditionen des deutschen Bauernkrieges 1525, der Befreiungskriege 1812/13 und der bürgerlich-demokratischen Revolution von 1848/49 gewürdigt werden; 9 Vertreter der revolutionären deutschen Arbeiterbewegung ausgangs des 19. und zu Beginn des 20. Jahrhunderts; 60 Teilnehmer an den Klassenkämpfen der revolutionären deutschen Arbeiterbewegung von 1917 -1933; 108 antifaschistische Widerstandskämpfer; 62 Namen von Aktivisten der ersten Stunde und Personen, die sich um die allseitige Stärkung der Deutschen Demokratischen Republik verdient gemacht haben, als Ausdruck der Pflege, Bewahrung und Weiterentwicklung der neuen sozialistischen Traditionen unseres Staa-

---

[10] Storkmann, Die NVA im Traditionsverständnis der Bundeswehr, S. 32.

tes."[11] Damit war freilich eine völlige Überbewertung des kommunistischen antifaschistischen Widerstands festgeschrieben, was nicht unbedingt immer der Popularisierung der „Vorbilder" in der Truppe diente. Erst 1990, in der bereits gewandelten NVA, entschloss man sich, zwei Führungsgebäude in Strausberg nach Akteuren des 20. Juli 1944 zu benennen – nach Claus Graf Schenk von Stauffenberg und Henning von Tresckow. In der Bundeswehr trugen vor 1990 etwa ein knappes Viertel der rund 400 Kasernen Namen von Militärangehörigen aus der Zeit des Ersten und des Zweiten Weltkrieges, darunter nur elf von Gegnern der Nazi-Diktatur[12].

Zweifellos haben sich in Ost und West unterschiedliche Traditionen in den Streitkräften herausgebildet; man war sogar stets bemüht, sich vom jeweils anderen abzuheben[13]. Dennoch blieben selektive Rückgriffe auf gleiche historische Ereignisse und Personen nicht aus[14]. Erinnert sei hier nur an die preußischen Reformer, allen voran Generalmajor Gerhard von Scharnhorst, die Befreiungskriege 1813 bis 1815 oder den Widerstand gegen die NS-Diktatur. Aber offenbar nur in einem Fall erhielt eine Bundeswehrkaserne – nach 1990 – einen Traditionsnamen, der bereits zuvor in der DDR einer NVA-Einheit verliehen worden war. Es handelt sich dabei um den Namen des Sozialdemokraten, Gewerkschafters und Widerständlers gegen das NS-Regime Wilhelm Leuschner (1890-1944). Von 1988 bis 1990 trug diesen Namen das Instandsetzungsbataillon 4 der 4. Mot.-Schützendivision der NVA in Gotha (Thüringen). Nach 1990 wurde der Name an die Bundeswehrkaserne im brandenburgischen Damsdorf gegeben, in der bis zur Standortauflösung im Jahr 2002 u.a. Einheiten eines Logistikregiments und zwei

---

11 Bundesarchiv (BArch), DVW 1/555634, Bl. 300, Protokoll der Sitzung des Kollegiums des Ministerium für Nationale Verteidigung vom 21. September 1984.

12 Hanisch, Was ist heute noch bewahrenswert, S. 158.

13 Zander, Bundeswehr und Nationale Volksarmee.

14 Loch/Zacharias, Tradition in deutschen Streitkräften.

Transportbataillone der Bundeswehr stationiert waren[15]. Vor diesem Hintergrund glaubte schon vor einigen Jahren der Bundeswehroffizier Oberstleutnant Kai Samulowitz in einem Beitrag über die Einordnung der NVA, ihrer Geschichte und ihrer Traditionen in das Traditionsverständnis der „Armee der Einheit" durchaus weitere „gemeinsame Schnittmengen" zu erkennen. „Auch wenn Bundeswehr und NVA für zwei völlig unterschiedliche Gesellschaftssysteme gestanden haben, so beziehen sich beide Armeen auf Werte, Leistungen und Verdienste, die von allen drei Traditionslinien der Bundeswehr abgedeckt werden. Eine historische Sicht, die darüber hinaus sämtliche Befreiungsbewegungen in der deutschen Geschichte als traditionswürdig anerkennt, also selbstverständlich auch die Revolution von 1848/49, die republikanischen Initiativen 1918 und möglicherweise sogar die Bauernkriege, würde sogar eine zusätzliche historische Brücke zur NVA bauen."[16] Er plädierte zu Recht dafür, nach vorhandenen gemeinsamen Traditionsbezügen zu suchen und diese gegebenenfalls aufzugreifen.

Wie bereits weiter oben dargelegt, stand die NVA bis zum Herbst 1989 ganz im Dienste des SED-Regimes. Werte und Normen wie Menschenwürde, Freiheit, Demokratie oder Gerechtigkeit waren ihr fremd. Ein genauerer Blick in die Geschichte der Streitkräfte zeigt freilich, dass es der Partei- und Armeeführung nicht wirklich gelang, „die Armee zu einem zu jeder Zeit absolut zuverlässigen, politisch völlig homogenen militärischen Organismus zu entwickeln"[17]. Es gab auch in der DDR-Volksarmee Menschen, die sich nicht nur korrekt und anständig verhielten, sondern die sich – in Uniform – dem Regime in irgendeiner Weise widersetzten, sich die humanistischen und demokratischen Normen und Werte zu eigen machten und sogar versuchten, diese trotz Repression und politischer Verfolgung in der Armee einzufordern und zu vertreten. Vor über zehn Jahren begannen auf

---

15   Kersten/Löffler/Parchmann/Stoof: Garnisonen der NVA und der GSTD, S. 166 f. und S. 207-209. Siehe dazu auch die Online-Standortdatenbank „NVA, Grenztruppen der DDR und sowjetischen Streitkräfte" des MGFA, in: www.mgfa.de.

16   Samulowitz, Auf der Suche nach einem zeitgemäßen Traditionsverständnis, S. 92.

17   Wenzke, Widerständiges Verhalten und Repression, S. 4.

Anregung des damaligen Generalinspekteurs der Bundeswehr, General von Kirchbach, Wissenschaftler des MGFA mit ersten Forschungen über Formen von widerständigen, oppositionellen und nonkonformen Verhaltensweisen in den Streitkräften der DDR. Die Frage nach „Gewissen und Gehorsam" wurde damit von einem Desiderat zu einem militärhistorischen Forschungsschwerpunkt. Die Ergebnisse der Forschungen, die 2005 vor allem in dem Buch „Staatsfeinde in Uniform?" publiziert wurden, machten durchaus Bemerkenswertes sichtbar[18]. Zwar gab es keinen organisierten militärischen Widerstand in der NVA, wie er sich vor 1945 in der Wehrmacht herausgebildet hatte. Dennoch ließ sich eine Vielzahl individueller Handlungen – aus welchen Motiven auch immer – von Verweigerung, Aufbegehren, Opposition und Widerstand gegen das SED-Regime in der NVA und ihren militärischen Vorläuferformationen nachweisen. Das galt insbesondere in Krisenzeiten, in denen Soldaten, Unteroffiziere sowie auch vereinzelt Offiziere Mut bewiesen, gegen Unrecht und Willkür aufbegehrten und für Demokratie, Recht und Freiheit eintraten, so beim Volksaufstand am 17. Juni 1953, in Reaktion auf den Mauerbau 1961, als Protest gegen den Einmarsch von Streitkräften des Warschauer Vertrages 1968 in die CSSR oder zur Unterstützung der „Solidarnosc-Bewegung" in Polen 1980/81. Freilich veränderten sich Formen und Intensität von widerständigen Verhalten im Militär im Laufe der Entwicklung. Neben der Verweigerung oder Nichtausführung des Befehls, auf Arbeiter oder „Grenzverletzer" zu schießen, gehörten zu den Formen von Opposition und Widerstand im ostdeutschen Militär u.a. die Fahnenflucht aus politischen Gründen, „kapitulantenhaftes" Verhalten im Dienst oder offen geäußerte Ablehnung der SED-Politik. Alle, die sich gegen die scheinbare Allmacht der Herrschenden stellten, setzten sich einer unnachgiebigen Verfolgung, Disziplinierung und Bestrafung durch Armee, Ministerium für Staatssicherheit (MfS), Justiz und Partei aus. Jedem einzelnen von ihnen gebührt daher Achtung und Anerkennung. Insofern ist die Frage von Thomas de Maizière in seiner eingangs bereits erwähnten Rede verständlich, ob auch „die Gehorsamsverweigerung des Stasi-Oberstleutnant Harald Jäger am Berliner Grenzübergang Bornholmer Straße am Abend des 9. November 1989 eine vorbildliche Einzeltat" gewesen sei, weil dieser, von seinen Vorge-

---

18   Wenzke: Staatsfeinde in Uniform?

setzten allein gelassen, „nur auf sein Gewissen hörend", auf eigene Faust entschieden hatte, „die Kontrollen einzustellen und die Grenzübergangsstelle zu öffnen."[19] Zweifellos war dies eine mutige Entscheidung, die Oberstleutnant Jäger an diesem Abend traf. Er hat in einer komplizierten Situation das Richtige getan. Das ist hervorhebenswert und sein Mut sollte nicht vergessen werden. Zu einem Vorbild für die Bundeswehr wird er aber dadurch wohl kaum. Denn er war letztlich nur ein Getriebener, getrieben von denjenigen Menschen, die er und seine „Genossen" all die Jahre im Auftrag der Partei mit zu „beschützen" hatten, einfache DDR-Bürger, denen er bis zu diesem Zeitpunkt mit der Waffe in der Hand ihr Recht auf Menschenwürde, Freiheit und Demokratie verwehrt hatte. Es spricht im Übrigen für Harald Jäger, dass er sich selber nicht als Held sieht und seine Tat eher als einen „wütenden Akt der Verzweiflung"[20] bewertet.

Ein Hort nonkonformen und widerständigen Verhaltens bildeten in der NVA zweifellos die Wehr- und Waffendienstverweigerungen. Vor allem die als Bausoldaten in der NVA diensttuenden Waffendienstverweigerer der NVA verdienen es, besonders hervorgehoben zu werden. Trotz vielfältiger Repression und Benachteiligung versuchten sie seit 1964 immer wieder, ihre ihnen von den Vorgesetzten oftmals gezielt vorenthaltenen Rechte durchzusetzen, die Selbstachtung zu erhalten und sich unter den Bedingungen einer nahezu permanenten politischen Indoktrination eine eigene, freie Meinung zu bewahren. Nicht umsonst werden die Bausoldaten heute als eine „Keimzelle der friedlichen Revolution" in der DDR gesehen[21].

Festzuhalten bleibt für die Zeit der SED-Diktatur, dass die NVA als „Partei- und Klassenarmee" in ihrer Gesamtheit für die Bundeswehr als Einsatzarmee keine Tradition bilden kann. Historische Einseitigkeiten, ein

---

19   Rede des Bundesministers der Verteidigung (14. Oktober 2011).

20   Hildebrandt, Antje: Der Mann mit den zwei Gesichtern, in: Märkische Allgemeine Zeitung, Nr. 261 vom 9.11.2011, S. 3. Über das Leben Harald Jägers und seine Tat zur Öffnung der Grenze siehe ausführlich Haase-Hindenberg, Der Mann, der die Mauer öffnete.

21   Eisenfeld/Schicketanz, Bausoldaten, S. 417.

Schwarz-Weiß-Denken im Umgang mit der NVA-Geschichte sowie eine undifferenzierte Gleichsetzung mit der Wehrmacht sollten jedoch vermieden werden. Vielmehr ist ein prüfender Blick auf einzelne traditionelle soldatische Tugenden und Bereiche der militärischen Professionalität, die es in der DDR-Volksarmee auch gegeben hat, sowie auf den enormen, 1990 abgewickelten „Traditionsfundus" der NVA zu werfen. In erster Linie sollte jedoch denjenigen, die sich unter den Bedingungen des SED-Regimes als Soldaten innerhalb und außerhalb der Armee mutig gegen Unrecht und politische Bevormundung wehrten, besondere Aufmerksamkeit geschenkt werden. Hier wäre überlegenswert, das Wirken und Verhalten einzelner NVA-Angehöriger oder einer spezifischen Gruppe von Armeeangehörigen in die Tradition der Bundeswehr mit einfließen zu lassen.

2. Die Nationale Volksarmee der DDR im demokratischen Wandel (Herbst 1989 bis 2. Oktober 1990)

Spätestens in der zweiten Hälfte der 1980er Jahre hatte die Krise der realsozialistischen Gesellschaft in der DDR auch die NVA erfasst. Allgemeine Krisensymptome des Honecker-Regimes wie die innenpolitische Stagnation, die Reformfeindlichkeit oder die fortwährende Miss- und Mangelwirtschaft wurden durch armeespezifische Faktoren ergänzt. Dazu zählten unter anderem die hohen Belastungen der ständigen Gefechtsbereitschaft, Probleme im Bereich der Dienst- und Lebensbedingungen der Armeeangehörigen, der zweckentfremdete Einsatz von Armeeeinheiten in der Wirtschaft sowie ungeklärte ideologische und militärische Fragen nach dem Sinn des Soldatseins. Im Laufe des Jahres 1989 nahmen Kritik, Unmut und Unzufriedenheit in den DDR-Streitkräften in einem bis dahin nicht gekannten Maße zu. Dennoch glaubten einige konservative Vertreter der Partei- und Armeeführung noch Anfang Oktober, die Armee gegen protestierende und demonstrierende Bürger einsetzen zu können. Dies gelang jedoch nicht. Der partielle Einsatz und der schließlich von der Basis erzwungene gänzliche Verzicht auf einen Einsatz von Armeeangehörigen gegen das eigene Volk in Dresden und Leipzig wurde vielmehr zu einem wichtigen Ausgangspunkt für den bevorstehenden

Wandel in den DDR-Streitkräften[22]. Vieles in der NVA wurde von nun ab „ganz anders".

Die Zeit von Mitte Oktober 1989 bis Ende September 1990 war für die NVA vor allem dadurch gekennzeichnet, dass diese sich im Verlauf der friedlichen Revolution und der demokratischen Umgestaltung in der DDR in vielen Fragen grundlegend veränderte: Aus der Parteiarmee wurde eine Armee im demokratischen Wandel, die nunmehr unter der Kontrolle des Parlaments stand. Diese Entwicklung verlief eingebettet in einen Reformprozess „von oben", der jedoch seine wichtigsten Impulse immer wieder „von unten" erhielt[23].

Bereits Lage- und andere Berichte aus der Zeit von Mitte Oktober bis Anfang November 1989 machten deutlich, dass Unzufriedenheit und Widerwille in der Truppe offensichtlich weit verbreitet waren[24]. Viele Soldaten beklagten beispielsweise die unzureichenden Informationen über die Ereignisse bei den Demonstrationen in Dresden, Leipzig und anderen Städten. Sie organisierten von sich aus Informationsforen in ihren Dienststellen oder nahmen an öffentlichen Veranstaltungen der politischen Opposition in der DDR teil. Angehörige einer Fla-Raketenabteilung richteten einen „Soldatenbrief" an ihren Kommandeur, in dem sie sowohl ungeschminkte Kritik an den bestehenden politischen Zuständen übten als auch Forderungen nach einer Verbesserung der Beziehungen zwischen Vorgesetzten und Untergebenen stellten. Wiederholt wurde gefragt, wie die „Wende" in der NVA aussehen solle. Vielerorts sahen Soldaten einen Ausweg in der Bildung eines unabhängigen „Soldatenrates", in dem sich „Vertrauenssoldaten" zusammenschließen und die Probleme an ihre Vorgesetzten herantragen sollten. Anfang November wollten sich Rekruten nicht mehr vereidigen lassen. In diesem Zusammenhang wurden auch mehr oder weniger Zweifel an der Rechtmäßigkeit solcher Formulierungen aus dem Fahneneid wie „Arbeiter- und Bau-

---

[22] Dazu ausführlich u.a. Heider, Nationale Volksarmee; Glaser, „…auf die ‚andere' Seite übergeben"; Ehlert, Zwischen Mauerfall und Volkskammerwahl.

[23] Heider, Militärreform in der DDR.

[24] Glaser: „…auf die ‚andere' Seite übergehen, S.19 f.

ern-Regierung", „unbedingter Gehorsams" und „gegen jeden Feind" geäußert. Prof. Dr. Wolfgang Scheler und andere Offiziere des Lehrstuhls Philosophie der Militärakademie der NVA in Dresden traten mit ihren bereits Jahre zuvor zusammen mit zivilen Wissenschaftlern entwickelten Thesen für eine Strategie der gemeinsamen Sicherheit in Europa anstelle der Strategie der gegenseitigen Abschreckung an die Öffentlichkeit. Ferner erarbeiteten sie Grundlinien für ein realistisches Verständnis der Gegnerschaft zwischen der Warschauer Vertragsorganisation und der NATO, der NVA und der Bundeswehr, die jedoch von der Politischen Hauptverwaltung verboten wurden. Tatsächlich wurde das Klima in den Einheiten „durch ein neues Selbstverständnis der Armeeangehörigen und Grenzsoldaten" bestimmt, wie es in einer internen Meinungsumfrage vom November 1989 hieß. „Neueinberufene bringen demokratisches Bewußtsein aus den Oktoberereignissen direkt in die Kasernen ein; aber auch ältere Genossen traten mit neuem Selbstbewußtsein auf"[25], so hieß es weiter. Dieser Aufbruch zur Demokratie an der Basis der NVA ist umso höher zu bewerten, als er unter den Bedingungen des zwar bereits angeschlagenen, aber noch bestehenden Macht- und Unterdrückungsapparates in Gestalt der Militärjustiz, des MfS, der SED-Organe sowie der militärischen Befehls- und Disziplinargewalt errungen wurde und damit eklatant gegen das Dogma des „unbedingten Gehorsams" verstieß. Nicht allein individuell, sondern auch kollektiv vertraten Untergebene in den Truppenteilen und Einheiten offen und couragiert ihre Interessen. Andere verließen die NVA und die DDR, indem sie vor allem ab dem Spätsommer über Ungarn in den Westen fahnenflüchtig wurden.

Die Maueröffnung leitete dann eine neue Etappe im Wandlungsprozess der DDR-Volksarmee ein. Unter dem Druck von außen und von unten kam es nunmehr auch in der Armeeführung – erstmalig in der Geschichte der NVA – zu offenen Auseinandersetzungen. Einige Generale und Offiziere, so Generaloberst Joachim Goldbach, Generalleutnant Manfred Grätz und Generalleutnant Hans Süß, forderten mit aller Entschiedenheit den Rücktritt des seit 1985 im Amt befindlichen DDR-Verteidigungsministers Armeegene-

---

25   BArch, AZN Strausberg, P-3016, Bl. 350, Bericht über eine Meinungsumfrage unter Angehörigen der 7. Panzerdivision der NVA und Einheiten der Grenztruppen der DDR, November 1989.

ral Heinz Keßler und zwei seiner wichtigsten Stellvertreter, die als Vertreter des „alten" SED-Regimes unhaltbar schienen[26]. Auch in anderen Führungsebenen der Streitkräfte kam es zur Nichtausführung oder Verweigerung von Befehlen. So missachtete der Chef der Volksmarine, Vizeadmiral Theodor Hoffmann, den Befehl von Minister Keßler, die Grenzbrigade Küste in volle Gefechtsbereitschaft zu versetzen[27]. In einer Dienstbesprechung beim Chef des Stabes der Volksmarine erklärten Kommandeure der direkt unterstellten Dienststellen, ihre Truppen nicht nach „innen" einsetzen zu wollen. Der Chef des Militärbezirkes Leipzig hob von sich aus den Befehl zur Bildung von NVA-Hundertschaften auf, die zeitweilig für einen „inneren Einsatz" der Streitkräfte vorgesehen waren. An der Basis wurden zudem Forderungen zur Veränderung des gesamten Wehrsystems immer stärker.

Mitte November 1989 strich die Volkskammer die führende Rolle der SED aus der Verfassung. Damit verlor die Partei formal ihre Verfügungsgewalt über die Streitkräfte. Die neue Regierung unter Ministerpräsident Hans Modrow, vormals SED-Bezirkssekretär in Dresden, sollte in der Folge die Erneuerung der DDR zu einem „besseren Sozialismus", wie es hieß, auf den Weg bringen. Der neue Verteidigungsminister Admiral Theodor Hoffmann leitete unverzüglich eine Militärreform „von oben" ein, deren Ziel durchaus der partielle Bruch mit dem bisherigen System war, die aber viele Probleme oftmals noch zu zögerlich anpackte und nicht immer die teilweise notwendigen radikalen Lösungen anbot. So wurden erst im Februar 1990 die Auflösung der Politorgane und der Parteiorganisationen der SED in den Streitkräften durch Ministerbefehl unwiderruflich fixiert. Rascher und erfolgreicher waren dagegen solche Maßnahmen wie die Beratungen zu einem neuen Wehrdienstgesetz und zu den Richtlinien für einen bisher in der DDR nicht vorhandenen Zivildienst sowie die Diskussion der „Militärpolitischen Leitsätze" an „Runden Tischen". Völlig neu waren auch die Bildung von Interessenvertretungen der Soldaten und Unteroffiziere in den Einheiten sowie ei-

---

26 Glaser: „…auf die ‚andere' Seite übergehen", S. 25; Ehlert: Zwischen Mauerfall und Volkskammerwahl, S. 437 f.

27 Glaser: „…auf die ‚andere' Seite übergehen", S. 54.

nes Verbandes der Berufssoldaten. In vielen Fällen nahm man sich in der NVA die Bundeswehr zum Vorbild und orientierte sich an deren Maßstäben.

Die Veränderungen in der NVA zeigten aber auch eine andere Seite. In der Truppe, bei den Soldaten und Unterführern, konnten Zweifel an der Militärreform und an dem echten Willen der zu Teilen immer noch alten Führung zu einem tiefen Wandel in der NVA nicht ausgeräumt werden. Diese Zweifel und eine damit verbundene große Unzufriedenheit äußerten sich in sehr verschiedenen, teilweise auch radikalen Formen. Zu letzteren gehörte fraglos der „Beelitzer Soldatenstreik", der an der Jahreswende 1989/90 weit über die Grenzen der NVA bekannt wurde. Im Namen von über 300 Soldaten brachten dort Vertreter eines Soldatenrates und des Verbandes der Berufssoldaten ihre Forderungen zu Papier. Darin verlangten sie unter anderem, dass die Demokratie auch vor den Kasernentoren nicht halt machen dürfe[28]. Der Drang zur weiteren Demokratisierung der Armee blieb auch nach dem Jahreswechsel vor allem auf Grund des Drucks der Basis weiter bestehen. Unter anderem aus „soldatischer Verantwortung" heraus wandten sich im Februar 1990 drei hochrangige NVA-Offiziere an den Bundesminister der Verteidigung und sprachen sich für eine geordnete Auflösung der NVA mit Hilfe der Bundeswehr aus. Alle drei wurden umgehend aus der NVA entlassen, obwohl sich der Wunsch zur Wiederherstellung der deutschen Einheit auch in der DDR-Armee immer stärker Bahn brach. Mitte März erschien ein Bericht über Fälle von Amtsmissbrauch, Korruption und persönlicher Bereicherung in der Armee und warf damit nochmals ein Schlaglicht auf ein dunkles Kapitel der langjährigen Parteiarmee. Letztlich galten bis zum Frühjahr 1990 in der Armee „jene Strukturen und Organisationsformen als aufgelöst, die über Jahrzehnte hinweg für die politische Überwachung, Disziplinierung, Verfolgung und Unterdrückung von Armeeangehörigen und Zivilbeschäftigten mitverantwortlich waren. Damit waren wichtige Säulen des bisherigen rigiden inneren Repressionssystems in der NVA gestürzt und der Weg zu einer neuen inneren Ordnung und wirklichen Demokratisierung der Streitkräfte geebnet. Dies war zweifellos als ein bedeutenden Erfolg der Soldaten aller Dienstgradgruppen zu werten, die sich enga-

---

28 Heider, Militärreform in der DDR, S. 393.

giert und gegen Widerstände manch ehemaliger Funktionsträger für den grundlegenden Kurswechsel in der Armee eingesetzt und diesen auch durchgesetzt hatten"[29].

Aus den Volkskammerwahlen vom 18. März 1990 ging erstmals in der DDR-Geschichte eine demokratisch legitimierte Regierung hervor. Ein ehemaliger Bausoldat wurde „Minister für Abrüstung und Verteidigung". Der demokratische Reformprozess im Innern der Streitkräfte setzte sich fort. Wichtigste Aufgabe der Armee wurde es nunmehr, sich geordnet in den Einigungsprozess einzubringen und diese Entwicklung diszipliniert zu begleiten. Auch hier zeigten sich die Angehörigen der NVA, vor allem das Offizierkorps, den Herausforderungen gewachsen. „Trotz erheblicher Unzufriedenheit blieb die Volksarmee diszipliniert und ruhig. Selbst als klar geworden war, dass es für die meisten Offiziere keine Perspektive gab, setzten sie ihren Dienst loyal fort und sorgten dafür, dass die enormen Mengen an Ausrüstung gesammelt und vor Diebstahl oder Unterschlagung gesichert wurden."[30] Am 3. Oktober 1990 „erbte" die Bundeswehr rund 90.000 ehemalige NVA-Angehörige, davon waren etwa 51.000 Berufs- oder Zeitsoldaten. Nicht wenige von ihnen haben dann „für Monate, Jahre oder auf Dauer bei dem Aufbau der ‚Armee der Einheit' geholfen"[31].

Resümierend bleibt für die Zeit 1989/90, in der der Kalte Krieg zu Ende ging und die Verbündeten der UdSSR sich von ihrer Führungsmacht trennten, festzuhalten, dass sich die DDR nach einer friedlichen Revolution auf dem Weg zu einem demokratischen Staatswesen befand. Daran hatte die NVA Anteil, indem sie sich letztlich nicht mehr von der auf den eigenen Machterhalt und gegen das Volk gerichteten Politik der SED missbrauchen ließ, ihre Waffen unter Verschluss hielt und eine demokratische Militärreform einleitete. Im Prozess der Wiederherstellung der Einheit Deutschlands übernahm sie darüber hinaus eine aktive und sichernde Rolle.

---

29 Ehlert, Zwischen Mauerfall und Volkskammerwahl, S. 455 f.
30 Heinemann, Die DDR und ihr Militär, S. 62.
31 Kirchbach, Mit Herz und Hand, S. 273.

Dieser Befund über die DDR-Volksarmee 1989/90 kann mit einer Grundforderung der Richtlinien der Bundeswehr von 1982 in Übereinstimmung gebracht werden, denn die Angehörigen der NVA hatten damals im weitem Maße „über die militärische Bewährung hinaus an politischen Erneuerungen" teil, die „zur Entstehung einer mündigen Bürgerschaft beigetragen und den Weg für ein freiheitliches, republikanisches und demokratisches Deutschland gewiesen haben."[32] Dabei zeigten sich solche Einstellungen und Verhaltensweisen von Soldaten wie der Wille zum Frieden, ein kritisches Bekenntnis zur deutschen Geschichte, politisches Mitdenken und Mitverantworten, Liebe zur Heimat sowie treue Pflichterfüllung im Alltag und Kameradschaft, auf die in der Traditionspflege der Bundeswehr besonderer Wert gelegt wurde und wird[33]. Insofern kann die vom Bundesminister der Verteidigung in Dresden gestellte Frage positiv beantwortet werden: In der NVA-Geschichte von 1989/90 sind durchaus Traditionswerte für die Bundeswehr zu finden.

---

[32] Richtlinien 1982, Ziffer 16.

[33] Ebd., Ziffer 17.

TRADITION UND NEUAUSRICHTUNG DER BUNDESWEHR

Frank Hagemann

> „Es gibt nicht nur eine Tradition. In der Geschichte stehen stets verschiedene Haltungen gegeneinander, die auch zu widersprechenden Folgerungen im praktischen Leben führen können. Deshalb liefert die Tradition keine Rezepte, die zwangsläufig zum gleichgerichteten Denken und Handeln verpflichten."
> – Wolf Graf von Baudissin

1. Einleitung

Traditionspflege und Traditionsverständnis der Bundeswehr sind seit jeher ein strittiges Thema, das Bundeswehr und Öffentlichkeit beschäftigt. Seine Zuspitzung erhält dieses Thema durch unterschiedliche politische und weltanschauliche Einstellungen zur Tradition. Die Suche nach dem „gültigen Erbe" der Bundeswehr und „guten Traditionen" für unsere Soldaten war dabei stets eng verknüpft mit der übergreifenden gesellschaftlichen Auseinandersetzung über den Nationalsozialismus und das Dritte Reich. In dieser Diskussion wird bis heute der Umgang der Bundeswehr mit der Wehrmacht als ein neuralgischer Punkt betrachtet[1].

Vor diesem Hintergrund erstaunt es nicht, dass nach Feststellung von Rudolf Augstein aus dem Jahr 1959 „das sogenannte Traditionsproblem in der Bundeswehr […] zu jedem Zeitpunkt einer Behandlung in der Öffentlichkeit"[2] bedarf. Das Diktum des langjährigen SPIEGEL-Herausgebers bestimmt noch heute den Umgang von Medien und Politik mit diesem Thema.

---

[1] Abenheim, Bundeswehr und Tradition; de Libero, Tradition in Zeiten der Transformation.

[2] Zit. nach Harder/Wiggershaus, Tradition und Reform, S. 47.

Der Streit über die „Traditionsfrage" der Bundeswehr stellte zeitweise sogar außen- und sicherheitspolitische Debatten in der Bundesrepublik in den Schatten. In mancher Hinsicht gleicht dieses Thema einem politischen „Minenfeld". Traditionspflege wurde und wird daher in der Truppe häufig eher als Last empfunden, denn mit Lust betrieben[3].

Absicht dieses Beitrages ist es, Anregungen zur Weiterentwicklung der Traditionspflege in der Bundeswehr zu geben. Nach einer knappen Bestandsaufnahme zu Traditionsverständnis und Traditionspflege in der Bundeswehr werden zunächst Ziele und Grundlagen der Traditionspflege hinterfragt, um anschließend Möglichkeiten und neue Themenfelder der Traditionsbildung aufzeigen zu können. Hierbei wird auch der Frage nachzugehen sein, ob das Traditionsverständnis der Bundeswehr noch zeitgemäß ist und den zukünftigen Anforderungen an die Bundeswehr gerecht wird. Im Ergebnis ist festzuhalten: Die Bundeswehr braucht kein neues Traditionsverständnis. Sie braucht vielmehr neue Impulse für die zeit- und auftragsgemäße Gestaltung der militärischen Traditionspflege auf allen Ebenen. Dieser Beitrag soll Anregungen hierzu liefern.

2. Traditionen der Bundeswehr: Eine Bestandsaufnahme

In der Bundeswehr sind nach und nach, begleitet von kontroversen Diskussionen, insgesamt drei große Traditionslinien gewachsen. Der Bezug auf die preußischen Reformen, den Widerstand gegen Hitler und das NS-Regime sowie die eigenen Traditionen der Bundeswehr sind in den Streitkräften seit vielen Jahren fest etabliert. Diese drei Traditionslinien werden auch zukünftig ihre Bedeutung für die Bundeswehr behalten[4]. In den vergangenen 15 Jahren wurde und wird in diesem Zusammenhang jedoch häufig verkürzend von *den* drei Säulen des Traditionsverständnisses der Bundeswehr gesprochen[5]. Kritik

---

3   ebd., S. 47-50.

4   Schreiner, Das aktuelle Traditionsverständnis.

5   De Libero, Tradition in Zeiten der Transformation, S. 48-50.

an dieser „Trilogie" der Bundeswehrtradition ist berechtigt; sie wurde in den vergangenen Jahren bereits von unterschiedlichen Seiten formuliert[6].

So wichtig die drei genannten Traditionslinien auch sind, die Traditionspflege der Bundeswehr sollte sich nicht darin erschöpfen, am Gewachsenen lediglich festzuhalten. Mitunter scheint jedoch – innerhalb wie außerhalb der Bundeswehr – der Eindruck vorzuherrschen, dass eine Weiterentwicklung der Traditionspflege mit dem geltenden Traditionserlass nicht vereinbar sei. Insbesondere das oben skizzierte „Drei-Säulen-Modell" hat zu dieser Wahrnehmung beigetragen. Öffentliche Anfragen und Medienberichte vermitteln zudem teilweise den Eindruck, Traditionspflege in der Bundeswehr sei im Kern eine Angelegenheit des Bundesministers der Verteidigung – und nicht der zuständigen Stellen vor Ort. Dies verstärkt die Wahrnehmung, militärische Traditionspflege werde eher „von oben" verordnet als in der Truppe „gelebt".[7]

Im Ergebnis führt dies heute oftmals zu einer unnötigen Verengung der Traditionspflege in der Truppe. Richtig ist, dass das Traditionsverständnis der Bundeswehr auch durch einen expliziten „Traditionsbruch" bestimmt wird: Die Wehrmacht als Institution kann Traditionen für die Bundeswehr nicht begründen.[8] Dessen ungeachtet wird das Traditionsverständnis der Bundeswehr insgesamt durch Gebote und nicht durch Verbote geprägt. Der Traditionserlass lässt der Truppe in dieser Hinsicht große Freiräume.

Die Kommandeure und Einheitsführer sind für die Gestaltung der Traditionspflege verantwortlich. Sie sind gerade nicht an einen strengen Traditionskanon gebunden, der im Detail vorschreibt, was zu tun und zu lassen ist. Die Truppe kann vielmehr auf der Grundlage der geltenden Bestimmun-

---

6   Heinemann, Militär und Tradition. Siehe auch Birk, Perspektiven einer militärischen Tradition.

7   Als Beispiel sei hier auf die jüngsten Kleinen Anfragen zu dieser Thematik an die Bundesregierung verwiesen (Deutscher Bundestag, Drs 17/6015 vom 30. Mai 2011, Drs 17/5747 vom 4. Mai 2011).

8   BMVg – Fü S I 4 – ZDv 10/1 vom 28. Januar 2008, Innere Führung – Selbstverständnis und Führungskultur der Bundeswehr, hier: Vorbemerkung, Ziffer 5.

gen in eigenem Ermessen entscheiden, was vor Ort möglich und machbar ist. Hierbei ist insbesondere zu berücksichtigen, dass eine strikt „von oben" verordnete Traditionspflege nicht dem Traditionserlass entspräche[9]. Ein solches Verständnis wäre auch nicht mit den Grundlagen der Inneren Führung und dem Leitbild vom Staatsbürger in Uniform vereinbar. Die Soldatinnen und Soldaten sollen aus gutem Grund an der Gestaltung der Traditionspflege in der Bundeswehr beteiligt sein. Gerade deshalb ist es bedauerlich, wenn das Traditionsverständnis der Bundeswehr auf einen Kanon verengt wird und nicht, wie es seinerzeit Oberst Wolf Graf von Baudissin vorgeschlagen hat, als ein „Bündel von Haltungen" aufgefasst wird, das Orientierung erlaubt[10].

3. Ziele und Grundlagen der Traditionspflege

Traditionspflege ist in der Bundeswehr seit jeher Teil der Inneren Führung. Baudissins Vorschlag rückt in den Blick, was in der Bundeswehr mit Traditionsbildung und Traditionspflege im Wesentlichen erreicht werden soll: „Tradition schafft Gemeinsamkeit des Lebensgefühls und der Wertvorstellungen; sie gibt dem einzelnen Halt und dem ganzen Verlässlichkeit[11]." Sie dient unmittelbar der Identitätsbildung der Bundeswehr und der Ausprägung eines zeit- und auftragsgemäßen soldatischen Selbstverständnisses. Traditionspflege leistet damit einen Beitrag zur Ausbildung und Erziehung der Soldaten im Sinne des Leitbildes vom Staatsbürger in Uniform.

Der Traditionserlass aus dem Jahr 1982 folgt diesem Verständnis. Dem entsprechend wird dort kein Kanon „heiliger" Traditionen ausbuchstabiert, der unhinterfragt von den Soldaten der Bundeswehr zu pflegen ist. So ist es auch zu verstehen, dass die preußischen Reformen und der militärische Widerstand gegen das NS-Regime im Erlass nicht konkret als große Traditionslinien der Bundeswehr benannt werden. Der Traditionserlass entspricht den Vorgaben der Inneren Führung, wenn im Wesentlichen Grundsätze zum

---

9	Richtlinien zum Traditionsverständnis und zur Traditionspflege in der Bundeswehr. BMVg – Fü S I 3 – Az. 35-08-07 vom 20. September 1982 – siehe Anhang.
10	Naumann, Negative Traditionen und doppelter Blick, S. 51.
11	Baudissin, Soldat für den Frieden, S. 80.

Traditionsverständnis festgeschrieben werden. Konkrete inhaltliche Vorgaben (z.B. der Traditionsbruch zum Dritten Reich) werden dort gemacht, wo sie zwingend erforderlich erscheinen. Ansonsten gilt „die Freiheit der Entscheidung in Traditionsangelegenheiten […] innerhalb des Rahmens von Grundgesetz und Soldatengesetz"[12].

Der Verweis auf Grundgesetz und Soldatengesetz ist in diesem Zusammenhang von zentraler Bedeutung. Wenn sich das gesamte militärische Handeln an den Werten und Normen des Grundgesetzes, an dem verfassungsmäßigen Auftrag der Streitkräfte und an den im Soldatengesetz festgelegten Soldatenpflichten zu orientieren hat, dann muss dies auch die Grundlage für das Traditionsverständnis der Bundeswehr sein. Zugleich ist zu berücksichtigen, dass Werthaltungen dem gesellschaftlichen Wandel unterliegen. Der Umgang der Bundeswehr mit dem Erbe der Wehrmacht von den 1950er Jahren bis heute ist ein anschauliches Beispiel für die Wirksamkeit dieses Wandels.[13] Die Traditionen der Bundeswehr sind dem entsprechend nicht in Stein gemeißelt. Sie sind vielmehr Ergebnis eines in die Gesellschaft eingebetteten Lernprozesses.

Vor diesem Hintergrund ist es heute offenkundig, dass die Bundeswehr selbst ihr bester Traditionsgeber ist. Preußische Reformen, militärischer Widerstand und einige weitere militärische Leistungen bieten für die Zeit vor 1945 einzelne Anknüpfungspunkte für die Traditionspflege der Bundeswehr. Im Vergleich dazu bietet die bald sechzigjährige Geschichte der Bundeswehr eine große Bandbreite an möglichen Traditionslinien, deren Potenzial bislang in der Bundeswehr nur teilweise genutzt wird. Bis heute werden z.B. unter den Eigentraditionen der Bundeswehr immer wieder die Innere Führung und das Leitbild vom Staatsbürger in Uniform hervorgehoben.[14] Andere wichtige bundeswehreigene Traditionslinien bleiben dagegen im Hintergrund. Auch

---

12	Traditionserlass, Ziffer 4.
13	Abenheim: Bundeswehr und Tradition, S. 290-297; de Libero: Tradition in Zeiten der Transformation, S. 24-46.
14	Naumann, Negative Traditionen und doppelter Blick, S. 53-55.

dies erscheint als eine unnötige Engführung, die sich nicht aus dem Traditionserlass und dem Traditionsverständnis der Bundeswehr ableiten lässt.

Wenn aber die Bundeswehr selbst heute ihr reichhaltigster Traditionsgeber ist, dann ist das Bild eines dreifaltigen Kanons aus Reform, Widerstand und Innerer Führung auch aus diesem Grund nicht mehr zeitgemäß. So wichtig Scharnhorst, Stauffenberg und Baudissin für die Traditionspflege der Bundeswehr sind; die Bedeutung des ehemaligen Generalinspekteurs der Bundeswehr Ulrich de Maizière für die militärische Traditionsbildung lässt sich nicht auf dessen Rolle als einen der „Väter der Inneren Führung" reduzieren[15]. Gerade an diesem Beispiel kann deutlich werden, dass die vielfältigen Eigentraditionen der Bundeswehr weit mehr Potenzial bieten als das oben genannte Drei-Säulen-Modell vermuten lässt. Um im Bild zu bleiben: Die Eigentraditionen der Bundeswehr geben genug Raum für eine vierte, fünfte, sechste oder auch siebte Traditionslinie.

Am Beispiel des für eine naive „Heldenverehrung" denkbar ungeeigneten Ulrich de Maizière lässt sich noch etwas verdeutlichen: Die Kraft eines reflexiven Traditionsverständnisses, das sich, wie der Historiker Klaus Naumann vor einigen Jahren feststellte, „über die Vieldeutigkeit und Kontextabhängigkeit der historisch-politischen Bewertungen von Traditionsbeständen Rechenschaft ablegt"[16]. Naumann selbst weist dabei zu Recht darauf hin, dass die Grundlage eines reflexiven Traditionsverständnisses als eine im Sinne Baudissins kritische Haltung zu Gegenwarts- und Geschichtsfragen aufzufassen ist. Schon aufgrund dieses Personenbezuges kann es kaum verwundern, dass ein solches Traditionsverständnis bereits im geltenden Traditionserlass angelegt ist[17]. Es wäre auch deshalb zu begrüßen, wenn dieser kritisch-

---

15 Zimmermann, Ulrich de Maizière.

16 Naumann, Negative Traditionen und doppelter Blick, S. 55.

17 Tradition bildet sich „in einem Prozess wertorientierter Auseinandersetzung". Als weitere Stichworte im Traditionserlass seien an dieser Stelle „kritisches Bekenntnis", „politisches Mitdenken" und „Mitverantworten" genannt. Traditionserlass, Ziffern 1-7 sowie 12-18.

abwägende Ansatz in der praktischen Gestaltung der Traditionspflege in der Bundeswehr zukünftig eine noch größere Rolle spielen würde.

4. Möglichkeiten und Handlungsfelder

Vor diesem Hintergrund stellt sich die Frage, wie die Traditionspflege in der Bundeswehr zeit- und auftragsgemäß weiterentwickelt und gestaltet werden kann. Hier lohnt zunächst ein Blick auf die Neuausrichtung der Bundeswehr, die Auftrag, Strukturen und Fähigkeitsprofil der Streitkräfte betrifft. Die Bundeswehr hat, wie die Verteidigungspolitischen Richtlinien des Bundesministers der Verteidigung vom 27. Mai 2011 festlegen, „in ihrem Selbstverständnis, ihrer Struktur und Organisation, ihrem Umfang, ihren Fähigkeiten und ihrer Ausrüstung den sich wandelnden Zielen und Interessen der Sicherheitspolitik"[18] zu folgen. Die Aussetzung der Wehrpflicht wird deshalb ebenso wie die Forderung nach mehr Einsatzorientierung, multinationaler Zusammenarbeit und interkultureller Kompetenz Einfluss auf Identitätsbildung und Selbstverständnis der Bundeswehr haben.

In den Zeiten des Kalten Krieges galt in der Bundeswehr noch das Motto „Kämpfen können, um nicht kämpfen zu müssen". In den vergangenen 20 Jahren jedoch, spätestens mit dem Einsatz der Bundeswehr in Afghanistan, ist diese Devise hinfällig geworden. Heute gehört es wieder zu den Besonderheiten des soldatischen Dienstes, dass der Einsatz mit Kampf – und das heißt mit Gefahr für Leib und Leben – verbunden sein kann. Das veränderte Anforderungsprofil an die Soldaten der Bundeswehr wird in den Verteidigungspolitischen Richtlinien des Bundesministers der Verteidigung vom 27. Mai 2011 klar umrissen:

„Vom Soldaten wird verlangt, den übertragenen Auftrag tapfer und unter Einsatz seines Lebens im Kampf durchzusetzen. Der Soldat muss in der Lage sein, zu schützen, zu helfen und zu vermitteln. In den Krisen- und Konfliktszenarien der Zukunft werden dabei hohe Anforderungen an die

---

[18] Verteidigungspolitische Richtlinien des Bundesministers der Verteidigung vom 27. Mai 2011, S. 10.

soziale und interkulturelle Kompetenz gestellt. Führung, Ausbildung und Erziehung der Soldaten sind konsequent darauf auszurichten"[19].

Wenn dies für Ausbildung und Erziehung in der Bundeswehr gilt, dann muss dies auch eine Prämisse für die Weiterentwicklung und Gestaltung der militärischen Traditionspflege sein. Diese Orientierung der Traditionspflege an den Anforderungen des Einsatzes ist der Inneren Führung im Übrigen nicht fremd. Die vier Ziele der Inneren Führung – Legitimation von Streitkräften, Integration in Staat und Gesellschaft, Motivation der Soldaten und Gestaltung der inneren Ordnung – dienen direkt oder indirekt der Einsatzbereitschaft der Bundeswehr[20]. Baudissin stellte seinerzeit in diesem Zusammenhang die Frage, wie es möglich sei, die Bundeswehr „zu einem Instrument höchster Schlagkraft zu machen"[21].

Greift man diese Forderungen auf, dann ergeben sich eine Reihe von Impulsen für die Traditionspflege der Bundeswehr. Der Bezug auf die preußischen Reformen und den militärischen Widerstand behält dabei ebenso seine Bedeutung wie die bereits fest etablierte Tradition der Inneren Führung und des Staatsbürgers in Uniform. Neben diesen drei Traditionslinien könnten weitere treten, die ganz im Sinne der Inneren Führung als Angebote für eine vielfältigere Gestaltung der Traditionspflege in der Truppe verstanden werden. Um hier noch einmal Baudissin zu zitieren:

„Es ist unmöglich, *die* Tradition für sich zu pachten und sie dem anderen abzusprechen. Gerade wenn wir uns zu einem bestimmten Erbe entschlossen haben, können wir ruhig zusehen, wie andere Gemeinschaften, Truppen oder Verbände andere Linien für sich beanspruchen[22]."

---

[19] Verteidigungspolitische Richtlinien des Bundesministers der Verteidigung vom 27. Mai 2011, S. 20.

[20] ZDv 10/1 Innere Führung, Ziffer 401.

[21] Baudissin, Wolf Graf von: Situation und Leitbild des Soldaten (Vortragsmanuskript), Bibliothek des Bundesministeriums der Verteidigung (F 292/35), S. 2.

[22] Baudissin: Soldat für den Frieden, S. 83.

Lebendig gestalten lässt sich militärische Traditionspflege vor allem dann, wenn der Auftrag der Truppe zum Ausgangspunkt der Betrachtung gemacht wird. Aus dieser Perspektive lassen sich unterschiedliche Traditionsangebote entwickeln, die bereits heute im Traditionsverständnis der Bundeswehr angelegt sind, jedoch aufgrund der Fixierung auf das Drei-Säulen-Modell in der praktischen Gestaltung der militärischen Traditionspflege bislang eine untergeordnete Rolle spielen. Die nachfolgenden Vorschläge erheben nicht den Anspruch auf Vollständigkeit. Sie stellen lediglich ein Angebot zur Diskussion dar:

1. Die Tradition der Bewährung im Einsatz: Seit fast 20 Jahren beteiligt sich die Bundeswehr an internationalen Einsätzen zur Bewahrung oder Wiederherstellung des Friedens. Sie hat sich in den Einsätzen bewährt. Die aus dem Soldatengesetz abgeleiteten militärischen Tugenden – Treue, Tapferkeit, Gehorsam, Kameradschaft, Wahrhaftigkeit, Verschwiegenheit und Fürsorge – werden im Einsatz von vielen Soldaten vorgelebt und erlebt[23]. Auch der Umgang mit Tod und Verwundung ist in diesem Zusammenhang zu nennen. Die Traditionswürdigkeit von Einsätzen der Bundeswehr zur Bewahrung oder Wiederherstellung des Friedens ist unabhängig von Jahresfristen. Truppenteile der Bundeswehr können daher unmittelbar nach Rückkehr in die Heimat die Leistungen, Erfahrungen und Erlebnisse im Einsatz für die Traditionspflege ihrer Verbände nutzen. Das Andenken an Gefallene kann in diesem Zusammenhang ebenfalls gewahrt werden. Die Leistungen der Truppe im Einsatz erscheinen besonders geeignet, um den Soldaten ein zeitgemäßes berufliches Selbstverständnis zu vermitteln und das Zusammengehörigkeitsgefühl in den Einheiten zu stärken. Daher könnte auf diesem Feld in Zukunft ein Schwerpunkt in der Gestaltung der Traditionspflege auf Verbands- und Einheitsebene liegen.

2. Die Tradition des Helfens: In Ergänzung zu ihrem Verteidigungsauftrag hat die Bundeswehr seit ihrer Aufstellung immer wieder auch Hilfeleistungen für die Zivilbevölkerung im In- und Ausland erbracht. Die Einsätze unserer Soldaten während der Sturmflutkatastrophe in Hamburg 1962, der Waldbrandkatastrophe in Niedersachsen 1975 oder der Jahrhundertflut an

---

23 Traditionserlass, Ziffer 7.

der Oder 1997 sind vielen Menschen in guter Erinnerung. Daneben leistet die Bundeswehr seit Jahrzehnten humanitäre Hilfe im Ausland. Dies geschieht nicht nur in Katastrophenfällen, sondern auch im Zusammenhang mit internationalen Friedensmissionen. Hilfsprojekte von Soldaten, wie z.B. „Lachen Helfen e.V.", sind hier ebenfalls zu nennen. Das hohe Ansehen, das die Bundeswehr heute in der Gesellschaft genießt, beruht zu einem wesentlichen Teil auf den Leistungen unserer Soldaten als Helfer in Krisen- und Katastrophenlagen[24]. Die Bundeswehr kann auf ihre Tradition des Helfens stolz sein[25]. In der Gestaltung der Traditionspflege spielt diese dennoch bislang leider nur eine untergeordnete Rolle.

3. Die Tradition des Führens mit Auftrag: Das „Führen mit Auftrag" wurde unter Generalfeldmarschall Helmuth von Moltke in Preußen eingeführt und in den folgenden Jahrzehnten im preußisch-deutschen Heer weiterentwickelt. Es ist somit weit älter als die Bundeswehr. Die Anwendung des Prinzips „Führen mit Auftrag" gehört dessen ungeachtet seit jeher zur Inneren Führung. Vorgesetzte in der Bundeswehr sollen vorrangig von dieser Führungsform Gebrauch machen, weil die Auftragstaktik dem Bild vom Staatsbürger in Uniform am besten entspricht. Auf diesem Wege wird den Soldaten bei der Erreichung eines Ziels Mitverantwortung übertragen und Mitgestaltung ermöglicht[26]. Die Pflege dieser Tradition ist nicht allein eine Frage von Ausbildung und Erziehung; sie kann zugleich Innere Führung im täglichen Dienst für die Soldaten erlebbar machen.

4. Die Tradition der multinationalen Zusammenarbeit: Die enge Zusammenarbeit mit verbündeten Streitkräften in NATO und Europäischer Union hat dazu geführt, dass viele Truppenteile und Verbände der Bundeswehr über einen langen Zeitraum Erfahrungen mit alliierten Partnern gesammelt haben. Dabei sind oft auch intensive Patenschaftsbeziehungen mit

---

[24] Sozialwissenschaftliches Institut der Bundeswehr (Hg.): Bevölkerungsbefragung 2009. Sicherheits- und verteidigungspolitisches Meinungsklima in Deutschland. Kurzbericht, Strausberg 2009.

[25] Traditionserlass, Ziffern 18 und 20.

[26] ZDv 10/1 Innere Führung, Ziffern 316, 403 und 612.

Truppenteilen unserer Verbündeten, einschließlich enger persönlicher oder familiärer Kontakte, entstanden. Die Bindung der Mitgliedsstaaten von NATO und EU an die gemeinsame Werteordnung und das kollektive Eintreten für Frieden, Freiheit, Rechtsstaatlichkeit und Demokratie begründen die Traditionswürdigkeit dieser multinationalen Zusammenarbeit[27]. Die Traditionspflege der Bundeswehr könnte in Zukunft die Möglichkeit bieten, gemeinsame Erlebnisse mit alliierten Partnern wach zu halten und das Gefühl der Zusammengehörigkeit über nationale Grenzen hinweg zu stärken.

5. Die Tradition des Dienens: Zu den Traditionen der Bundeswehr gehört auch – um nochmals Baudissin zu zitieren – „eine Überlieferung des Dienens, nicht des Herrschens"[28]. Dies ist Kernbestand des soldatischen Selbstverständnisses in der Bundeswehr. Dass dieser Dienst an die Werteordnung des Grundgesetzes gebunden ist, wird durch Eid und Feierliches Gelöbnis unserer Soldaten zum Ausdruck gebracht.[29] Mit dem Übergang zur Freiwilligkeit gilt nunmehr für alle Soldaten, dass diese mit ihrem Eintritt in die Bundeswehr eine bewusste Entscheidung treffen, unserem Land und seiner Werteordnung zu dienen. Gleiches gilt im Übrigen für die Zivilbeschäftigten der Bundeswehr. Es ist schon deshalb bedauerlich, wenn das „treue Dienen" heute in unserer Traditionspflege so wenig Widerhall findet.[30] Hier wäre weit mehr möglich.

5. Schlussbemerkung

Das Traditionsverständnis der Bundeswehr kennt keinen festgefügten Traditionskanon. Es ist offen für Veränderungen und bietet Raum für unter-

---

27	Traditionserlass, Ziffer 20.
28	Baudissin: Soldat für den Frieden, S. 83.
29	Die Eid-/Gelöbnisformel lautet: „Ich schwöre/gelobe, der Bundesrepublik Deutschland treu zu dienen und das Recht und die Freiheit des deutschen Volkes tapfer zu verteidigen."
30	Ein positives Beispiel sei an dieser Stelle jedoch genannt. Das Motto der Offizierschule des Heeres in Dresden lautet: „In Freiheit dienen".

schiedliche, vielgestaltige Traditionen, die zeit- und auftragsgemäß weiterentwickelt werden können und sollen. Die gegenwärtig in der Bundeswehr gepflegten Traditionslinien sind Ergebnis eines in die Gesellschaft eingebetteten Lernprozesses. Gerade deshalb sollten die Traditionen der Bundeswehr nicht auf ein Drei-Säulen-Modell verkürzt werden, das mehr ausschließt als notwendig und weniger zulässt als möglich wäre.

Neben dem gesellschaftlichen Wandel gibt die Neuausrichtung der Bundeswehr Impulse für die Weiterentwicklung der militärischen Traditionspflege. Die Aussetzung der Wehrpflicht ist in diesem Zusammenhang ebenso zu nennen wie die Forderung nach mehr Einsatzorientierung, multinationaler Zusammenarbeit und interkultureller Kompetenz. In der Traditionspflege der Bundeswehr könnte daher der Bezug auf die preußischen Reformen, den militärischen Widerstand gegen das NS-Regime und die Innere Führung zielgerichtet um weitere wichtige Anknüpfungspunkte ergänzt werden, z.B. die Tradition der Bewährung der Bundeswehr im Einsatz, die Tradition des Helfens, die Tradition des „Führens mit Auftrag", die Tradition der multinationalen Zusammenarbeit oder die Tradition des Dienens.

Mit diesen Anknüpfungspunkten kann die Traditionspflege in der Bundeswehr zeitgemäß weiterentwickelt werden. Zugleich bietet sich mit diesen Stichworten eine Chance, durch die stärkere Einbeziehung des Auftrages der Bundeswehr die militärische Traditionspflege in der Truppe lebendiger zu gestalten. In diesem Zusammenhang kommt neben kameradschaftlichen Treffen, feierlichen Zeremonien und dem gemeinsamen Gedenken vor allem auch den Militärgeschichtlichen Sammlungen in den Truppenteilen und Verbänden eine besondere Bedeutung zu. Die Traditionen der Bundeswehr leben insbesondere von ihrer Pflege in der Truppe.

Bundeswehr und Öffentlichkeit

Rolf Clement

Als der damalige Verteidigungsminister Volker Rühe mit einer Gruppe Journalisten den gerade teilweise bezugsfertig gewordenen Bendlerblock besichtigte – hier nahm das Verteidigungsministerium seinen zweiten Dienstsitz ein –, erläuterte er mit begeistertem Unterton in der Stimme, dass sein Büro sehr nahe dem früheren Büro des Grafen Stauffenberg liege. Er beschrieb, wie im Bendlerblock der Anschlag auf Hitler geplant wurde. In seinen Schilderungen wurde das Gebäude zu einer Zentrale des militärischen Widerstands gegen das NS-Regime. Plötzlich stellte eine Journalistin die Frage, ob nicht die Tatsache, dass Stauffenbergs Büro auf diesem Flur liege, auch darauf hindeute, dass Rühe Quartier in den Räumen des früheren OKH, des Oberkommandos des Heeres, genommen habe, also in einem Flur, in dem auch der Krieg aktiv geplant und befohlen wurde. Der Minister wurde etwas verlegen, aber er konnte nicht umhin als auch dies zu bestätigen. Das zeigt, wie schwer es ist, die Geschichte des deutschen Militärs so zu filtern, dass traditionswerte Elemente zweifelsfrei herausgegriffen werden.

Die Tradition der Bundeswehr umfasst das, was aus der Geschichte erhaltenswert ist – in diesem Fall das ethisch verantwortliche Handeln des Grafen Stauffenberg. Es sollte auch Handlungsanleitung für die aktive Generation sein. Werte wie Zivilcourage, Eintreten für einen demokratischen Rechtsstaat, für die Einhaltung der Menschenrechte, für die Kameraden in den Streitkräften – das sind alles Formeln, die gut und richtig sind, die aber mit Leben ausgefüllt werden müssen.

Wie kann dies deutlich und öffentlich gezeigt werden?

Bisher war einer der Anlässe, an denen die Bundeswehr sich mit ihrer Tradition in der Öffentlichkeit präsentiert hat, das feierliche Gelöbnis der Grundwehrdienstleistenden. Die Gelöbnisfeiern verbanden mehrere Elemente: Die feierlichen Gelöbnisse von Grundwehrdienstleistenden waren zum einen Ausdruck der Einbindung der Bundeswehr in die Gesellschaft – in doppelter Hinsicht: Die Grundwehrdienstleistenden stellten die Verbindung zur Gesellschaft dar, brachten die neuen gesellschaftlichen Entwicklungen in die Armee.

Zudem legten sie ihr Gelöbnis öffentlich ab, also auch vor und in der Gesellschaft. Es war ein wichtiges Element in dem nicht immer einfachen Verhältnis zwischen Bundeswehr und Gesellschaft. Weiter präsentierte sich die Bundeswehr mit einem Zeremoniell, das zwar militärisch klar, aber doch zurückhaltend war, so dass es die Gesellschaft – von einigen Hochzeiten der „Friedensbewegung" einmal abgesehen – weitgehend akzeptiert hat.

Es ist in Deutschland, mehr als in anderen Ländern, eine Gratwanderung: Was kann, soll oder darf die Bundeswehr als die deutsche Streitkraft in der Öffentlichkeit als Ausdruck ihrer Tradition zeigen? Hierzulande gibt es nach den beiden im letzten Jahrhundert verlorenen Kriegen keine Tradition, die sich aus militärischen Erfolgen speisen kann. Erst seit 1990 entwickelte sich mit den Einsätzen der Bundeswehr eine neue Tradition, eine, bei der die Bundeswehr darauf verweisen kann, dass sie die gesteckten Ziele in aller Regel erreicht hat, jedenfalls den militärischen Teil der Auftragserfüllung. Die Ziele sind nur gänzlich andere als zu der Zeit, da die Erfolge auf einem klassischen Schlachtfeld errungen wurden.

Hinzu kommt, dass mit der Wehrmacht auf der einen und der Nationalen Volksarmee der DDR auf der anderen Seite in Deutschland Armeen politisch missbraucht wurden. Aus diesen Phasen kann keine Tradition entwickelt werden, die die Armeen als Ganzes umfasst.

Wie soll die Bundeswehr damit umgehen? Die Bundeswehr nahm jene Kräfte in der damaligen Wehrmacht in ihre Traditionspflege auf, die sich dem Widerstand angeschlossen hatten. So kommt es nicht von ungefähr, dass der zweite Dienstsitz des Verteidigungsministeriums in Berlin an der Stauffenbergstraße liegt, die nach Oberst Graf Stauffenberg benannt ist, der nach einem fehlgeschlagenen Attentatsversuch auf Adolf Hitler hingerichtet wurde. Die Person Graf Stauffenbergs ist sicher leichter Tradition stiftend als – wie beschrieben – sein Büro. Dass die Bundeswehr in Sigmaringen nun ausgerechnet eine Stauffenberg-Kaserne schließt, ist sicherlich eine Entscheidung, die diese Tradition nicht weiter fördert. Verteidigungsminister de Maizière hat auch deutlich gemacht, dass es ihm schwer gefallen sei, genau diese Kaserne dicht zu machen. Dort muss eine Form gefunden werden, wie das

Gedenken an Stauffenberg erhalten bleibt. Es muss vor dem Abzug der Bundeswehr mit der Kommune besprochen werden, wie dies geschehen kann – aus zwei Gründen: Zum einen wegen des Mannes selbst, zum anderen, weil Sigmaringen eine sehr alte Garnisonsstadt ist, eine, die die Bundeswehr immer gerne in ihren Stadtmauern hatte. Auch dies muss erhalten bleiben. Das ist regionale Traditionspflege. Vielleicht lässt sich in Sigmaringen eine Form finden, die Stadt und Bundeswehr auch über den Tag des Abzugs hinaus miteinander verbindet.

Die Frage, wie mit der Geschichte der NVA umgegangen werden kann, ist ungleich schwieriger. Diese Armee wurde aufgelöst, einige Soldaten aber in die Bundeswehr übernommen. Es gibt in Deutschland heute eine Gruppe von Menschen, die sehr genau darauf achten, wie die Institutionen, die aus der alten Bundesrepublik Bestand haben, jene Teile aus der DDR behandeln, die nicht als Ganzes bestandsfähig waren. Sie wollen sich in der „neuen" Tradition der Bundeswehr wiederfinden. Die Suche nach ähnlich Widerstand leistenden Männern und Frauen in der NVA ist bisher nicht überzeugend erfolgreich gewesen. Auch Oberstleutnant Harald Jäger, dessen Namen Minister de Maizière in die Diskussion warf, drängt sich nicht sofort auf. Jäger hat, so wird berichtet, am 9. November 1989, als die Menschen auf die Grenzübergänge zwischen der DDR und Westberlin zumarschierten, nicht den Befehl gegeben, sie mit militärischen Mitteln zurückzudrängen, sondern hat am Ende die Grenze geöffnet. In diesem Moment hat sich Jäger den Grundsätzen widersetzt, die ihm in seiner Ausbildung vermittelt worden sind. Er gehörte als Offizier der Passkontrolleinheiten zunächst einmal zu den besonders zuverlässigen Kräften des Regimes. Er kam nur in die Position, am 9. November an diesem Grenzübergang Dienst zu tun, weil er in den Jahren vorher dem Regime treu gedient hatte. Die an seinem Grenzübergang stehende Menschenmenge drängte nach Westen, weil sie die entsprechende Äußerung des Politbüro-Mitglieds Schabowski gehört hatte, dass nun die Grenze zur Bundesrepublik offen sei. Hätte er nicht so reagiert, wäre es unter Umständen gefährlich geworden für die Menschen. Hier hat er menschlich reagiert, nicht mehr als der Apparatschik einer untergehenden Diktatur. Aber reicht das aus, um ihn als ein Vorbild in die Tradition der Bundeswehr aufzunehmen?

Es kommt ein weiteres hinzu: Während der Blockkonfrontation stand die Bundeswehr in der konkreten Vorbereitung auf einen Verteidigungskrieg gegen den Warschauer Pakt. Es galt die Strategie der Abschreckung, die sich zwar wandelte, ihren Kern aber behielt. In dieser Zeit kam es wesentlich darauf an, dass die Bundeswehr kämpfen konnte, um nicht kämpfen zu müssen. Damit standen jene Fähigkeiten im Zentrum der Bundeswehrdarstellung, die sich um diesen Auftrag rankten. Dazu gehörte ein Waffenstolz, der ein breiteres Ausmaß hatte als dies heute der Fall sein kann. Dazu gehörte auch der ausgebildete Kämpfer.

Dann kam die erste Phase der Auslandseinsätze. In der öffentlichen Wahrnehmung waren Bundeswehrsoldaten Entwicklungshelfer mit Waffenausbildung. Dass die Einsätze immer auch einen militärischen Hintergrund hatten, wurde in der öffentlichen Darstellung ausgeblendet. Man wollte zunächst Akzeptanz für diese Form des Bundeswehreinsatzes schaffen. Und dann war man in diesem Fahrwasser und kam erst in den letzten Jahren, vor allem durch Ereignisse in Afghanistan, aus dieser Diskussionsebene wieder heraus.

Was also kann nun dargestellt werden als Tradition stiftend für die Bundeswehr? Kasernennamen wie der Graf Stauffenbergs sind sicherlich eine richtige Wahl. Immer wieder wird betont, die Bundeswehr stehe für die demokratischen Werte des Grundgesetzes, für Demokratie, Rechtsstaatlichkeit und Menschenrechte. Sie verteidigt ein Land, dessen Grundgesetz ein Wertesystem aufzeichnet. Somit sind Männer und Frauen, die mit Bezug auf die Bundeswehr diese Werte verkörpert haben, auch als Namensgeber und damit öffentlich wahrgenommene Träger der Tradition sehr gut geeignet. Politiker wie der frühere Verteidigungsminister Kai-Uwe von Hassel, nach dem die Kaserne in Jagel benannt ist, sind ein Beispiel dafür.

Es gehört auch in die Diskussion um die Tradition der Bundeswehr, wenn Verteidigungsminister de Maizière heute über einen Veteranentag nachdenkt. Sicherlich stößt sich manch einer in der deutschen Diskussion an dem Begriff: Veteranen – sind das nicht jene betagten Zeitgenossen, die in schwarzen Anzügen mit Orden- und Ehrenzeichen am Revers und oft schon mit Krückstöcken an bestimmten Festtagen wie dem Volkstrauertag aufmarschieren?

Dies zeigt, dass wir auch bei der öffentlichen Traditionspflege schnell in Begrifflichkeiten kommen können, die belegt, manchmal sogar belastet sind. Und schon werden gute Ideen mit solchen „Argumenten" wegdebattiert.

Tradition muss im Inneren Identität stiftend sein. Sie muss also das würdigen, was die Bundeswehr ausmacht. Diese Bundeswehr wird geprägt durch ihre Auslandseinsätze. Wenn nun ein Veteran nicht nur derjenige ist, der nach einem Einsatz aus der Bundeswehr ausgeschieden ist, sondern jeder, der einen Einsatz absolviert hat, gleichgültig, ob er noch in der Armee dient oder ins Privatleben – einen anderen Beruf oder die Pension – zurückgekehrt ist, dann hat der Begriff einen anderen Klang. Dann ist er Identität stiftend, dann dient er dazu, einen Korpsgeist derer zu entwickeln, die in den Einsätzen ihre Aufgabe erledigt haben. Diese Aufgaben haben sich auch gewandelt. Es sind keine Expeditionskorps früherer Zeiten mehr. Die Einsätze dienen der Schaffung oder Stabilisierung von Friedensordnungen. Es wird einige Zeit brauchen, bis sich dieser moderne Veteranenbegriff durchgesetzt hat, aber das darf nicht davon abhalten, diesen Begriff zu nutzen. Wenn also ein Veteranentag in diesem Sinne eingeführt wird, dann muss dies für die Bundeswehr im Inneren, aber auch für die Öffentlichkeit erkennbar sein.

Das gilt auch für Tage wie den Volkstrauertag. Im Bewusstsein vieler hat dieser Tag an Bedeutung verloren, weil das Gedenken an die Toten des Zweiten Weltkrieges immer mehr in den Hintergrund tritt, wenn die Generation der Gleichaltrigen und der direkten Nachfahren immer mehr abtritt. Nun hat die Bundeswehr wieder Gefallene zu beklagen, so dass auch dieser Tag einen aktuellen Inhalt bekommen hat. Hier sollte die Frage diskutiert werden, ob es neuere, der heutigen Gesellschaft eher entsprechende Formen gibt, diesen Tag zu begehen. Hier wäre Gestaltungsspielraum, der der Öffentlichkeit zeigt, dass die Bundeswehr heute Opfer für die Gesellschaft bringt, und der der Bundeswehr zeigt, dass die Gesellschaft an diesem Umstand Anteil nimmt.

Aus dem bisher Gesagten ergeben sich zwei ganz unterschiedliche Linien der Tradition. Die eine Traditionslinie wird gespeist aus der Ablehnung totalitärer Regime, besser noch: aus der Auflehnung einzelner Soldaten gegen solche Regimes. Die andere mittlerweile entstandene Traditionslinie ist die des Aufbaus, der Hilfe zur Friedensgestaltung. Landgewinne sind keine Ziele militärischer Operationen deutscher Streitkräfte mehr. Sie bekennen sich dazu, dass die ihnen vorgegebenen Ziele gelegentlich mit Gewalt erreicht werden müssen: Der Luftkrieg gegen Serbien, das aus dem Kosovo ganze Ethnien vertrieben hat, ist dafür ebenso ein Beispiel wie manche Schlacht, die in Afghanistan geschlagen werden musste. Die Soldaten, die traditionswürdig sind, sind denselben Werten verpflichtet – ob sie sich gegen ein autoritäres Regime auflehnten oder ob sie sich für den rechtsstaatlichen Aufbau eines zuvor zerfallenen Staaten einsetzen. Der große Unterschied ist: Im einen Fall haben sich die Soldaten, die traditionswürdig sind, auch gegen das eigene System, gegen die eigene Armee gestellt, im zweiten Fall steht die ganze Bundeswehr auf der einen Seite, auf der, die traditionswürdig ist.

So können also in der einen Linie nur Einzelpersonen in die Tradition eingehen, deren Gedenken die Bundeswehr pflegen sollte. Dazu gehört die Kranzniederlegung im Bendlerblock am 20. Juli, dazu gehören Veranstaltungen an diesem Tag auch an anderen Standorten. Es ist eine neue Tradition, dass an diesem 20. Juli die neu eingetretenen Soldaten ihr Gelöbnis, das ja auch die freiwillig Wehrdienst Leistenden ablegen, oder ihren Eid ablegen. Andere Widerstandsleistungen können da noch stärker ins Bewusstsein gebracht werden.

In der anderen Linie sind ganze Verbände im Einsatz gewesen. Dort können auch Soldaten als Identifikationsstifter angesehen werden. Ein Feldwebel, der sich im Einsatz auf eine gezündete Handgranate wirft, um mehrere Kameraden vor dem Tod zu retten, ist ein solches Beispiel. Auch ein General, der bei einem Anschlag gezielt angegriffen und verletzt wurde, gehört in diese Linie. Jene Soldaten, die unter Beschuss deutsche Staatsbürger vor einigen Jahren aus Albanien oder im vergangenen Jahr aus Libyen herausgeflogen haben, sind ebenfalls in diesem Sinne beispielgebend.

Die Bundeswehr ist eine Armee, die die Werte, für die sie einsteht und wirkt, auch im Inneren lebt. Die politische Bildung der Soldaten ist unter den Bündnisarmeen vorbildlich. Es ist unvorstellbar, dass Bundeswehrsoldaten bei der Entsorgung von Altpapier auch Ausgaben des Koran mit verbrennen könnten – sie wissen, dass dies in der Kultur in Afghanistan zu Explosionen führen muss. Ungläubige – im islamischen Sinn – dürfen sich nicht am Koran vergehen, das wird in der Ausbildung jedem Soldaten mitgegeben. Das Prinzip der Inneren Führung steht für diese innere Kultur der Bundeswehr. Auch hier gibt es Anlässe, es gibt Einrichtungen, die zum Glück die Bundeswehrreform überstanden haben, wie das Zentrum Innere Führung in Koblenz, und es gibt Männer, die für dieses Innenleben der Bundeswehr stehen – Reformer von früher bis heute: Freiherr vom Stein, Clausewitz, Graf Stauffenberg, Graf Baudissin, General Ulrich de Maizière – das sind Namen, die genannt werden, wenn nach den Männern gefragt wird, die diese Bundeswehr prägen.

Die Bundeswehr hat also etwas zu bieten, auch, wenn sie keine glorreichen Siege feiern kann. Die deutsche Öffentlichkeit ist für solche „Siegestraditionen" auch nicht, zumindest noch nicht offen. Es war sehr eindrucksvoll, nach dem Kosovo-Krieg im italienischen Piacenza mit jenen Piloten zusammen zu treffen, die die Einsätze geflogen haben. Sie berichteten mit großem Stolz – zum einen waren sie stolz auf das Waffensystem, das sie steuerten, zum anderen waren sie stolz darauf, dass sie ihre Aufgabe auch gut erledigt haben. Der damalige Verteidigungsminister Rudolf Scharping nahm sich Zeit, mit den Soldaten zu sprechen, ihre Erlebnisse anzuhören, ihren Leistungen gerecht zu werden. Aber die „Steuben-Parade" in Deutschland blieb aus – sie wurden nicht gefeiert, nicht medial, auch nicht innerhalb der Bundeswehr. Nun ist es sicherlich zutreffend, dass der Umgang mit solchen militärischen Erfolgen in Deutschland fast totgeschwiegen wurde – der Begriff „Einsatz" hat damals vernebelt, dass es sich um einen Krieg gehandelt hat. So wurde die Leistung der Soldaten vielleicht zu wenig gewürdigt – sie haben eine neue Tradition begründet, ohne dass es jemand bis heute richtig registriert hat.

Was die Bundeswehr zu bieten hat, sollte sie auch selbstbewusst anbieten. Wie das in hervorragender Weise geht, zeigt das Militärhistorische Museum in Dresden, das gerade Wert darauf legt, die „neue" Bundeswehr auch abzubilden. Hier wird genau diese neue Tradition dargestellt.

Wie kann sich die Bundeswehr nun mit dieser Tradition in der Öffentlichkeit darstellen? Einige Aspekte sind schon genannt worden: Die Gelöbnisse und Vereidigungen, das Begehen des Volkstrauertags, das Benennen von Kasernen, das offensive Einführen eines Veteranentags mit der modernen Begriffsauffassung.

Aber das muss noch weiter gehen. Hier treffen sich wiederum mehrere Linien: Die Bundeswehr will ihre Traditionen darstellen. Sie muss aber auch viel stärker in der Öffentlichkeit auftreten. Sie muss auch in jenen Städten und Regionen Präsenz zeigen, in denen sie nicht mehr stationiert ist. Sie muss, schon aus Gründen der Anwerbung des Nachwuchses, deutlicher in der Öffentlichkeit stehen.

Darin liegt nun eine Chance. Denn die Bundeswehr ist oft zu verzagt, wenn es darum geht, sich in die Öffentlichkeit zu wagen. Es wäre an der Zeit, nach dem Muster des Militärhistorischen Museums eine Wanderausstellung zu konzipieren, die die Entwicklung der Bundeswehr aufzeigt und die 2005 erstmals gezeigte MGFA-Ausstellung „Entschieden für Frieden" erweitert. Darin muss sich widerspiegeln, für was die Bundeswehr steht. Da können in verschiedenen Teilen die Linien dargestellt werden: Widerstand gegen totalitäre Regimes, friedensschaffende und -erhaltende Missionen, innere Ausgestaltung der Bundeswehr, ja auch Katastrophenhilfe im Inneren und in fernen Ländern.

Die Bundeswehr oder jene Vereinigungen, die sich auf dem sicherheitspolitischen Parkett tummeln – z.B. Gesellschaft für Wehr- und Sicherheitspolitik, Deutsch-Atlantische Gesellschaft etc. –, sollten Anlässe schaffen, dass über die Traditionslinien der Bundeswehr diskutiert werden kann. Das Problem bei diesen Gesellschaften ist es an vielen Orten, dass sie lediglich eine Gemeinde erreichen, die bereits mit großer Sympathie der Bundeswehr und ihren Aufgaben gegenübersteht und dass sie vor allem Menschen mit viel Lebenserfahrung für ihre Veranstaltungen begeistern können. Es müsste also mit dem Schaffen von solchen Anlässen auch eine Veranstaltungsform gefunden werden, die für breite Teile der Bevölkerung interessant ist.

Es gab im Jahr 2012 einen Anlass, den die Bundeswehr, aber auch die genannten Gesellschaften verpasst haben: Im Februar wäre General Ulrich de Maizière 100 Jahre alt geworden. Es gab einen sehr kleinen und feinen Festakt hinter verschlossenen Türen im Verteidigungsministerium in Bonn. Es ist verständlich, dass die Bundeswehr sich da offiziell zurückgehalten hat, schließlich ist der Sohn des Generals heute Minister – eine für diesen Anlass nicht ganz einfache Konstellation. Aber dieser Geburtstag wäre ein solcher Anlass gewesen, der von anderen in der sicherheitspolitischen Community hätte aufgegriffen werden können, um die Inhalte zu transportieren, für die sich Ulrich de Maizière eingesetzt hat und die bis heute die Bundeswehr im Inneren prägen. Die Bundeswehr sollte noch viel mehr als bisher auch jene Truppen, die in den Einsatz gehen oder aus dem Einsatz kommen, öffentlich verabschieden oder wieder begrüßen. Auch damit kann transportiert werden, wofür die Bundeswehr steht. Für die Präsentation der Bundeswehr in der Öffentlichkeit sind aber nicht nur die Foren und Formen von Bedeutung, sondern auch der Inhalt. Die Bundeswehr hat in den letzten beiden Jahrzehnten eine Tradition der Einsätze entwickelt, die beachtlich ist. Sie hat

- in Kambodscha dazu beigetragen, dass dort ein Land, das im Bürgerkrieg versunken war, wieder in eine bessere Zukunft blicken konnte,
- in Somalia in der Region Belet Huen wenigstens für eine gewisse Zeit für den Aufbau einer Gesellschaft gesorgt,
- in Bosnien einen beachtlichen Beitrag dazu geleistet, dass das Land die Chance hat, sich ohne Gewalt zu entwickeln,
- im Kosovo daran mitgewirkt, dass die Vertreibung der Kosovo-Albaner beendet werden konnte und danach auch hier ein Staatwesen aufgebaut wurde, das noch instabil ist, aber sich zu erholen begann,
- in Afghanistan ihre Rolle beim Aufbau der Nordregion und bei der Verhinderung neuer Terrornester gespielt,
- mit der Mission Atalanta die Piraterie auf hoher See bekämpft,
- vor dem Libanon dafür gesorgt, dass von See keine Waffen in das Land gebracht werden konnten,

um die wichtigsten Bereiche zu nennen. Es wäre schon nötig, dies auch mit dem nötigen und berechtigten Stolz darzustellen.

Der Blick auf die Mission Atalanta zeigt, wie konstant die Bundeswehr ihre Aufträge wahrgenommen hat. Seinerzeit wurde der damalige Bundespräsident Horst Köhler wegen seiner Bemerkung, es sei auch Aufgabe der deutschen Sicherheitspolitik und ihres Instruments Bundeswehr, die Freiheit der internationalen Seeschifffahrt zu garantieren, heftig kritisiert. Plötzlich würden wirtschaftliche Ziele in den Aufgabenkatalog der Armee geschrieben, monierten einige. Dabei steht exakt dieser Auftrag seit Gründung der Bundesmarine in deren Aufgabenbeschreibung, die in allen Weißbüchern der Bundesregierung und bei allen Strategiebeschlüssen in der NATO wiederholt und damit bekräftigt wurde. Es ging zunächst um die Sicherung der Seewege über den Atlantik, jetzt müssen in anderen Seeregionen Piraten bekämpft werden. Es war also nichts Neues, was Köhler gesagt hatte. Aber er wurde damals in der Kritik alleine gelassen. Wo waren die, die deutlich machten, dass die Bundeswehr für die Freiheit der Seeverbindungen steht, und dass dies seit Jahrzehnten so ist?

Es gehört übrigens auch zu dem traditionswerten Prinzip des Staatsbürgers in Uniform, dass dieser Staatsbürger sich an der Diskussion beteiligt – und zwar zu Zeiten, da er die Uniform noch trägt. Die Zurückhaltung, die Soldaten seit einigen Jahren üben, wirkt wie ein Teil dieser Verzagtheit in der Öffentlichkeit. Es ist also wichtig, die Errungenschaften dieser Bundeswehr auch offensiv zu vertreten. Das betrifft die Politiker, die den Soldaten ihre Aufträge geben, aber auch die Soldaten, die mit einem natürlichen Stolz das darstellen können, was sie täglich leisten.

Die Bundeswehr beklagt sich gelegentlich über zwei Entwicklungen: Die Gesellschaft wende sich ihr nur sehr zurückhaltend zu – ein Befund, der sich durch das Ende der Wehrpflicht noch verschärft – sie nehme eigentlich gar nicht wahr, welche Leistungen die Bundeswehr erbringe. Und: Die Medien schaffen kein sicherheitspolitisches Bewusstsein, das dann die Themen der Bundeswehr fördert. Die Diagnose ist im Ergebnis richtig, aber sie greift zu kurz. Auch Politiker gehen zu selten angebotene Diskussionen zu sicherheitspolitischen Themen ein. So treffen die geschilderten genutzten und ungenutzten Möglichkeiten, sich in der Öffentlichkeit zu präsentieren, auf eine Gesellschaft, die darauf nicht eingestellt ist. Es wird in Deutschland, auch aus der Geschichte des vergangenen Jahrhunderts heraus, eine pazifistische Grundströmung angenommen. Aber diese Gesellschaft ist Argumenten durchaus offen.

Beispiele dafür sind die zahllosen Einladungen, die Offiziere erhalten, wenn sie aus Einsätzen zurückkehren. Das findet oft in überschaubaren Runden statt, aber die Clubs (Rotary, Lions etc.) und Kirchengemeinden, um nur zwei Beispiele zu nennen, fragen nach, was da passiert ist.

Die Gesellschaft braucht Angebote. Sie fordert kompetente Gesprächspartner. Das ist die Chance für die Bundeswehr, die sie zu wenig nutzt. In manchen, z.B. sicherheitspolitischen Themen ist die Gesellschaft sicherlich weiter, als die politische Ebene annimmt. Manches, was Politiker Bürgern nicht zumuten wollen, haben die Bürger längst geschluckt. Das führt zum zentralen Punkt im Verhältnis zwischen Bundeswehr und Gesellschaft: Die Gesellschaft möchte wahrhaftig informiert werden. Sie möchte wissen, was der Auftrag, den das Parlament der Truppe erteilt, wirklich bedeutet. Das lange Schweigen über den wirklichen Charakter der Aufgaben hat Vertrauen gekostet und hat damit zu dem „freundlichen Desinteresse" beigetragen. In den Zeiten des Kalten Krieges wurden die bestehenden Gefahren recht deutlich formuliert. Dann aber hat man die damals neuen Aufgaben zu sehr als „humanitäre" Aufgaben bezeichnet – das waren sie nie. Sie hatten immer einen militärischen Hintergrund.

In diesem Sinne sind militärische Traditionen zu vermitteln. In Deutschland geht es nicht darum, Siege zu zelebrieren, Paraden abzuhalten, Waffenschauen zu präsentieren. Die Gesellschaft fragt eher nach dem Wofür. Wofür steht die Bundeswehr? Zu welchem Zweck wird sie eingesetzt? Welche Grundsätze prägen den Einsatz? Dies alles kann trefflich beantwortet werden. Man muss auf die Gesellschaft zugehen und für den eigenen Auftrag werben. Dabei hilft es sehr gut, wenn man sich auf ein festes Fundament an Traditionen stützen kann. Man muss es nur wollen – und machen!

KASERNENNAMEN UND „NEUE" TRADITIONSRÄUME

Winfried Heinemann

1. Die Kasernennamen als Fokus der Traditionsdiskussion

Traditionspflege kann vielerlei beinhalten: Die Traditionserlasse von 1965 und 1982 nennen etwa das Mitführen von Fahnen, das Singen oder Spielen bestimmter Musikstücke oder das Treffen mit Veteranenverbänden früherer deutscher Armeen. In der öffentlichen Diskussion sind jedoch die Namen von Kasernen sowie die „Traditionsräume" in den Unterkünften Brennpunkte des Interesses geworden, an denen sich die Diskussionen festmachen lassen. Erinnert werden soll in diesem Zusammenhang an die langjährigen Debatten um Generaloberst Eduard Dietl, die 1995 zur Umbenennung der ursprünglich nach ihm benannten Kaserne in Füssen führte[1], sowie an die Entscheidung von Bundesverteidigungsminister Struck aus dem Jahre 2005, alle Benennungen von Truppenteilen und Liegenschaften nach dem Jagdflieger Werner Mölders aufzugeben[2]. Für die Diskussion um die Traditionsräume und –ecken war vielleicht der Besuch der Bundestagsabgeordneten Angelika Beer (Die Grünen) 1997 bei einem Geschwader der Luftwaffe beispielhaft, die im Traditionsraum des Verbandes eine große Zahl von Hakenkreuzen feststellte und daran Anstoß nahm[3].

Was wird die Bundeswehr unter den gewandelten Umständen in diesen zentralen Handlungsfeldern zu berücksichtigen haben?

---

[1] Knab, Falsche Glorie; Heinemann, Eduard Dietl.

[2] http://www.bundjuedischersoldaten-online.com/media/875ab63f86824781ffff863bac144226.pdf, zuletzt konsultiert am 8. Januar 2012.

[3] http://www.wissenschaft-und-frieden.de/seite.php?dossierID=054, zuletzt konsultiert am 8. Januar 2012.

2. Kasernennamen aus der Bundeswehrgeschichte

Bundesverteidigungsminister Franz-Josef Strauß hatte eine Benennung von Kasernen nach Angehörigen der Wehrmacht durchgängig verhindert. Eine breite Aktion zur Vergabe solcher Namen kam erst in der Amtszeit seines Nachfolgers Kai-Uwe von Hassel zu Stande. Mitte der 1960er Jahre wurde nicht nur die Füssener Kaserne nach Dietl benannt, auch Werner Freiherr von Fritsch (1964), Generalleutnant Hermann Delius („Vater der Fernmeldetruppe" – 1964), General Friedrich Fahnert (1964), General der Flieger Hans-Georg von Seidel (1965), Generalleutnant Walther Wever (1966), General der Gebirgstruppe Rudolf Konrad (1966), Generalfeldmarschall und Reichspräsident Paul von Hindenburg (1964 und 1968), Oberst Helmut Lent (1964) oder der Ritterkreuzträger Oberfeldwebel Josef Schreiber (1967) wurden in dieser Weise geehrt.

Deutlich später aber erst ergab sich eine Serie von Kasernennamen nach den führenden Politikern der frühen Bundesrepublik. So wurden Kasernen nach den Bundespräsidenten Theodor Heuss (Stuttgart 1973) und Gustav Heinemann (Essen 1978) benannt (erstaunlicherweise wohl nie eine Kaserne nach Heinrich Lübke, der als Bundespräsident entschieden hatte, Truppenfahnen an die Verbände zu verleihen), die Bundeskanzler Konrad Adenauer (Köln 1972), Ludwig Erhard (Neuhausen ob Eck) und Kurt-Georg Kiesinger (Laupheim, 1989) wurden so geehrt, und auch die ersten Verteidigungsminister wurden zu Namensgebern: Theodor Blank (Rheine-Bentlage), Franz-Josef Strauß (Altenstadt) und Kai-Uwe von Hassel (Kropp, 1997).

Die Bundeswehr ist nur einmal von dem in demokratischen Staaten verbreiteten Brauch abgewichen, nicht nach noch lebenden Personen zu benennen: die Universität der Bundeswehr Hamburg trägt den Namen des früheren Verteidigungsministers und Bundeskanzlers Helmut Schmidt. Eine Benennung nach Bundespräsident Walter Scheel dagegen stand bisher nicht zur Debatte, eine Benennung nach Bundeskanzler Willy Brandt ebenso wenig, und eine „Gerhard-Schröder-Kaserne" (nach dem Außen- und Verteidigungsminister der 1960er Jahre) wäre zumindest missverständlich gewesen. So ist die Reihe der Benennungen nach prominenten Bundespolitikern nicht über das Ende der 1960er Jahre hinaus fortgeführt worden.

Noch später erst hat die Bundeswehr Truppenunterkünfte nach ihren eigenen Soldaten benannt, wobei durchweg die Spitzengeneralität (und -admiralität) gewürdigt wurde, dabei spielte es augenscheinlich keine Rolle, dass alle so Geehrten auch schon in der Wehrmacht gedient hatten: die Admiral-Armin-Zimmermann-Kaserne in Wilhelmshaven trägt seit 1983 den Namen des ersten Generalinspekteurs aus der Marine, in Hammelburg wurde 1986 eine Kaserne nach dem ersten Generalinspekteur der Bundeswehr, General Adolf Heusinger, benannt. Die General-Kammhuber-Kaserne in Karlsruhe trägt seit 1988 den Namen eines früheren Inspekteurs der Luftwaffe, die General-Steinhoff-Kaserne in Berlin-Gatow (1994) den des Vorsitzenden des NATO-Militärausschusses und die General-Dr. Speidel-Kaserne in Bruchsal seit 1997 jenen des ersten deutschen Vier-Sterne-Generals bei der NATO.

Aus dem Rahmen fällt die Roettiger-Kaserne in Hamburg insofern, als sie bereits 1962 ihren Namen erhielt; Generalleutnant Hans Röttiger, der erste Inspekteur des Heeres, war im Frühjahr 1960 im Amt verstorben.

Die Führungsakademie der Bundeswehr in Hamburg benannte eine ihrer Liegenschaften 1994 nach Generalleutnant Wolf Graf von Baudissin, einem der Väter der Inneren Führung.

Auch hier fallen Lücken auf: 1965 erhielten die drei Generale Baudissin, Graf Kielmansegg und de Maizière den „Freiherr-vom-Stein-Preis" der Stiftung F.V.S. für ihre Verdienste um die Innere Führung. Bis heute ist aber nach nur einem von ihnen eine Kaserne benannt. General Ulrich de Maizière war der vielleicht profilierteste Generalinspekteur in der Geschichte der Bundeswehr – spätestens zu seinem 100. Geburtstag Anfang 2012 wäre eine solche Ehrung fällig gewesen, wollte man ihre eigene Geschichte als Quelle der Bundeswehr-Tradition ernst nehmen. (Allerdings müsste ein Verteidigungsminister mit einigem Unbehagen in der Öffentlichkeit rechnen, wollte er seinen eigenen Vater in dieser Form ehren.)

Eine eigene Kategorie bilden Kasernennamen, die sich auf Angehörige des militärischen und zivilen Widerstands beziehen. Die offensichtlichen Beispiele sind die Graf-Stauffenberg-Kaserne in Sigmaringen und die Generaloberst-Beck-Kaserne in Sonthofen; diese Benennungen gehen übrigens schon auf die Jahre der Ära Strauß zurück. Aber auch Generalmajor Henning von Tresckow, Generalmajor Rudolf-Christoph Freiherr von Gersdorff, der

Jesuitenpater Alfred Delp und andere Oppositionelle wurden früh gewürdigt – nicht dagegen Generalmajor Hans Oster, dem immer der Geruch des „Landesverrats" anhing. Später erst kamen Benennungen nach Judenrettern hinzu; im Jahre 2000 wurde eine (allerdings 2010 schon wieder aufgegebene) Kaserne in Rendsburg nach dem Wiener Feldwebel Anton Schmid benannt, der 1942 in Vilnius erschossen worden war, weil er mehrere hundert Juden vor der Ermordung gerettet hatte. Der Vorschlag, die Kaserne in Gotha nach dem Oberstleutnant Ritter von Gadolla zu benennen, der die Stadt 1945 kampflos an die Amerikaner übergeben und sie damit vor der sicheren Zerstörung gerettet hatte, dafür aber hingerichtet worden war, scheiterte an Vorbehalten des darin stationierten Aufklärungsbataillons; die Kaserne heißt heute landschaftsbezogen „Friedenstein-Kaserne". Eine sich anbietende Benennung der Sanitätsakademie der Bundeswehr in München nach dem Sanitätsfeldwebel Hans Scholl ist nie zustande gekommen – allerdings hat die Sanitätsakademie im März 2012 ihr Auditorium Maximum nach Scholl benannt.

3. Strukturreform und Kasernennamen

Ein zentral gesteuertes Vorgehen ist dabei nicht immer zu erkennen. So erhielt 1963, 1964, 1965 und 1966 je eine Kaserne den Namen des preußischen Generalfeldmarschalls Blücher. Nach Freiherr von Fritsch benannte Kasernen gab es zeitweise in Breitenburg bei Itzehoe, Darmstadt, Hannover, Koblenz und Pfullendorf. Nach Generalfeldmarschall Rommel waren die Kasernen in Augustdorf, Dornstadt und Osterode im Harz benannt – die Kaserne in Osterode ist inzwischen aufgegeben, die anderen beiden existieren noch.

Bei den wiederholten Wellen von Kasernen- und Standortschließungen seit 1990 wurde auf die Namen von Kasernen (verständlicherweise) keine Rücksicht genommen. Das führte dazu, dass auch die wenigen Ansätze systematisierender Benennungen etwa nach Bundespolitikern zerfielen: eine Ludwig-Erhard-Kaserne und die Gustav-Heinemann-Kaserne gibt es nicht mehr, ohne dass das in der Öffentlichkeit wahrgenommen wurde. Niemand unternahm einen Versuch, die entstandenen Lücken in der Traditionspflege auszugleichen, indem weggefallene Namen anderen Ortes neu vergeben würden, etwa zur Tilgung höchst problematischer Namen wie Fritsch. Vielmehr überließen die Verteidigungsminister verschiedener Parteien die Kasernennamen gern der „Initiative von unten", was zur Folge hatte, dass es nie zu einem planvollen Vorgehen auf Bundeswehrebene kam. Auch der Versuch interessierter Kreise, den Namen des Feldwebels Schmid nach der Schließung der Kaserne in Rendsburg anderweitig zu vergeben, verlief im Sande[4].

4. Wehrmacht, Widerstand und Bundeswehrgeschichte

Entzündet haben sich die großen Debatten um die Kasernennamen immer wieder an Bezügen zur Wehrmacht. Allein solche Namensgeber, die dem Widerstand gegen das NS-Regime zuzuordnen sind, galten als akzeptabel.

Die zentrale Identifikationsfigur dabei war und ist zweifelsohne Claus Graf Schenk von Stauffenberg, nach dem bisher die Kaserne in Sigmaringen benannt ist. Diese aber wird nach der Entscheidung des Bundesministers der Verteidigung vom 26. Oktober 2011 geschlossen werden[5]. Ist eine Bundeswehr ohne eine Stauffenberg-Kaserne denkbar?

Die Schließung der Kaserne ist natürlich nicht vergangenheitspolitisch begründet, sondern sie hat strukturelle Gründe, die mit dem Namen nichts zu tun haben. Gleichwohl wird die Frage gestellt werden, ob sich die Bundeswehr von dem Bekenntnis zur Tradition des militärischen Widerstands verabschiedet, und daran wird auch der Hinweis auf die Henning-von-Tresckow-Kasernen, die Generaloberst-Beck-Kaserne oder die Julius-Leber-Kaserne nichts ändern.

Erhalten bleiben sollen die beiden Rommel-Kasernen in Augustdorf und Dornstadt. Ein Filmprojekt des Südwestfunks bringt gerade im Jahr 2012 den populären Feldmarschall wieder in die Schlagzeilen und wird sich vor allem der Frage nach seiner Beteiligung am Widerstand stellen. Ralph Giordano hat seinerzeit die Rommel-Kasernen als den schlimmsten Missgriff

---

4 http://www.shz.de/nachrichten/lokales/landeszeitung/artikeldetails/article //neues-leben-in-der-alten-kaserne.html, zuletzt konsultiert am 8. Januar 2012.

5 Bundesministerium der Verteidigung. Die Stationierung der Bundeswehr in Deutschland, Oktober 2011, S. 47.

in der Vergangenheitspolitik der Bundeswehr gerügt[6]. Rommel – Goebbels'sche Propagandaschöpfung oder operatives Genie[7]? Fest steht, dass Rommel in Frankreich konkrete Vorbereitungen getroffen hat, den Krieg im Westen einseitig auch gegen Hitlers Willen zu beenden[8], und dass er wegen seines Verhaltens von Hitler zum Selbstmord gezwungen worden ist. Rommel hatte Hitler ein „Ultimatum" (Rommels eigene Wortwahl) gestellt, und ein „Führer", der sich Ultimaten stellen lässt, ist kein Führer mehr – daher musste Rommel beseitigt werden.

Ist jemand, der wegen seines Versuchs eines eigenmächtigen Friedens ermordet worden ist, für die Bundeswehr traditionswürdig, wenn er zugleich lange von der NS-Propaganda umjubelt worden ist? Hier zeigt sich, wie man mit Fug und Recht unterschiedliche Positionen vertreten kann (wobei der Autor kein Hehl daraus macht, dass er eine Benennung nach Rommel für gut und angemessen hält).

Auch von den „systematisch" nach den Gründervätern der Bundesrepublik und ihrer Streitkräfte benannten Kasernen werden im Zuge der nächsten Strukturreform weitere entfallen: so wird etwa die Theodor-Blank-Kaserne in Rheine-Bentlage geschlossen. „Wer war Blank?" werden die meisten Soldaten fragen – Theodor Blank, christlicher Gewerkschafter und CDU-Politiker, war der erste Verteidigungsminister in der Geschichte der Bundesrepublik Deutschland.

Minister de Maizière hat in seiner Rede wieder einmal deutlich gemacht, dass die Geschichte der Bundeswehr selbst vorrangig als traditions-

---

6   Giordano, Die Traditionslüge, S. 314-318, und passim.

7   Zu Rommels operativen Fähigkeiten siehe vor allem Stumpf, Der Krieg im Mittelmeerraum 1942/43.

8   Auf die Forschungsdiskussion kann hier im Einzelnen nicht eingegangen werden. Grundlegend ist auf Grund der einmaligen Quellenbasis nach wie vor Irving, Rommel (bei allem Wissen um die politische Problematik des Autors); Irvings Darstellung wird in diesem Punkt neuerdings untermauert bei Neitzel, Abgehört, S. 351-354. Siehe insgesamt Heinemann, Der militärische Widerstand und der Krieg, S. 863-871.

stiftend angesehen werden soll. Nimmt man das ernst, müsste sich die Diskussion über wegfallende Kasernennamen eher um eine neue Theodor-Blank-Kaserne als um eine Graf-Stauffenberg-Kaserne drehen. Anders gewendet: wenn sich die Diskussion – wie zu erwarten – auf den Namen der Stauffenberg-Kaserne oder jenen der Rommel-Kasernen fokussiert, wird das auch als ein Indiz zu werten sein, dass die Öffentlichkeit bei ihrer Wahrnehmung der Bundeswehrtradition noch immer nicht bei der Eigengeschichte der westdeutschen Armee angekommen ist. Sollte aber eine neue Theodor-Blank-Kaserne mit dem Argument zurückgewiesen werden, man wolle weniger nach Politikern benennen – dann bleibt abzuwarten, ob man in Zukunft etwa beim Vorschlag einer „Helmut-Schmidt-Kaserne" einen ähnlichen Standard anzulegen gewillt ist.

Wie wenig die Geschichte der Bundeswehr im Denken von Öffentlichkeit und Soldaten präsent ist, zeigt sich auch an jenen Namen, die es bisher noch nie gegeben hat, wie etwa die schon genannten de Maizière und Graf Kielmansegg. Hier wird der Minister von einem grundsätzlichen Dilemma stehen: bleibt er bei der bisherigen Linie, Kasernen auf Vorschlag von unten zu benennen, wird es weder eine gezielte Übernahme wegfallender Namen geben noch eine planvolle Benennung nach der Gründergeneration der Bundeswehr. Lässt er sich umgekehrt auf ein solches zentral gesteuertes, planvolles Vorgehen ein, gibt er den Ansatz auf, die Soldaten der Bundeswehr in Traditionsfragen als Staatsbürger in Uniform ernst zu nehmen und sie zu beteiligen. (Die Lösung, wonach die Kommandanten geeigneter Kasernen auf Initiative „von unten" rein zufällig die gewünschten Namen vorschlagen, dürfte wohl zu leicht durchschaubar sein und daher ausfallen.)

Wird es so bei den drei „Traditionslinien" bleiben, die seinerzeit Verteidigungsminister Scharping in die Diskussion eingeführt hatte und die seither rituell beschworen werden, bei denen sogar Minister de Maizière Anleihen machte? Es steht zu hoffen, dass diese höchst problematische Einengung der Traditionspflege, die ja auch nur scheinbar Handlungssicherheit bieten kann, in der neu beginnenden Traditionsdiskussion in Frage gestellt werden wird.

Zur Erinnerung: die drei „Traditionslinien" sollten die preußischen Reformen, den Widerstand gegen Hitler und die Bundeswehrgeschichte selbst umfassen. Allein schon die Einengung auf die preußischen Reformen sollte einer „Bundes"-Wehr zu denken geben – wie borussifiziert darf deren Traditionspflege denn sein? Ist eine Scharnhorst-Kaserne in München, eine Boyen-Kaserne in Dresden, oder eine Blücher-Kaserne im Badischen denkbar?

Zudem lässt eine solche Einengung Epochen der deutschen Militärgeschichte aus dem Blick geraten, auf die eine demokratisch orientierte Traditionspflege nicht verzichten kann: was ist mit der bürgerlichen Revolution von 1848, was mit den demokratischen Ansätzen in der Reichswehr? Auch die Carl-Schurz-Kaserne in Hardheim wird aufgegeben – hätte sie sonst umbenannt werden müssen? Darf es noch eine Prinz Eugen-Kaserne, eine Heinrich-der-Löwe-Kaserne geben, wenn deren Namensgeber nicht auf eine der drei Traditionslinien passen?

Es steht zu hoffen, dass auch in diesem Bereich die politische Leitung der Bundeswehr den Mut findet, Kompetenzen wieder nach unten zu verlagern, die traditionelle „Auftragstaktik" ernst zu nehmen und nicht drei dünne Linien, sondern eine breite Fläche zu definieren, auf der Traditionspflege stattfinden kann.

5. Zeugnisse von Tod und Töten

Ein ganz anderer Bereich der Traditionspflege soll hier betrachtet werden, der in der Vergangenheit – ebenfalls mit Blick auf den Umgang mit der Wehrmacht – zu öffentlichen Diskussionen geführt hat: die früheren „Traditionsräume" und jetzigen „militärgeschichtlichen Sammlungen" in den Kasernen.

Die Umbenennung 1999 ist nicht rein semantisch: indem die kleinen Museen in den Kasernen mit ihren oft überraschenden und seltenen Exponaten aus dem Kontext der Traditionspflege herausgelöst und in jenen der historischen Bildung eingeordnet wurden, wurde ihnen die Möglichkeit eröffnet, unbeanstandet auch solche Exponate zu zeigen, an denen etwa ein Hakenkreuz prangte, ohne dafür strafrechtliche Konsequenzen fürchten zu müssen. (Die Zurschaustellung von NS-Symbolen im Rahmen der Traditionspflege, also einer wertebezogenen Auswahl aus der Geschichte, verstößt mutmaßlich gegen § 86a StGB.)

Diese Sammlungen werden inzwischen ein Stück weit zentral gesteuert und sind unter der Leitung des Militärgeschichtlichen Forschungsamtes in Potsdam und des Militärhistorischen Museums in Dresden zu einem „Museums- und Sammlungsverbund" zusammengefasst.

Das Dresdner Museum zeigt als eines seiner „Leitexponate" einen Geländerwagen „Wolf", der in Afghanistan angesprengt worden ist, wobei mehrere deutsche Soldaten schwer verletzt wurden. Nur, weil er in einer Vitrine und etwas überhöht aufgestellt ist, können die meisten Besucher das Blut im Innenraum nicht sehen.

In ihren militärgeschichtlichen Sammlungen zeigt die Truppe inzwischen auch ihre ersten Erinnerungsstücke an die Einsätze auf dem Balkan oder in Afghanistan. Es ist nur zu natürlich, dass jene Soldaten, die heil und gesund die Strapazen und die ständige Gefahr überstanden haben, und die dabei auch zu einer „verschworenen Gemeinschaft" zusammen gewachsen sind, in dieser Weise ihre gemeinschaftlichen Erinnerungen bewahren wollen.

Es gibt leider bisher keine empirischen Aussagen darüber, in welcher Weise und mit welchen Exponaten dies geschieht, und es ist vielerorts auch noch nicht einmal das Bewusstsein dafür vorhanden, dass dieser Prozess Teil einer beginnenden Militärtradition ist. Daran kann aber kein Zweifel sein: die Erinnerungen etwa an die Intervention der NATO im Kosovo 1999 sind jetzt so alt wie bei der Gründung der Bundeswehr die Erinnerung an Stalingrad.

Was also wird die Truppe in Zukunft ausstellen wollen und können? Das Problem dürfte sich weniger dort stellen, wo die Bundeswehr auf die eigenen Opfer oder auf humanitäre Hilfe hinweist, sondern dort, wo Soldaten auf die von ihnen geforderte und erbrachte originär militärische Leistung stolz sein wollen. Wird die deutsche Öffentlichkeit es hinnehmen können, wenn Soldaten den „Krieg" in seiner ganzen Breite in ihre Tradition aufnehmen wollen, auch die eigenen militärischen Erfolge, mit denen die Tötung gegnerischer Kräfte verbunden war? Sollten solche militärischen Leistungen, erbracht im Auftrag des Parlaments und letztlich des deutschen Volkes, nicht traditionswürdig sein, hätte das einen erheblichen Vertrauensverlust der Soldatinnen und Soldaten in ihre politischen Auftraggeber zur Folge.

Wie also werden die deutschen Medien reagieren, sollte – um einen hypothetischen Fall zu konstruieren – eines nicht allzu fernen Tages eine Abgeordnete des Bundestages in einer Kaserne hinter Glas ein Scharfschützengewehr mit fünf Kerben am Schaft ausgestellt sehen?

6. Tradition und Effizienzrendite

Bei der Traditionsdebatte der nächsten Zeit darf es jedoch nicht nur um Inhalte von Tradition gehen. Mit der Inneren Führung als Ganzen wird auch Tradition um Priorität ringen müssen. Die Bundeswehrreform schien in den Jahren 2010/2011 weitgehend von betriebswirtschaftlichen und Einsparungsgesichtspunkten gesteuert zu sein. Von „Wertschöpfungsketten" und „Ziel- und Prozessorientierung" war die Rede. Zudem schien die Reform von dem Gedanken beseelt, dass alles Frühere nichts getaugt habe – eine typische Unternehmensberaterattitüde?

Auswahlkriterien für Spitzenverwendungen waren so vor allem betriebswirtschaftliches Denken und Handeln sowie erfolgreiches Führen im Einsatz. Kurze Stehzeiten in herausgehobenen Verwendungen ließen langfristig angelegte Personalpolitik und Menschenführung in ihrer Bedeutung für eine gezielte Karriereplanung zurücktreten. Das rituelle Bekenntnis der politischen Leitung zur „Inneren Führung" erschien angesichts der Praxis in den Kasernen zuweilen formelhaft und inhaltsleer.

Die „Militärgeschichtlichen Sammlungen" werden nun mit einer ganz neuartigen Herausforderung konfrontiert, die bisher nicht bedacht worden ist, die aber ihren Stellenwert für Kommandeure und Einheitsführer schlaglichtartig deutlich werden lassen wird. Die Liegenschaften der Bundeswehr gehen – wie alle Bundesliegenschaften – über in den Besitz der Bundesanstalt für Immobilienaufgaben (BImA), die sie nach kommerziellen Gesichtspunkten verwalten soll. Die Truppenteile müssen ihre Kasernen in Zukunft mieten – das wird zu einer sparsamen Bewirtschaftung des vorhandenen Raumangebots zwingen. Auch für die bisher von Lehrsammlungen an den Schulen und den Militärgeschichtlichen Sammlungen genutzten Räume – zumeist erhebliche Flächen! – wird Miete zu zahlen sein.

Der Erlass über Militärgeschichtliche Sammlungen sieht bisher vor, dass in einem begrenzten Umfang Haushaltmittel für die Pflege und Erhaltung von Exponaten verwendet werden dürfen. Werden Kommandeure und Einheitsführer in Zukunft bereit sein, aus den ihnen zur Verfügung gestellten begrenzten Haushaltmitteln solche Mietzahlungen aufzubringen? In welchem Umfang werden militärische Vorgesetzte insgesamt bereit sein, knapper werdende Ressourcen (Personal, Wehrübungstage, Geld, Räume, Zeit) für Fragen der Inneren Führung und insbesondere der Traditionspflege aufzuwenden, wenn die Kriterien der Elitenauswahl (Beurteilung!) ganz andere sind?

Es gibt zu dieser Frage unterschiedliche Signale. Ein Inspekteur, Betriebswirt, hat die Museen der Bundeswehr als deren „Hobby" bezeichnet – das lässt tief blicken. Ein anderer Inspekteur dagegen stoppte schockiert Planungen, an „seiner" Offizierschule den Geschichtsunterricht zu streichen.

Das Traditionsthema wird sich nicht streichen lassen, und es wird kein „Hobby" für Kommandeure sein. „Soldat" ist zu Zeiten einer Einsatzarmee kein Beruf wie andere auch. Frauen und Männer, die über einen längeren Zeitraum unter härtesten Bedingungen und getrennt von der deutschen Zivilgesellschaft Gefahr, Verwundung und Tod gemeinsam erlebt haben, werden auch in Zukunft diese Erfahrung im Nachhinein teilen und an Jüngere weitergeben wollen. Das aber ist der Anfang von Traditionspflege.

Insofern befindet sich die Bundeswehr in einer Situation nicht unähnlich jener, die Anfang der 1960er Jahre zum ersten „Traditionserlass" geführt hat: Tradition wächst von unten auf, weitgehend ungeregelt – weil die völlig überholten Richtlinien von 1982 die Lebenswirklichkeit der heutigen Soldaten überhaupt nicht treffen. Namensgebungen und Gestaltung von Erinnerungsorten (im weitesten Sinn) werden auch in Zukunft die am leichtesten wahrnehmbaren Signale der neuen Traditionspflege sein.

DIE ENTZAUBERUNG DER WELT. ZUR BEDEUTUNG VON BRÄUCHEN, SYMBOLEN UND ZEREMONIEN FÜR DIE TRADITION DER BUNDESWEHR

Sven Lange

1. Die Bedeutung von Begriffen

Eines der Grundprobleme in der öffentlichen Auseinandersetzung mit dem Thema Tradition ist eine verbreitete und oft auch verwirrende terminologische Unschärfe. Nicht nur die Begriffe „Vergangenheit", „Geschichte" und „Tradition" gehen häufig ungeordnet durcheinander, auch die Kategorien „Tradition" und „Brauchtum" werden meist nicht sorgsam genug voneinander geschieden. Klare Begriffe sind aber keineswegs von nachrangiger Bedeutung - vor allem nicht im Militär.

Die Schöpfer des gültigen Traditionserlasses waren sich der folgenschweren Tragweite zweideutiger Wortbedeutungen bewusst und erkannten die Gefahr, die von einem unsauberen Sprachgebrauch ausgeht. Sie haben deshalb bereits im ersten, „Grundsätze" betitelten Teil des Erlasses die in Frage stehenden Begriffe definiert.

Tradition, so der Erlass, bildet sich demnach „in einem Prozess wertorientierter Auseinandersetzung mit der Vergangenheit"[1]. Sie ist die in die Zukunft weisende bewusste Auswahl aus der Geschichte und damit deren „gültiges Erbe"[2]. Ihre Funktion ist die „eine[r] Brücke zwischen Vergangenheit und Zukunft"[3]. Noch deutlicher wird der Traditionserlass, wenn er die

---

[1] Richtlinien zum Traditionsverständnis und zur Traditionspflege in der Bundeswehr, Bonn 1982 (siehe Anhang), § 1.

[2] So die Formulierung im ersten Traditionserlass „Bundeswehr und Tradition" von 1965: § 1 „Tradition ist Überlieferung des gültigen Erbes der Vergangenheit.".

[3] Richtlinien 1982, § 1.

Kategorien „Tradition" und „Brauchtum" voneinander abgrenzt. Es lohnt sich, diesen Abschnitt in Gänze zu zitieren:

> „Viele Formen, Sitten und Gepflogenheiten des Truppenalltags sind nicht Tradition, sondern militärisches Brauchtum. Es handelt sich um Gewohnheiten und Förmlichkeiten, wie sie in jeder großen gesellschaftlichen Einrichtung anzutreffen sind. Meist haben sie sich vor langer Zeit herausgebildet. Ihr ursprünglicher Sinn ist oft in Vergessenheit geraten, der Bedeutungszusammenhang zerfallen. Formen, Sitten und Gepflogenheiten tragen jedoch zur Verhaltenssicherheit im Umgang miteinander bei.
>
> Nicht jede Einzelheit militärischen Brauchtums, das sich aus früheren Zeiten herleitet, muss demokratisch legitimiert sein. Militärisches Brauchtum darf aber den vom Grundgesetz vorgegebenen Werten und Normen nicht entgegenstehen. Brauchtum muss, um lebendig zu bleiben, von den Soldaten angenommen werden".[4]

Gemäß den Richtlinien des Traditionserlasses bleiben Symbole, Zeremoniell und Brauchtum also letztlich immer reine Äußerlichkeiten oder bloße Form. Zu ihnen gehören beispielsweise das Eiserne Kreuz als Sinnbild einer sittlich gebundenen Tapferkeit, die Truppenfahnen und die Uniformen der Bundeswehr aber auch der Große Zapfenstreich, das Lied vom guten Kameraden oder das „Seite-Pfeifen" der Marine. An sie darf ein geringerer demokratischer Legitimationsanspruch angelegt werden, und für sie gilt das Dogma des Wertebezugs nicht oder nur in abgeschwächter Form. Mit der Tradition der Streitkräfte stehen sie nur dann in einem engen und unmittelbaren Zusammenhang, wenn der Sinn und der Bezug, für den sie stehen, bewusst mitgedacht werden. Für das offizielle Traditionsverständnis der Bundeswehr sind sie damit Imponderabilien. Sie werden, wie der Erlass einräumt, zwar benötigt („Tradition braucht Symbole, Zeichen und Zeremonielle"),

---

4   Richtlinien 1982, § 10.

könnten aber „die inneren Werte" der Tradition nicht ersetzen, sondern nur auf diese verweisen.

So weit, so gut?

Nicht erst mit dem Traditionserlass von 1982 ist in der Bundeswehr auf den Unterschied zwischen den Kategorien „Tradition" und „Brauchtum" hingewiesen worden. Schon im ersten Jahr nach ihrer Aufstellung, 1957, hatte der Inspekteur der Marine, Vizeadmiral Friedrich Ruge, in einem Kommandeurbrief an die Truppe vor einer Gleichsetzung von Tradition und Symbol gewarnt. Zwar unterstrich er, dass Tradition der Symbole bedürfe, weil nur im Symbol Tradition sichtbar und verbindlich werde. Die Marine, so Ruge, solle sich aber davor hüten, „in der Fülle der Symbole Tradition zu suchen" oder „im Symbol selbst die Tradition zu finden"[5].

Noch größeren Einfluss hatte im gleichen Jahr das richtungweisende „Handbuch für Innere Führung", das bis 1970 in unveränderter Form in mehreren Auflagen an die Truppe verteilt wurde. Das Handbuch definierte „Tradition" als die Überlieferung bleibender sittlich-geistiger Werte und gültiger Grunderfahrungen. Deren „zeitgebundene Erscheinungen" seien hingegen nicht Tradition, sondern „Konvention". Beide Begriffe verhielten sich also zueinander „wie Inhalt und Form". Ihre klare Unterscheidung solle daran hindern, so das Handbuch, für Koppelschloss oder Uniformschnitt den gleichen Maßstab zu verwenden, wie für die Beurteilung des 20. Juli[6].

Dieses tiefe Misstrauen gegenüber Symbolen und Ritualen, ihre Geringschätzung als „häufig fragwürdig" und als „leere Hülse" sowie die Warnung vor ihrer drohenden Verselbstständigung, die sich etwa in den Schriften Graf Baudissins finden lässt, prägte auch den ersten Traditionserlass von 1965. Zwar ging der Erlass in seinen Grundsätzen zunächst überhaupt nicht auf sie ein. Erst in den anschließenden Richtlinien zur Traditionspflege wurden sie thematisiert, aber auch dort noch mit deutlich untergeordneter Bedeutung. Für den Traditionserlass von 1965 waren sie lediglich Ausdruck der

---

[5] Zur Pflege der Tradition. Kommandeurbrief Nr. 3 des Inspekteurs der Marine, Bonn 1957.

[6] Handbuch für Innere Führung 1957, S. 50.

„Verbundenheit mit der Geschichte", also ein Mittel, um das Traditionsbewusstsein der Soldaten zu wecken[7].

Den Bemühungen der politischen Leitung und der militärischen Führung der Bundeswehr, Tradition und Brauchtum inhaltlich und begrifflich sorgsam voneinander zu scheiden, war allerdings nur ein durchwachsener Erfolg beschieden. In der Geschichte der Bundeswehr hat es mehrere große Debatten um die Tradition in den Streitkräften gegeben. Bei vielen standen dabei Fragen des in den Streitkräften gepflegten Brauchtums, ihres Zeremoniells und ihrer Symbole im Mittelpunkt der Auseinandersetzung, so etwa, als der Bundespräsident 1965 Truppenfahnen stiftete, über die bezeichnenderweise die Bundeswehr bis zu diesem Zeitpunkt wohl als einzige Armee der Welt nicht verfügt hatte, bei den Auseinandersetzungen um Großveranstaltungen der Bundeswehr in der Öffentlichkeit in den 1980er Jahren (Feierliche Gelöbnisse, Großer Zapfenstreich, Feierlichkeiten zum 25jährigen Jubiläum), bei der Diskussion um die Schaffung eines zentralen Ehrenmals der Bundeswehr (2007/08) oder bei der Einführung einer Tapferkeitsauszeichnung (2008).

Folgt man der strengen Logik des Erlasses, hätte das nicht der Fall sein dürfen. Im Sinne des Erlasses und als geistiger Vorgang begriffen, ist Tradition keine geschichtstümelnde Konvention oder bloße Geschichtssymbolik. An eben dieser Symbolik entzündeten und rieben sich jedoch regelmäßig die Debatten. Daran trägt auch die (bundes-)deutsche Öffentlichkeit eine Mitschuld. Zwar beschworen die öffentlichen Diskussionen um die Tradition der Bundeswehr stets gerne die großen Linien, wie z.B. die generelle Demokratiefähigkeit der (west-)deutschen Streitkräfte als „strukturell nichtdemokratische[s] Subsystem"[8], ihr Verhältnis zur Wehrmacht oder die Beschwörung des ihr angeblich innewohnenden (Un-)Geistes. Sehr schnell wurden diese Debatten jedoch kleinteilig und verengten sich regelmäßig auf äußere Erscheinungsformen und Symbolik. Warum?

---

7   Bundeswehr und Tradition, § 20.

8   Fetscher, Caroline: Dunkelkammern der Seele, in: Tagesspiegel vom 9. Mai 2004.

2. Die Kraft der Symbole

Das Zeremoniell der Streitkräfte, ihre Symbole und Rituale – Brauchtum im Sinne des Erlasses – stehen stellvertretend für den komplexen historischen und gesellschaftlichen Kontext, der sie hervorgebracht hat oder den man ihnen unterstellt. An ihnen lassen sich grundsätzliche Positionen zur Tradition der Streitkräfte leicht und eingängig illustrieren. Sie sind daher bequem und plakativ. Wie in einem Brennglas bündeln sich in ihnen komplexe Argumentationslinien. Da liegt es nahe, dass Tradition gelegentlich mit Symbolen und anderen auf das Äußere bedachte Formen verwechselt oder mit ihnen gleichgesetzt wird. Gerade diese Bevorzugung der Form vor dem Inhalt hat aber zum schlechten Ruf der Tradition beigetragen und ihrem Missbrauch in vordemokratischer Zeit Vorschub geleistet.

Militärisches Zeremoniell, Brauchtum und Symbolik erfüllen also nicht nur die ihnen zugedachten Funktionen innerhalb des soldatischen Dienstes. Bis heute prägen sie auch den Alltag der Soldaten. Und sie bestimmen unser Bild von der Verwurzelung der Bundeswehr in ihren Vorgängerarmeen und damit in ihrem vordemokratischen Erbe. Nicht von ungefähr sind das Zeremoniell der Bundeswehr und ihre Symbolsprache im internationalen Vergleich zurückhaltend, ja sogar „bescheiden". Bewusst hat man die Pflege bestimmter Zeremonielle und Symbole bei Gründung der Bundeswehr nicht fortgesetzt.

Dennoch sind das verbliebene Brauchtum der Streitkräfte und ihre Symbole von den Intellektualisierungs- und Rationalisierungsbestrebungen des modernen Traditionsverständnisses der Bundeswehr weitgehend unberührt geblieben. Die Truppe hält mit großer Anhänglichkeit unbeirrt an ihnen fest, obwohl ihr Ursprung und Sinn kaum noch bekannt sind. Als geheimnisvolle und unberechenbare Mächte widerstanden sie erfolgreich der von Max Weber beschriebenen „Entzauberung der Welt"[9]. Bis heute entziehen sie sich hartnäckig dem kritischen und vernunftgeprägten Traditionsverständnis des Homo Faber.

---

9   Weber, Wissenschaft als Beruf.

Für das Traditionsverständnis der Bundeswehr sind Zeremoniell und Brauchtum keine vernachlässigbaren Größen, wie die bisherigen Traditionsdebatten zeigen. Sie lassen sich vom allgemeinen Traditionsverständnis nicht abtrennen, auch wenn sie keiner vergleichbar strengen Werteorientierung folgen. Aufgrund ihrer sinnlich wahrnehmbaren Gestalt prägen Symbole, Zeremonien und Rituale das Bild der Streitkräfte in der Gesellschaft. So wie Traditionen selbst, so stellt auch die Pflege des Brauchtums und das Nutzen von Symbolen eine eigentümliche Weise der Tradierung dar. Sie sind die sinnlich wahrnehmbare Konkretisierung von Überlieferungen auf vornehmlich emotionaler Ebene in einer zeitgebundenen, heute jedoch nicht immer zeitgemäßen und sogar oft funktionslosen Ausdrucksform. Ihre praktische Bedeutung sowohl für das Traditionsverständnis in den Streitkräften als auch für die öffentlichen Diskussion um die Tradition der Bundeswehr ist unverändert hoch, wie im Folgenden an zwei Fallbeispielen dargestellt werden soll.

3. Öffentliche Rekrutenvereidigungen und das Ehrenmal der Bundeswehr

Die öffentliche Vereidigungs- und Gelöbnispraxis der Bundeswehr ist seit den 1980er Jahren regelmäßig Gegenstand der Diskussion. Die Bundeswehr sieht darin einen Ausdruck der gesellschaftlichen Verankerung demokratischer Streitkräfte als Bürgerarmee und gemäß Traditionserlass „eine gewachsene Tradition"[10]. Kritiker hingegen werten diese Praxis als Versuch der „Militarisierung des öffentlichen Raumes"[11], als „Landnahme"[12] sowie als Beleg für die Fortführung „feudalistischer, perverser Rituale"[13] in der Bundeswehr.

---

10 Richtlinien 1982, § 30.

11 So die Bundesvorstandssprecherin von Bündnis 90/Die Grünen Antje Radcke. Die Welt vom 21. Januar 1999.

12 Die Welt vom 30. Mai 1996.

13 So der damalige Bundessprecher von Bündnis90/Die Grünen, Jürgen Trittin. Die Welt vom 1. Juni 1996.

Der Traditionserlass betont die „besondere Bedeutung" des Diensteides und des feierlichen Gelöbnisses als öffentliches Bekenntnis der Soldaten zum demokratischen Staat für die Traditionspflege der Bundeswehr[14]. „Öffentlich" wird dieses Bekenntnis dabei durch die „Anteilnahme der zivilen Bürger". Der Erlass schweigt sich allerdings darüber aus, ob auch die gezielte Durchführung dieser Zeremonie im öffentlichen Raum (also außerhalb der Kasernen und Liegenschaften der Bundeswehr) selbst Gegenstand der Traditionspflege ist.

Wie in keinem anderen militärischen Zeremoniell spiegeln sich in Eid und Gelöbnis der Auftrag und das Selbstverständnis der Soldaten der Bundeswehr. Dabei hatte der Dienst- oder Fahneneid seine rechtliche Bedeutung bereits im 19. Jahrhundert sukzessive eingebüßt und zu Beginn des 20. Jahrhunderts weitgehend verloren. Die Vereidigung des Soldaten entwickelte sich also schon vor Gründung der Bundeswehr vom statusbegründenden Rechtsakt zu einem Initiationsritus, der sowohl nach innen wie nach außen den Übergang von der zivilen in die militärische Gemeinschaft markiert. Das eigentümliche Zeremoniell und die Eidesleistung in der Öffentlichkeit betonen und manifestieren die Abgrenzung der militärischen von der zivilen Welt. Der Rekrut, bereits eingekleidet und hinlänglich mit den militärischen Verhaltensweisen vertraut, präsentiert sich der Öffentlichkeit als der soldatischen Gemeinschaft zugehörig. Mit der Eidesleistung wird der soziale Rollenwechsel symbolisch vollzogen. [15]

Die Ablehnung der öffentlichen Vereidigungs- und Gelöbnispraxis der Bundeswehr, die 1980 ihren Höhepunkt in gewalttätigen Ausschreitungen mit 260 verletzten Personen rund um das Bremer Weserstadion fand, ist auf oft vorurteilsbehaftete Vorbehalte gegenüber dieser militärischen Welt mit ihrer so eigenen, fremden Kultur zurückzuführen[16]. Im (weitgehend

---

14	Richtlinien 1982, § 23.
15	Lange, Der Fahneneid.
16	Gelöbnisfeiern außerhalb militärischer Liegenschaften stellen eine Ausnahme dar. Im Jahr 1980 machten sie nur knapp 20 Prozent aller Gelöbnisse aus. Zahlen nach IFDT 25 (1981), H. 5, S. 94.

funktionslosen) militärischen Zeremoniell der Eidesleistung sehen Kritiker und Demonstranten bis heute „dysfunktionale und anachronistische Gepflogenheiten"[17], unvereinbar mit ihrem Staats- und Demokratieverständnis.

Alle Versuche, Diensteid und Gelöbnis abzuschaffen oder zumindest auf ihre Durchführung im öffentlichen Raum zu verzichten, sind jedoch bislang gescheitert. Allerdings gab es ernsthafte Versuche. 1968 hatte der Wehrbeauftragte des Bundestages, Matthias Hoogen, in seinem Jahresbericht Gelöbnis- und Vereidigungspraxis der Bundeswehr als „alten Zopf" bezeichnet, der „zu den sachlichen Funktionsbezügen des modernen Soldaten" keine tragfähige Beziehung mehr aufweise. Neben der statusrechtlichen und pflichtenbegründenden Irrelevanz des Gelöbnisses geriet vor allem dessen angeblich „zweideutige Formulierung" in die Kritik. Die „gesamtdeutsche Verpflichtung" in Eid- und Gelöbnistext („Recht und Freiheit des deutschen Volkes"), die sich aus dem Alleinvertretungsanspruch der Bundesrepublik Deutschland entstanden war, erschien als nicht mehr zeitgemäß.

Tatsächlich kündigte die Bundesregierung 1970 an, den Eid reformieren und das Gelöbnis ganz aufgeben zu wollen[18]. Das Bundesverteidigungsministerium begann mit entsprechenden Planungen und legte eine Änderung des Soldatengesetzes im Entwurf vor. Auch in der Öffentlichkeit stieß diese Absicht auf Zuspruch. In einer Wehrpflichtarmee, so der überwiegende Tenor, sei ein Fahneneid oder ein Gelöbnis „bloßer Traditionalismus"[19]. Im Vorgriff auf eine erwartete Gesetzesänderung wurde innerhalb der Bundeswehr daher bereits mit der Ausarbeitung von Merksätzen und Unterrichtshilfen begonnen, wie das feierliche Gelöbnis durch eine „feierliche Aufnahme in die Streitkräfte" zu ersetzen sei.

Letztlich wurden jedoch verfassungsrechtliche Bedenken erhoben. Im Falle der Änderung des Soldateneides müssten, so die Verfassungsrechtler des Innenministeriums, auch die Eidesformel des Bundespräsidenten und der

---

17 Simon, Zur Kontroverse, S. 332.
18 Weißbuch der Bundesregierung 1970, Bonn 1970, S. 127.
19 Frankfurter Allgemeine Zeitung vom 19. Oktober 1970, S. 2.

Regierungsmitglieder angepasst werden, zudem stünden die Verpflichtungsformeln mit ihrer gesamtdeutschen Verpflichtung in Einklang mit dem Wiedervereinigungsgebot des Grundgesetzes. Eine generelle Abschaffung oder Änderung der Diensteide von Beamten, Soldaten und Richtern kam aber nicht in Frage. So war der Gesetzesentwurf bald wieder vom Tisch.

Nicht so aber die Absicht, das Gelöbnis der Wehrpflichtigen abzuschaffen und durch eine förmliche Belehrung über Rechte und Pflichten zu ersetzen. Auch das Weißbuch 1971/72 enthielt eine entsprechende Absichtserklärung.[20] Die angestrebte „breite parlamentarische Basis" dafür kam aber nicht zustande, da die Abschaffung des Gelöbnisses bei gleichzeitiger Beibehaltung des Fahneneides die Schere der Verpflichtungsintensität zwischen Wehrpflichtigen und Zeitsoldaten weiter geöffnet hätte. Im Weißbuch 1973/74 wurde diese Ankündigung deshalb wieder aufgegeben.[21] Als schließlich 1975 das Gesetz über die Rechtsstellung der Soldaten neu gefasst wurde, blieb der Eid und feierliches Gelöbnis betreffende Paragraph unverändert.

Seit den 1980er Jahren fokussierte sich die Kritik, vor allem im Zuge der Nachrüstungsdebatte, auf die Durchführung der Vereidigungszeremonie im öffentlichen Raum. Ohne auf diesen Diskurs näher eingehen zu wollen, sei die Bemerkung erlaubt, dass für eine sachliche Bewertung öffentlicher Gelöbnisse und Vereidigungen der Bundeswehr ihr eigentlicher Kern, also die beschworene Eidesformel, ausschlaggebend sein sollte. Diese sieht aber keine effektvolle Anerkennung und Bekräftigung von undemokratischen Herrschaftsstrukturen vor. Stattdessen bringt sie mit der Verpflichtung der Soldaten auf treuen Dienst und auf den Schutz von Recht und Freiheit des deutschen Volkes die Verwurzelung demokratisch verfasster und kontrollierter Streitkräfte in einer freiheitlichen Gesellschaft zum Ausdruck. Letztlich symbolisieren Diensteid und Gelöbnis also die Kontrollfunktion der zivilen Gesellschaft und den Primat der Politik über die Streitkräfte.

---

20 Weißbuch der Bundesregierung 1971/72, Bonn 1972, S. 190.
21 Weißbuch der Bundesregierung 1973/74, Bonn 1974, S. 228.

Vorwürfe, solche vergleichsweise schlichten Veranstaltungen würden zu einer Militarisierung der Gesellschaft führen, sind daher sowohl Beleg für das Fortwirken früheren Missbrauchs der militärischen Vereidigungspraxis als auch Indiz für eine tiefe Unkenntnis über die verfassungsrechtliche Stellung der Bundeswehr und ihrer Aufgaben im Rahmen der freiheitlich-demokratischen Grundordnung Deutschlands.

Zu diesen Veranstaltungen zählt auch das ehrende Gedenken an gefallene und im Dienst verstorbene Soldaten, das in allen Streitkräften Ausdruck der kulturellen Identität und Teil der Tradition ist. Mit dem 2009 eingeweihten Ehrenmal am Berliner Dienstsitz des Bundesministeriums der Verteidigung verfügt die Bundeswehr erstmals über einen Ort, an dem aller Angehörigen der Bundeswehr, die infolge ihrer Dienstpflichten gestorben sind, zentral gedacht wird. Der Bau des Ehrenmals bildet den bisherigen Höhepunkt und vorläufigen Abschluss der Suche nach angemessenen Formen und Ritualen für das Totengedenken in der Bundeswehr. Die Übernahme des Ehrenmals in den Traditionskanon der Streitkräfte kann dagegen noch nicht als abgeschlossen bewertet werden.

Die Absicht des verantwortlichen Verteidigungsministers, Franz Josef Jung, einen symbolträchtigen Erinnerungsort zu schaffen, wurde mit ihrem Bekanntwerden in der Öffentlichkeit vielfach kritisiert. Unter anderem entzündete sich die Ablehnung am Entschluss des Ministers, das Ehrenmal auf dem Gelände des zweiten Dienstsitzes in Berlin zu errichten. Es wurde unterstellt, dass mit diesem Ehrenmal Bundeswehr und Öffentlichkeit auf die Notwendigkeit weiterer Einsätze und regelmäßiger Verluste eingestimmt werden sollten. Schließlich wurde behauptet, mit der Errichtung des Ehrenmals solle erneut die Dominanz des Militärischen im Bewusstsein der zivilen Gesellschaft verankert und damit eine schleichende Remilitarisierung der Gesellschaft eingeleitet werden.

Kern der Debatte aber war der Vorwurf, das Totengedenken der Bundeswehr diene dazu, den Einsatz militärischer Mittel politisch zu legitimieren. Das deutsche Engagement in Krisengebieten solle aufgewertet und in eine fatale Tradition der Kriegsverherrlichung gestellt werden. Von dort war es nur ein kurzer Weg, die Frage nach dem Selbstverständnis der Bundeswehr zu stellen und dem Ehrenmal die „offizielle (Wieder-)Herstellung der Normalität des Krieges"[22] zu unterstellen.

Auch in dieser Debatte verdichtete sich die Argumentationsführung an tatsächlichen und vermeintlichen Symbolen, angefangen mit der eigentlichen Entstehungsgeschichte des Ehrenmals, der eine „eigene Symptomatik" unterstellt wurde. Das Verteidigungsministerium habe mit der Wahl des Bauplatzes, die ein förmliches Baugenehmigungsverfahren nicht erforderlich machte, und seinem nichtöffentlichen Auslobungsverfahren gezielt eine Debatte in der Zivilgesellschaft vermeiden und vielmehr rasch Fakten schaffen wollen („ein Ehrenmal per Befehl"[23]). Oppositionspolitiker beklagten, dass der Bundestag nicht oder nicht ausreichend in das Projekt eingebunden gewesen sei, und die Medienöffentlichkeit kritisierte die weitgehende Geheimhaltung, mit der das Projekt im Verteidigungsministerium betrieben worden war. Statt wie wiederholt öffentlich gefordert, eine breite sicherheitspolitische Debatte zwischen Politik, Bundeswehr und Gesellschaft über die neuen Aufträge der Bundeswehr anzustoßen und zu führen, belasse es Politik und Bundeswehr bei einer risikolosen „symbolpolitischen Geste".[24]

Auch die Symbolik des eigentlichen Bauwerks forderte zum Widerspruch heraus. Die Bundeswehr und ihr Architekt Andreas Meck, so der Vorwurf, knüpften an „alte Formtraditionen"[25] sowie „Bildformeln des nationalen Totenkults" an und betrieben so eine „sakrale Überhöhung des Solda-

---

[22] Gramann, Ulrike: In Ehrengewittern begraben, in: Neues Deutschland vom 15. Juni 2007.

[23] Soldaten-Mahnmal wird kommen, in: Das Parlament 58 (2008), S. 13.

[24] Naumann, Klaus: Große Geste, kleine Öffnung. Zur Debatte um das Soldaten-Ehrenmal des Bundesverteidigungsministeriums, S. 5. http://www.zeitgeschichte-online.de/portals/_rainbow/documents/pdf/naumann_bwe.pdf.

[25] Libero, Loretana de: Aus den Trümmern der Alten. Zur Diskussion um ein Ehrenmal der Bundeswehr, S. 1 f. http://www.zeitgeschichte-online.de/portals/_rainbow/documents/pdf/deLibero_bwe.pdf.

tentods"[26]. Die Formsprachen des Gebäudes impliziere „die Heiligung und Belohnung des Soldatentods durch den Aufstieg zum Licht über dem Altar des Vaterlandes"[27]. Kurz, das Ehrenmal sei eine Wiederannäherung an den „herkömmlichen militärischen Gefallenenkult"[28].

Selbst im doppelten Zugang zum Ehrenmal, der eigentlich rein praktischen Erwägungen geschuldet war, − ein wandartiges Schiebeelement öffnet das Bauwerk entweder zur Straßenseite oder zum Paradeplatz des Verteidigungsministeriums − meinten aufmerksame Kritiker symbolisches Handeln entdecken zu können („Hier der kleine Bürgerzugang, dort die breite Hallenfront"). Das militärische Totengedenken in der Bundesrepublik, so der Vorwurf, laufe auf eine „qualifizierte und dosierte Öffentlichkeit zu".[29]

Vor allem aber die Fassade, ein durchbrochenes Bronzekleid, das die Stahlbetonkonstruktion „einhegt" und wohl die deutlichste Symbolik aufweist, stand im Mittelpunkt der Kritik. Die in die Bronzehülle gestanzten ovalen Öffnungen zitieren die Form der Erkennungsmarke − ein deutlicher Bezug auf die getöteten Soldaten, deren gedacht werden soll. Kaum ein Kritiker vergaß darauf hinzuweisen, dass diese Formanalogie auf eine über die Bundeswehr hinausgehende Traditionslinie verweise, schließlich habe diese Form der Erkennungsmarke bereits ganz ähnlich auch für Soldaten beider Weltkriege Verwendung gefunden. Damit sei diese Traditionslinie aber „problematisch", da das jetzige Ehrenmal ja die Eigengeschichte der Bun-

---

26 Offener Brief des Vorstandes des Ulmer Vereins e.V. und weiterer Unterzeichner vom 11. Oktober 2007 an Bundeskanzlerin Angela Merkel und Bundesverteidigungsminister Jung, http://hsozkult.geschichte.hu-berlin.de/index.asp?id=943&pn=texte.

27 Ebenda.

28 Hettling, Gefallenengedenken, S. 66.

29 Naumann, Große Geste, S. 6.

deswehr als Armee der Demokratie betonen solle[30]. Dass die stilisierten Erkennungsmarken, im Morsealphabet gelesen, den Wortlaut des Soldaten- und Beamteneides bilden, ging in der Diskussion dagegen weitgehend unter.

4. Folgerungen

Die Debatten um öffentliche Gelöbnisse und das Ehrenmal der Bundeswehr offenbaren nicht nur, wie stark das Bild, das sich die Öffentlichkeit von der Bundeswehr und ihrer Tradition macht, von militärischen Symbolen, Brauchtum und Zeremonien bestimmt wird. Die geschilderten Debatten verdeutlichen darüber hinaus auch das problematische Verhältnis der west-, heute gesamtdeutschen Gesellschaft zu einer angemessenen Repräsentationskultur.

Die Bundeswehr ist eine der wenigen staatlichen Institutionen, die mittels ihrer Symbolsprache staatlichen Hoheitsakten einen feierlichen Charakter verleiht. Ihre Symbole und vor allem ihr Zeremoniell prägen in hohem Maße das Erscheinungsbild der Souveränität und Staatsmacht der Bundesrepublik Deutschland im In- und Ausland – nicht nur bei Staatsbesuchen und Großem Zapfenstreich für ausscheidende Bundespräsidenten und Bundeskanzler. Vor allem aufgrund ihrer weitgehenden Singularität wird selbst die im internationalen Vergleich zurückhaltende Form staatlicher Repräsentation durch die Bundeswehr gelegentlich als einschüchterndes Spektakel des staatlichen Gewaltmonopols empfunden, als anachronistische und „provokative Zurschaustellung von militärischem Glanz und Gloria"[31].

Nüchtern betrachtet sind Symbolik und Zeremoniell der Bundeswehr in ihrer Schlichtheit und Zurückhaltung jedoch kaum geeignet, Pathos, Heroisierung oder gar Kriegsbegeisterung auszulösen. Wer den soldatischen Dienst und insbesondere Auslandseinsätze der Bundeswehr grundsätzlich

---

[30] Mügge, Maike: Standort, Kontext, Baukörper, Material und Symbol. Das geplante Bundeswehr-Ehrenmal in formal-analytischer Perspektive, S. 11. http://www.zeitgeschichte-online.de/portals/_rainbow/documents/pdf/muegge_bwe.pdf.

[31] Simon, Zur Kontroverse, S. 331.

ablehnt, wird aber auch noch gegen die unauffälligste Form militärischer Selbstdarstellung sein müssen.

Was bedeutet das für die Tradition der Bundeswehr?

Zunächst die wenig überraschende Feststellung, dass sinnlich erfahrbare Symbole und Zeremonielle in unserer durch visuelle Medien geprägten Kultur einen weit größeren Einfluss darauf haben, wie die Bundeswehr und ihre Tradition in der Truppe und in der Öffentlichkeit wahrgenommen werden, als es Erlasse und Richtlinien jemals könnten. Die Tradition der Bundeswehr manifestiert sich eben vornehmlich in den vom Traditionserlass recht stiefmütterlich behandelten Imponderabilien. Sie haben „Bedeutung" im eigentlichen Wortsinn. Sie erleichtern den Zugang zum komplexen Traditionserbe, in dem sie, wie im Erlass fast verschämt eingeräumt wird, darauf verweisen und seine Bewahrung sichern.

Bundesminister de Maizière hat in seiner Rede zur Neueröffnung des Militärhistorischen Museums der Bundeswehr darauf hingewiesen, dass die Bundeswehr auf Traditionen angewiesen ist. Wie alle Armeen kann auch sie auf die sinn- und gemeinschaftsstiftende Kraft von Tradition nicht verzichten, wenn sie Identifikation und Korpsgeist stiften will. Dies ist aber im Korsett der engen Begriffsdefinition des Erlasses, der Tradition ausschließlich als Werteüberlieferung begreift, nur bedingt möglich. Obwohl oder gerade weil Brauchtum, Symbole und Zeremoniell nur Ausdruck und Form, aber nicht Inhalte von Tradition sind, sprechen sie Gefühle unmittelbar an. Sie zielen auf das Gemüt und appellieren an das menschliche Unterbewusstsein. Und da der Mensch nicht nur Hirn, sondern auch Herz ist, wird es auch künftig unumgänglich bleiben, komplexe Traditionsinhalte durch einfache Symbole und Zeremonien nicht nur sichtbar, sondern zugleich erlebbar zu machen. Einen Staat kann man nicht nur auf Prinzipien aufbauen, hat Carlo Schmidt schon 1956 vor dem deutschen Bundestag festgestellt: „Man braucht auch Symbole und Vorbilder"[32]. Gleiches gelte für Streitkräfte.

Die begriffliche Trennung von „Tradition" und „Brauchtum" durch den Traditionserlass ist daher zwar intellektuell zwingend und sinnvoll, in der

---

[32] 140. Sitzung des Deutschen Bundestages vom 18. April 1956.

Praxis des Lebens mutet sie jedoch akademisch an. Der Erlass will gedanklichen und inhaltlichen Unschärfen entgegenwirken. Er will verhindern, dass die Übernahme und Bewahrung militärischen Brauchtums gleichgesetzt wird mit der Weitergabe und Pflege tradierenswürdiger Werte, dem archimedischen Punkt seines Traditionsverständnisses. Das ist ehrenwert und grundsätzlich richtig.

Dieser Ansatz verkennt jedoch, dass Tradition nicht ausschließlich in der Ratio wurzeln kann, sondern ihre Wurzeln ins Unterbewusste senken und Gefühle ansprechen muss. Als abstrakte Haltung ist sie nicht zu verwirklichen und kann die von Minister de Maizière angesprochenen Kräfte nicht entfalten. Tradition muss sichtbar und erlebbar gemacht werden. Symbole und Brauchtum können dabei helfen.

Ohne Zweifel reichen die Traditionen der Bundeswehr weiter zurück als ihre verfassungsrechtliche Einbindung in die freiheitlich-demokratische Grundordnung der Bundesrepublik Deutschland. Die Bundeswehr pflegt aus guten Gründen keine Traditionslinien zu Wehrmacht, Reichswehr oder noch älteren Vorgängern. Rituale, Symbole und Zeremonien aus vordemokratischer Zeit sind dennoch in die Tradition der Bundeswehr eingeflossen. Sie erfüllen dort wichtige Aufgaben, ohne dass die Bundeswehr dazu die Armeen und die politisch-gesellschaftlichen Rahmenbedingungen, die diese Symbole und Zeremonien hervorgebracht haben, in ihr Traditionserbe aufnehmen müsste. Als Bestandteil militärischer Tradition sind sie nicht nach Belieben veränderbar oder können willkürlich umgestaltet werden, sofern man Wert darauf legt, dass sie von den Soldaten und auch in der Bevölkerung angenommen werden.

Hinsichtlich der Tradition der Bundeswehr hat es keine „Stunde Null" gegeben, wohl aber einen radikalen Neubeginn mit dem festen Willen, auf dem Boden des gültigen Erbes etwas grundsätzlich Neues zu schaffen. Erlasse, Vorschriften und Befehle können diesen Neubeginn im Traditionsverständnis der Bundeswehr lediglich beschreiben und damit das Verständnis für Sinn und Ziel lebendig halten. Für lebendige Traditionen bedarf es jedoch der unmittelbaren, sinnlichen Erfahrung.

Der Verteidigungsminister hat deshalb ebenfalls darauf hingewiesen, dass die Pflege von Traditionen immer auch untrennbar mit dem Anspruch auf Erziehung verbunden ist. Der ernste Sinn und der tiefe Gehalt von Brauchtum, Symbolen und Zeremonien im Traditionserbe der Bundeswehr müssen deshalb immer wieder vermittelt und deutlich ins Bewusstsein gerückt werden, sollen sie nicht zu unverstandenen Konventionen absinken. Nur so wird Tradition in der Bundeswehr nicht nur lebendig und wertebezogen bleiben, sondern auch Kompass sein.

Plädoyer für ein europäisches Traditionsverständnis

Eberhard Birk

1. Hinführung

Am Anfang waren „Europa" und die historische, politische sowie kulturelle Reflexion über seine Wirkungsmächtigkeit für die jeweils folgenden Epochen – oft eingebunden in philosophische, religiöse und historisierende Gewänder mit in- und exklusivem Charakter als Legitimationsgrundlage gegenwärtiger Handlungsoptionen und Zielvorstellungen.

Auf militärischem Terrain ist in jüngerer Vergangenheit, wenn auch erst beginnend im Zuge des Zweiten Weltkrieges und danach, ebenfalls eine Bezugnahme auf eine europäische Perspektive erkennbar, deren erster Anlauf im Rahmen des EVG-Projektes indes aus historischen, politischen und strategischen Gründen scheiterte. Auch die als „Ersatzlösung" ins Leben gerufene Westeuropäische Union konnte dem ihr gelegentlich zugedachten verteidigungspolitischen Anspruch während des Kalten Krieges nicht gerecht werden. Der Versuch, sie ab Mitte der 1980er Jahre im Zuge ihrer Revitalisierung als Nukleus eines europäischen „Schwertarmes" weiterzuentwickeln, blieb ohne Nachhaltigkeit.[1]

Mit dem *annus mirabilis* 1989, dem Zerfall der Sowjetunion, den Freiheitsrevolutionen in Mittel-(Ost-)Europa, der sich vertiefenden Integration in Westeuropa sowie dem sicherheitspolitischen Paradigmenwechsel der letzten beiden Jahrzehnte veränderten sich die politischen und militärischen Rahmenbedingungen fundamental. Die EU stellte sich nach der Verwirklichung der Europäischen Wirtschafts- und Währungsunion auch der Herausforderung, eine Europäische Sicherheits- und Verteidigungsidentität herauszubilden. Dabei ist der gelegentlich zu euphorischen Hoffnung, dass parallel zur deutschen „Wiedervereinigung" – militärisch: „Armee der Einheit" – im Zu-

---

[1] Zum Gesamtkomplex Birk, Der Funktionswandel.

ge des Maastricht-Prozesses neben den unterschiedlichen Ansätzen zur politischen und wirtschaftlichen „Integration" auch sukzessive ein gemeinsames militärisches Instrumentarium entstehen sollte oder könnte, die Realität entgegengetreten.

Die alten und neuen, zuvor ungeahnten sicherheitspolitischen Herausforderungen, die mit dem Kollaps der antagonistischen Bipolarität einhergingen, beließen jedoch der intergouvernementalen NATO für die bisherigen und neuen Mitglieder weiterhin den Status des „first-choice"-Bündnisses. Europäische Optionen hatten vielfach einen deklamatorischen Charakter. Für die mittel- und osteuropäischen Staaten war das nordatlantische Schutzversprechen wichtiger als vage Neuauflagen einer revitalisierten, aber von vielen europäischen Staaten nicht ernsthaft erwogenen integrierten europäischen Verteidigungsunion.

Zu Beginn des 21. Jahrhunderts jedoch noch genuin nationale Sicherheits- und Verteidigungspolitiken im Zuge der Globalisierung zu präferieren, verkennt die objektive Tatsache, dass auch nationale Sicherheit in Europa heute nur als abgeleitete Größe gesamteuropäischer Sicherheit denk- und realisierbar ist. Dass Soldaten in der Armee eines souveränen Nationalstaates dienen, der seine Staatsbürger schützt – diese Betrachtung ist legitim, aber zusehends in Erosion begriffen. Europäische Identität definiert sich jenseits der oder parallel zur Nationalstaatlichkeit neu: Die Schaffung europäischer (integrierter) Streitkräfte wird zum Desiderat, wenn die EU einen erfolgreichen „comprehensive approach" praktizieren möchte.

2. Europäische Streitkräfte – ein Vorschlag

Nahezu unbemerkt von weiten Teilen der nationalen sicherheitspolitischen „communities" hat das Europäische Parlament im Februar 2009 einen geradezu revolutionär zu nennenden Vorstoß unternommen. Es stellte fest, „dass eine gemeinsame Verteidigungspolitik in Europa eine integrierte europäische Streitmacht" erfordere, und befürwortete „die dynamische Weiterentwicklung der Zusammenarbeit nationaler Streitkräfte hin zu einer immer engeren

Synchronisierung". Zugleich empfahl es, „diesem Prozess und den Streitkräften den Namen SAFE 'Synchronized Armed Forces Europe' zu geben"[2].

Im Kern sollen dabei die militärischen Fähigkeiten der freiwilligen Teilnehmerstaaten auf europäischer Ebene synchronisiert werden. Kosteneinsparung und Effizienz sowie ein europäisches Bewusstsein sind dabei Ausgangspunkt und Zielsetzung zugleich. Die bereits existierenden multinationalen Streitkräfteformationen wie zum Beispiel das Eurokorps oder das Konzept der EU-Battlegroups werden hierbei sicherlich die katalysatorische Funktion eines wertvollen Kerns übernehmen. Sie sind auf dem Weg zu integrierten Streitkräften weder Hindernis noch ein auf Dauer angelegter Endzustand.

Bei SAFE geht es nicht um die Delegitimierung und sofortige Abschaffung nationaler Streitkräfte. Aber dass es nun gilt, die EU zu einem strategisch autonomen Akteur vor, während und nach Krisen weiterzuentwickeln, ist evident. Die Schaffung einer „Union der Verteidigung" wird für das 21. Jahrhundert so wichtig, wie es die Schaffung einer „Wirtschafts- und Währungsunion" zuvor war. Dazu gehören natürlich à la longue auch europäische Streitkräfte. Diese könnten sukzessive entstehen aufgrund anhaltenden finanziellen Drucks im Zuge der Euro-Krise, möglicher neuer äußerer Herausforderungen oder auch eines im Moment indes nicht zu erkennenden, jedoch nicht kategorisch auszuschließenden Schubs eines wachsenden europäischen Bewusstseins.

Diese Perspektive könnte auch durch die normative Kraft des Faktischen Gestalt annehmen. Selbst wenn gegenwärtig keine existentielle äußere Bedrohung, keine europäische Verfassung und keine den nationalen politischen und gesellschaftlichen Diskursen vergleichbare europäische Öffentlichkeit existieren, ist eine generelle sicherheitspolitische und militärische Europäisierung festzustellen: Streitkräfte der EU-Staaten stehen in gemeinsa-

---

[2] Entschließung des Europäischen Parlaments vom 19. Februar 2009 zu der Europäischen Sicherheitsstrategie und die ESVP (P6_TA[2009]0075), hier die Punkte 9 und 51;
http://www.europarl.europa.eu/RegistreWeb/search/simple.htm?fulltext=A6-0032%2F2009&language=DE [letzter Abruf: 19.12.2011]. Siehe auch Pöttering, „Synchronized Armed Forces Europe".

men Einsätzen auf drei Kontinenten und deren Randmeeren[3]. Sie vertreten dort neben nationalen auch europäische Interessen, die sich auf gemeinsame Ziele und Werte stützen.

3. Militärische Tradition in Europa – Grundlagen

Neue Armeen – auch angedachte – benötigen eine neue, das Gemeinsame kultivierende Tradition. Es geht um die geistige „Wurzel", die über die militärische Professionalität hinausweist. Damit stellt sich nicht nur die Legitimationsfrage nach dem „Warum?", sondern auch jene nach dem „Woher?". Dass das Militär anders als die meisten Berufsgruppen ein stärker ausgeprägtes Kontinuitätsmuster – Tradition in weitestem Sinne – verlangt, ist legitim. In Zeiten des Umbruchs und der Auflösung kollektiver Erinnerungskulturen durch sozioökonomische und gesellschaftliche Veränderungen geben Traditionen ein gewisses Maß an Orientierung und Sicherheit, mentaler Stabilität und Gewissheit. Das Bestreben, sich auf jahrzehnte- und jahrhundertelange identitätsstiftende Kontinuitätslinien zu berufen, ist unübersehbar.

Indes, die Problemlage ist evident: Tradition in Europa ist nicht gleichbedeutend mit europäischer Tradition. Militärische Traditionen sind in erster Linie nationale Traditionen, wie ein kursorischer Überblick verdeutlicht: So mag das britische Traditionsverständnis aus europäisch-integrativer Sicht insular-maritim, global, anti-europäisch und dem Expeditionscharakter des Militärischen verhaftet erscheinen. Frankreich mag als ‚Grande Nation' den zivilisatorischen Idealen ebenso huldigen wie es als ehemalige Kolonialmacht, und unter dem von de Gaulle revitalisierten Führungsanspruch in Europa, noch immer nostalgisch der vergangenen ‚grandeur' anhängt. Österreich hat als neutraler Staat in der EU mit seiner ‚kaiserlichen Aura' einen Traditionserlass, der sich stellenweise bis zum Wortlaut dem bundesdeut-

---

[3] Für eine Auflistung – neben Einsätzen von Polizei und zivilen Kräften – abgeschlossener und laufender Operationen siehe die Website http://www. http://consilium.europa.eu/eeas/security-defence/eu-operations?lang=de [letzter Abruf: 19.12.2011].

schen angenähert hat[4], und die Armeen der Staaten Mittel- und Osteuropas haben in ihrem Traditionsverständnis das Spannungsfeld von religiös determinierter (katholischer/orthodoxer) Nation sowie kommunistischer Vergangenheit auszuhalten und es den neuen demokratischen Normen anzupassen.

In der Bundeswehr hat die Traditionsfrage ohnehin eine „konjunkturellen Schwankungen" unterliegende „Tradition". Im Zentrum der Diskussion über das historisch-politische Selbstverständnis stand dabei seit jeher die Frage, ob die Traditionswürdigkeit des militärischen Dienstes eine wertorientierte Zweckgebundenheit soldatischer Tugenden wie Tapferkeit, Disziplin etc. benötigt – wofür dient(e) der Soldat? –, oder aber dem überzeitlichen Tugendkatalog im Sinne eines statischen Berufsbildes des soldatischen „sui generis" der Vorrang einzuräumen ist – wie übt(e) der Soldat sein Waffenhandwerk aus? Ihre Konzentration auf die Konzeption der Inneren Führung mit dem „Staatsbürger in Uniform" war dabei stets verbunden mit einer apodiktischen Abgrenzung zur Wehrmacht.

Gleichwohl: Das zum Dogma erhobene Postulat „Vom Einsatz her denken" sowie die Zunahme der Gefechtsintensität in Afghanistan haben in der „Generation Einsatz" zu der Forderung nach einer Revitalisierung geradezu „klassischer" Militärtraditionen in der Bundeswehr geführt. Die nationale Engführung wird dabei nicht zuletzt durch den Verweis auf andere europäische Armeen begründet. Aber die Summe einzelner nationaler Traditionen ist trotz des EU-Wahlspruchs ‚In Vielfalt vereint' keine europäische Tradition.

Es darf generell – dies als zentrale Grundüberlegung – daher nicht darum gehen, möglichst viele nationale Traditions-Elemente „nach Europa zu retten". Eine anzustrebende europäische Perspektive kann eine integrative Kraft nur dann entfalten, wenn der Fokus weg vom in der Vergangenheit Trennenden eindeutig auf das allen Gemeinsame gerichtet wird: „Wenn wir uns vorstellen, wir sollten lediglich mit dem leben, was wir als Angehörige

---

[4] Vgl. Verlautbarungsblatt I des Bundesministeriums für Landesverteidigung und Sport, Jahrgang 2010 (53. Folge), Wien 16. Juni 2010; Inhalt: 97. Anordnungen für die Traditionspflege im Bundesheer [Erlass vom 29. April 2010, GZ S93583/17-EFü/2010].

einer einzelnen Nation sind [...], dann werden wir bestürzt erkennen, wie unmöglich eine solche Existenz ist: Vier Fünftel unseres geistigen Besitzes sind europäisches Gemeingut" (Ortega y Gasset).

Als eine Möglichkeit zur Harmonisierung oder Synchronisierung unterschiedlichster Vorstellungen des Traditionsbegriffes in den europäischen Nationalarmeen der Gegenwart könnte sich hierbei der „Ethos"-Begriff erweisen.[5] Die Herausbildung eines europäischen Ethos auf der Grundlage eines europäischen Geschichtsbildes und Politikverständnisses erfordert indes, den nationalen (militär-) historischen „lieux de mémoires"[6] europäische Optionen an die Seite zu stellen.

4. Europäische Tradition – ein Vorschlag

Der ehemalige Präsident des Europäischen Parlamentes, Hans-Gert Pöttering, auf dessen politische Initiative „SAFE" zurückging, hat für die ideelle Hinterlegung in seiner Rede beim 8. Berliner Sicherheitskongress am 8. Dezember 2009 – in offensichtlicher Anlehnung an die deutschen Traditionslinien (Preußische Heeresreform, Militärischer Widerstand gegen Hitler und das NS-Regime, eigene Geschichte der Bundeswehr) – drei Bausteine für eine europäische Tradition vorgeschlagen: den Erfahrungshorizont der gesamteuropäischen Erhebung von 1848/49, den Widerstand gegen den Totalitarismus und die Geschichte des europäischen Integrationsprozesses[7]. Alle diese drei vorgeschlagenen „europäischen Traditionssäulen" dokumentieren die zentralen Bezugspunkte des europäischen Selbstverständnisses: Garantie der Würde des Menschen, bürgerliche Freiheits-, Selbstbestimmungs- und Partizipationsrechte in demokratischen Verfassungsstaaten, die den militärischen Dienst auf dieser Basis legitimieren[8]. Diese Grundeinsichten bedürfen jedoch eines konkretisierten Entwurfes eines an historischen Ereignissen

---

5	Siehe hierzu Birk, SAFE-Ethos,.
6	Zum Konzept Les Lieux de mémoire.
7	Pöttering, Europäische Sicherheit – Europäische Werte.
8	Siehe auch Birk, Die preußische Heeresreform, S. 556-561.

oder Prozessen orientierten europäischen Geschichtsbildes, das sich mit dem Selbstverständnis der Staaten der Gegenwart verbinden lässt.

Die politische und soziale Erhebung, die im europäischen Revolutionsjahr 1848 ihren Kulminationspunkt fand, war über die jeweils ‚national' wahrgenommenen Ereignisketten hinaus ein gesamteuropäischer Prozess.[9] Trotz des obrigkeitsstaatlichen Drucks, für den pars pro toto die Karlsbader Beschlüsse von 1819 stehen, blieben die Ideen von Nation, Liberalismus und Verfassungsstaat als politische Leitmotive des Vormärz, der Epoche vom Wiener Kongress bis zur Revolution 1848, virulent.[10] Bis dahin bestimmten die monarchischen Prinzipien des „Systems Metternich" – Restauration, Legitimität und Solidarität – die innen- und außenpolitischen Rahmenbedingungen europäischer Politik. Nach dem Verlust der politischen Kontrolle der alten Mächte über die Geschehnisse, die Barrikadenkämpfe in Berlin, die Erhebungen etwa in Frankreich, Österreich, Ungarn[11] sahen sich viele Kabinettsregierungen genötigt, Zugeständnisse – Verfassungen und Parlamente – zu machen.

Die allgemeine Dramatik dieser Erhebungszeit machte vor den Soldaten der aktiven Regimenter wie auch der Reservisten nicht halt.[12] So dokumentieren mehrere Adressen und Flugblätter, die zum Teil von Bürgern oder Soldaten höherer Bildung verfasst und von einer Vielzahl von Soldaten unterschrieben wurden, in den südwestdeutschen Festungen und Standorten deren Auseinandersetzung mit den revolutionären Zielen:[13] „Wir sind keine geworbenen Söldlinge, wir sind Bürgersoldaten." Vielmehr solle in der Zukunft die Aufgabe der Soldaten jener der Bürgerwehren entsprechen:

---

9   Botzenhart, 1848/49.

10   Langewiesche, Europa zischen Restauration und Revolution.

11   Siehe die Beiträge in Europa 1848.

12   Dazu grundsätzlich Langewiesche, Die Rolle des Militärs, sowie Müller, Soldaten in der deutschen Revolution, und Köster, Neue Wege.

13   Für die folgenden Zitate siehe Müller, Soldaten in der deutschen Revolution, S. 203 f.

„Verteidigung des Landes, der Verfassung und der durch die Gesetze gesicherten Rechte und Freyheit gegen innere und äußere Feinde." Ihre Verbundenheit mit den Revolutionären brachten sie ebenfalls zum Ausdruck: „Auf unsere teutschen Brüder schießen wir nicht." Diese Soldaten verstanden sich als „Bürger im Soldatenrock", wie es badische Infanteristen am 8. April 1848 in einer Petition an ihre Vorgesetzten formuliert haben. Darüber hinaus forderten viele Soldaten in ihren Eingaben eine allgemeine Humanisierung des Militärdienstes sowie die Gewährung von sozialen und wirtschaftlichen Zukunftschancen. In summa bieten diese Haltungen ein enormes Europäisierungspotential.

In der konkreten historischen Situation scheiterte diese Erhebung, nachdem die Mehrzahl der Barrikadenkämpfe zugunsten der alten Regimes beendet wurde und diese wieder im Vollbesitz sämtlicher Machtapparate waren.[14] Die revolutionären Zielsetzungen hatten jedoch im Verfassungsdenken und der Loyalität zur Republik Fernwirkungen: „Die Forderungen, das Volk zu bewaffnen, gaben der bewaffneten Gewalt eine neue, demokratische Legitimation."[15]

Dass politische Partizipationsrechte im totalitären Staat überhaupt kein konstitutives Merkmal darstellen, ist evident. Die gesamteuropäische Erfahrung mit den totalitären Staaten des 20. Jahrhunderts war neben der überzeugten und aktiven Unterstützung auch das stille Erdulden sowie der aktive Widerstand gegen denselben, sei es, um von außen die Befreiung zu erwirken, oder von innen – friedlich oder gewaltsam – die Überwindung des Totalitarismus zu erreichen.[16] Im Kampf gegen den die Freiheits- und Bürgerrechte negierenden modernen totalen Moloch Staat, den „Leviathan" in seinen vielfältigen Erscheinungsformen im ‚Zeitalter der Ideologien'[17] – Fa-

---

14 Sehe Siemann, Die deutsche Revolution, S. 157-175.

15 Hug, Demokraten und Soldaten, S. 222.

16 Totalitarismus im 20. Jahrhundert.

17 Bracher, Zeit der Ideologien.

schismus und Nationalsozialismus, Sozialismus und Kommunismus[18] –, standen die Europäer das gesamte 20. Jahrhundert. Dabei nimmt ohne Zweifel der Kampf gegen das nationalsozialistische „Dritte Reich" einen prominenten Platz ein, aber auch die Erhebungen im kommunistischen Ostblock, wie zum Beispiel in der DDR 1953 oder in Ungarn 1956, stehen für den Drang zur Selbstbestimmung der Nation, Freiheit und Demokratie, bevor am 9. November 1989 – noch spektakulärer – die Mauer in Berlin fiel.

Eine militärische Traditionsbildung müsste sich über den Widerstand gegen den Totalitarismus hinaus an den Grundlagen eines freiheitlichen und demokratischen Staats- und Gesellschaftsverständnisses orientieren. Ein europäisches Traditionsverständnis könnte sich an die Punkte 15 und 16 des derzeitigen deutschen Traditionserlasses anlehnen: Demnach sollen „Zeugnisse, Haltungen und Erfahrungen" im Traditionsverständnis verankert werden, „die als ethische und rechtsstaatliche, freiheitliche und demokratische Traditionen auch für unsere Zeit beispielhaft und erinnerungswürdig sind" und „in denen Soldaten über die militärische Bewährung hinaus an politischen Erneuerungen teilhatten, die zur Entstehung einer mündigen Bürgerschaft beigetragen und den Weg für ein freiheitliches, republikanisches und demokratisches Deutschland gewiesen haben"[19] – natürlich müsste „Deutschland" durch „EU" oder „Europa" ersetzt werden.

Die stärkste Identität stiftende Klammer indes ist ohne Frage der Erfolg des europäischen Integrationsprozesses nach 1945. Mit der mittel- und osteuropäischen Erhebung im Epochenjahr 1989/90 bot sich die Möglichkeit der Umsetzung der Vision eines „Europe whole and free" auch für dessen östlichen Teil. Dies war bekanntlich auch der Ansatz der europäischen Einigungsbewegung, die bereits im Zweiten Weltkrieg und danach im Schatten des Kalten Krieges herangewachsen war. Sie setzte sich eine gemeinsame europäische Regierung zum Ziel, die auch für eine gemeinsame Verteidigung zuständig sein sollte. Hierin spiegelte sich nicht nur eine konzeptionelle Ant-

---

18 Siehe etwa Hobsbawn, Das Zeitalter der Extreme, und Mazower, Der dunkle Kontinent, sowie unter anderer Perspektive Diner, Das Jahrhundert verstehen.

19 Zit. nach Abenheim, Bundeswehr und Tradition, S. 231 f.

wort auf die bellizistische Vergangenheit des Kontinents wider. Die europäische Einigungsbestrebung wurde vielmehr gleichzeitig „für die Dauer des Ost-West-Konfliktes notgedrungen zu einem funktionalen Bestandteil der westlichen Selbstbehauptung in diesem Konflikt."[20] Ihre zentrale geschichtsmächtige Organisationseinheit bildete die mit den – nomen est omen – Römischen Verträgen vom 25. März 1957 konstituierte EWG, die den größten politischen und wirtschaftlichen Schritt auf dem Weg zu einem „immer engeren Zusammenschluss der europäischen Völker" bildete und damit symbolisch die historische Tiefe und geografische Weite für ein unvergleichbares, gesamteuropäisches historisch-politisches Projekt aufzeigte. Damit bot dieser Zusammenschluss grundsätzlich die Möglichkeit eines Beitritts osteuropäischer Völker, denen damals die Teilnahme versagt blieb. Doch erst deren Aufnahme machte die EU zu einer „Union der europäischen Völker". Sie bringen mit ihren gewaltlosen Freiheitsrevolutionen einen Traditionsbestand mit, der die beiden zuerst genannten Säulen – die gesamteuropäische Erhebung von 1848/49 und den Widerstand gegen den Totalitarismus –, mit der dritten, dem Erfolg der europäischen Integration, verbindet.

5. Perspektiven

In einem zunehmenden Europäisierungsprozess kommen die Europäer nicht umhin, sukzessive ein ihnen gemeinsames Selbstverständnis zu entwickeln und somit die nationalen Selbstbeschreibungen mit einer europäischen Dimension zu verbinden. Ein europäisches militärisches Traditionsverständnis muss – so „doppelt" paradox es klingen mag –, „der Zukunft zugewandt" sein und dabei auf ein gemeinsames Erbe rekurrieren.

Um dieses Gesamtverständnis zu erreichen, ist es bei aller Notwendigkeit der Einübung des für die erfolgreiche Bewährung im Einsatz Erforderlichen, also der militärisch-funktionalen Handlungs- und Führungskompetenz, unabdingbar, die historisch-politische (Werte-) Bildung zu forcieren. Auf diese Dimension wies bereits der erste Traditionserlass von 1965 mit seinem Punkt 18 hin: „Geistige Bildung gehört zum besten Erbe europäischen Soldatentums. Sie befreit den Soldaten zu geistiger und politischer

---

20   Lipgens, Die Bedeutung des EVG-Projekts, S. 12.

Mündigkeit und befähigt ihn, der vielschichtigen Wirklichkeit gerecht zu werden, in der er handeln muß. Ohne Bildung bleibt Tüchtigkeit blind."[21] Was vor der eindimensionalen Bedrohungslage des Kalten Krieges galt, wird heute vor einem sehr viel komplexeren Einsatzszenario so wichtig wie die Beherrschung der Waffen. Die Wertegebundenheit des Traditionsverständnisses erfordert deshalb als Ausgangspunkt die zu schützenden und gegebenenfalls zu verteidigenden Werte, die ein politisches Gemeinwesen im Inneren zusammenhalten; sie dürfen der Armee nicht fremd sein.[22]

Ein so verstandenes soldatisches Ethos bietet Halt, Orientierung und Wertefestigkeit für die Aufgaben der Zukunft. Europäische Streitkräfte – die nationalen der Gegenwart und die europäisch-integrierten der Zukunft – sind dazu da, diese erstrittenen Güter zu verteidigen und für ihren weiteren Bestand einzutreten, sind diese doch ihre Tradition.

Dieses Traditionsverständnis könnte sich dann am europäischen Völkerfrühling von 1848/49 und seinem ‚Bürger'-Soldaten, militärischen Operationen des Zweiten Weltkrieges (z.B.: Landung der Alliierten in der Normandie), dem militärischen Widerstand gegen das NS-Regime, den westeuropäischen Sicherheitsstrukturen und den Geschichten nationaler Armeen über die Zeit des Kalten Krieges hinaus, dem Aufbau eigener militärischer europäischer Strukturen (z.B. Eurokorps, D/NL-Korps u.a.) oder EU-Operationen der Gegenwart und Zukunft orientieren.

Die genannten Bausteine werden darüber hinaus in der (nahen) Zukunft durch die Topoi Transformation und Einsatz ihre Erweiterung finden. Militärische Perfektion und die notwendigen soldatischen Tugenden sind hierbei kein Gegensatz zu einem wertebasierten europäischen Ethos. Auch der „europäische" Soldat muss wie der „nationale" kämpfen können und wollen, wenn es die politische und militärische Lage erfordert. Klar ist jedoch: Europäische Streitkräfte müssen sich als ein Mittel für die Durchset-

---

21 Zit. nach Abenheim, Bundeswehr und Tradition, S. 227.
22 Siehe hierzu generell Birk, Militärische Tradition im Spannungsfeld, und ders., Militärische Tradition. Beiträge.

zung des Friedens in Freiheit als Grundvoraussetzung militärischen Dienens begreifen.

Im Sinne einer modernen Traditionsbildung, die militärhistorisch-politische und wertgebundene zivile Elemente vereint, lässt sich alles im lateinischen ‚Teamgedanke': Communitate Valemus – ein passender Wahlspruch, der im Grunde ein uralter europäischer ist – für SAFE und ein zukünftiges gemeinsames Traditionsverständnis zusammenführen.

PROLEGOMENA FÜR NEUE TRADITIONSRICHTLINIEN DER BUNDESWEHR

Eberhard Birk/Winfried Heinemann/Sven Lange

Vorbemerkung

Mit dem Ende des Kalten Krieges, der Wiedervereinigung Deutschlands, der Aussetzung der allgemeinen Wehrpflicht und der Teilnahme der Bundeswehr an Einsätzen im Rahmen der Vereinten Nationen, der NATO und der Europäischen Union sowie dem allgemeinen gesellschaftlichen Wandel, der auch zu einer Öffnung aller Laufbahnen in der Bundeswehr für Frauen führte, haben sich wesentliche Axiome der 1982 erlassenen Traditionsrichtlinien der Bundeswehr grundsätzlich verändert oder sind gänzlich entfallen. Die aktuelle Neuausrichtung der Bundeswehr wird nur gelingen, wenn die strukturellen und organisatorischen Maßnahmen durch eine geistige Neuorientierung ergänzt und vervollständigt werden.

Ihre neuen Aufgaben und insbesondere die Auslandseinsätze verändern nicht nur Aufbau und Erscheinungsbild der Bundeswehr, sondern zwingen auch zu einer Aktualisierung und teilweisen Neufassung der Bestimmungen zur Auswahl und Pflege ihres Traditionserbes. Auftrag und Traditionsverständnis der Bundeswehr sind nicht voneinander zu trennen. Für die Pflege ihrer Tradition benötigt die Bundeswehr deshalb die sorgfältige Auswahl von Ereignissen, Institutionen und Personen aus der deutschen Militärgeschichte, die beispielgebend für den heutigen Auftrag der Bundeswehr sind. Tradition kann also nicht nur die Überlieferung des Erbes zum Inhalt haben. Sie unterliegt vielmehr auch einem Prozesscharakter, der sich jedem Versuch entzieht, sie in dauerhaften „Erlassen" fixieren zu wollen.

Die nachfolgenden Grundsätze und Rahmenbedingungen für neue Richtlinien zum Traditionsverständnis erheben daher nicht den Anspruch, allgemeingültige politische und gesellschaftliche Erwartungen zu formulieren. Sie wollen weder einer breiten öffentlichen Diskussion vorgreifen noch dem Bundesministerium der Verteidigung Empfehlungen geben. Sie möchte lediglich am Ende dieses Buches die Diskussion „auf den Punkt bringen".

Grundsätze

1. Definition

Militärische Tradition ist die wertorientierte Auswahl, Überlieferung und Bewahrung des geistigen Erbes von heute noch vorbildlichen Vorgängen, Institutionen, Haltungen und Persönlichkeiten aus der deutschen Militärgeschichte. Lebendige Traditionen geben den Soldatinnen und Soldaten der Bundeswehr Identität stiftenden Rückhalt für ihr Berufs- und Selbstverständnis und bieten geistige Orientierung für das eigene Handeln.

2. Grundlagen

Maßstab für das Traditionsverständnis der Bundeswehr ist das Wertegefüge des Grundgesetzes. Es bildet die Grundlage für die Legitimation des soldatischen Dienens, das rechtsstaatlichen und völkerrechtlichen Normen verpflichtet ist. Der Primat der Politik und die Konzeption der Inneren Führung binden den Staatsbürger in Uniform an die freiheitliche und demokratische Grundordnung der Bundesrepublik Deutschland.

Aus dem Verständnis der Bestimmungen des Grundgesetzes sowie durch eine wertorientierte und kritische Auseinandersetzung mit der Vergangenheit lassen sich Maßstäbe für die Beurteilung von aktuellen politischen Geschehnissen und Zusammenhängen der Gegenwart gewinnen, um ein angemessenes Traditionsverständnis zu entwickeln.

3. Militärgeschichte

Die fundierte Kenntnis der deutschen Geschichte und Militärgeschichte ist die Grundlage für die an Werten orientierte Auswahl und Pflege von Traditionen. Historische Bildung, das Wissen um die Entstehung von Werten und Normen, die Auseinandersetzung mit prägenden Gestalten der Geschichte sowie die Kenntnis von Herkunft und Bedeutung von Symbolen gehören wesentlich zur soldatischen Erziehung.

4. Tugenden

Die für die soldatische Pflichterfüllung unverzichtbaren zeitlosen Tugenden wie Tapferkeit und Disziplin, Wahrhaftigkeit und Loyalität, Entschlussfreude und Gehorsam aus Einsicht, handwerkliches Können und Durchhaltevermögen sowie Kameradschaft und fürsorgliches Verhalten erhalten ihre sittliche Bindung in der Verpflichtung, das Recht und die Freiheit des deutschen Volkes tapfer zu verteidigen.

Ein soldatisches Selbstverständnis ohne Wertebezug, das sich selbst auf rein handwerkliches Können und Tapferkeit im Kampf reduziert, kann für die Bundeswehr, die freiheitlich-demokratischen Zielsetzungen verpflichtet ist, kein tragfähiges Fundament bilden.

    5.   Brauchtum

Lebendige Traditionen bedürfen der unmittelbaren, sinnlichen Erfahrung durch das militärische Brauchtum mit seinen Symbolen und Zeremonien. Brauchtum ist dabei nicht Inhalt, sondern Ausdruck und Form von Tradition. Es macht komplexe Traditionsinhalte sichtbar und erlebbar und trägt zu deren zeitgemäßer Bewahrung bei. Mit seinen Symbolen und feierlichen Formen sowie den spezifischen Eigenheiten von Teilstreitkräften und Truppengattungen schafft es Handlungssicherheit und eine enge mentale Verbundenheit mit dem Auftrag der Streitkräfte sowie eine vertiefte Identifikation mit dem Staat.

    6.   Ethos

Sittliche und moralische Normen prägen das kameradschaftliche und vertrauensvolle Miteinander in soldatischen Gemeinschaften. Der militärische Dienst in der Bundeswehr basiert auf einem Ethos, das Tugenden, Traditionen und Brauchtum gleichermaßen umschließt. Seine Heranbildung und Kultivierung orientiert sich insbesondere an Beispielen und Vorbildern aus der Vergangenheit, die diese Grundhaltungen beispielhaft verkörpern.

    7.   Individuelle Betrachtungsperspektive

Jedem Angehörigen früherer deutscher Armeen, soweit er nicht an verbrecherischen Handlungen beteiligt war, ist Respekt für seine treue Pflichterfüllung entgegenzubringen. Einzelne Soldaten früherer deutscher Armeen können als Vorbilder in die Traditionspflege der Bundeswehr aufgenommen werden, wenn ihr Verhalten und ihre innere Haltung auch für das Selbstverständnis der Bundeswehr vorbildlich sind.

Das Erbe der Vergangenheit

    8.   Politik und Tradition

Der militärische Dienst ist an einen von der Politik bestimmten Auftrag gebunden, der im Eid und feierlichen Gelöbnis seinen Ausdruck findet. Die Wertgebundenheit des demokratischen Selbstverständnisses der Bundeswehr schließt aus, dass sich ihre Tradition an vor- und antidemokratischen deutschen Armeen orientiert. Die Brüche und Tiefpunkte deutscher Militärgeschichte verhindern ein die Epochen und Generationen verbindendes Traditionsverständnis.

9. Deutsche Armeen vor 1918

Die deutschen Armeen bis zum Ende des Kaiserreiches spiegeln die föderale Entwicklung Deutschlands wider. Als loyale Machtinstrumente der jeweiligen Landesherren waren sie kein förderndes Element für die Entwicklung eines freiheitlich und demokratisch orientierten deutschen Nationalstaates und können daher für die Bundeswehr keine Tradition begründen.

10. Reichswehr

Die Reichswehr der Weimarer Republik war Zeit ihres Bestehens einem vor- und antidemokratischen monarchischen Geist verhaftet. Im demokratisch verfassten Staat blieb sie ein Fremdkörper („Staat im Staate"). Als Institution kann die Reichswehr für die Bundeswehr keine Tradition begründen.

11. Wehrmacht

Die Wehrmacht diente dem verbrecherischen Regime des Nationalsozialismus und war in dessen Verbrechen verstrickt. Sie war als Angriffsarmee konzipiert und beteiligte sich an einem rassenideologisch motivierten Vernichtungskrieg. Als Institution kann die Wehrmacht für die Bundeswehr keine Tradition begründen.

12. NVA

Die Nationale Volksarmee der DDR war eine Klassen- und Parteiarmee. Sie diente der Aufrechterhaltung und Stabilisierung des SED-Regimes. Auch sie kann als Institution für die Bundeswehr keine Tradition begründen.

Das Traditionsverständnis der Bundeswehr

13. Grundlagen

Die Tradition der Bundeswehr muss für alle ihre Angehörigen gleichermaßen verständlich, gültig und erlebbar sein. Sie berücksichtigt typische Interessen der Streitkräfte, darf jedoch einer Integration der Bundeswehr in die Gesellschaft nicht entgegenstehen. Das Traditionsverständnis muss in der Truppe aufgenommen und verinnerlicht werden. Es soll daher militärhistorische Orientierungspunkte beinhalten, die dem verfassungsmäßigen Grundauftrag entsprechen.

Neben militärischer Professionalität spiegeln die Notwendigkeit kontinuierlicher und erfolgreicher Erneuerung, das Einschreiten gegen Unrecht, Gewalt und Tyrannei sowie eine lebendige Bindung der Streitkräfte an die Werte und Zielsetzungen einer freiheitlichen Demokratie „Einigkeit und Recht und Freiheit" wider.

14. Gegenwartsbezug der Traditionspflege

Traditionspflege ist Besinnung auf in die Gegenwart fortwirkende Vergangenheit. In der Bundeswehr sind solche Zeugnisse, Haltungen und Erfahrungen aus der Geschichte zu bewahren, die für die Gegenwart vorbildlich, beispielgebend und erinnerungswürdig sind. Besonders hervorzuheben sind dabei Vorgänge und Soldaten, die zur Emanzipation des Staatsbürgers beigetragen und den Weg für ein freiheitliches und demokratisches Deutschland bereitet haben. Tradition ist ständig auf ihren Gegenwartsbezug zu überprüfen und fortzuentwickeln, sonst degeneriert sie zum Traditionalismus.

15. Geschichte der Bundeswehr

Bei ihrer Gründung hat die Bundeswehr mit belasteten Traditionen gebrochen und ein eigenes, ihrem Charakter als Armee in der Demokratie angemessenes Traditionsverständnis entwickelt. Das militärische Selbst- und Traditionsverständnis der Bundeswehr orientiert sich grundsätzlich an den freiheitlich interpretierbaren Bezugspunkten deutscher Militärgeschichte.

Die Bundeswehr ist seit ihrer Aufstellung als Bündnis-, Verteidigungs- und Parlamentsarmee an die Ideale von Recht und Freiheit gebunden. Die Führungskultur der Inneren Führung auf der Basis des Staatsbürgers in Uniform als freie Persönlichkeit, verantwortungsbewusster Staatsbürger und einsatzbereiter Soldaten bildet den Kern einer neuen deutschen Militärtradition.

Die Bundeswehr hat in den Jahren des Kalten Krieges erfolgreich den Frieden bewahrt und die freiheitliche Ordnung gesichert. Sie hat damit die Voraussetzungen geschaffen für die friedliche Wiederherstellung der staatlichen Einheit Deutschlands in Freiheit. Das ist eine Leistung, die in der Traditionspflege der Bundeswehr einen besonderen Stellenwert erhalten muss.

Perspektiven

16. Einsatz und Tradition

Als Ausdruck staatlicher Souveränität und zur Wahrung seiner Sicherheit im Rahmen seiner internationalen Verpflichtungen beteiligt sich Deutschland aktiv an der Vorbeugung und Einhegung von Krisen und Konflikten in und außerhalb Europas. Als Armee im Einsatz benötigt die Bundeswehr Traditionen, die auch unter den besonderen Bedingungen des Auslandseinsatzes Orientierung, Vorbild und Ansporn geben.

Die vorbildliche Bewährung von Soldatinnen und Soldaten im Einsatz ist in der Traditionspflege der Bundeswehr besonders zu verankern. Die militärische Auftragserfüllung im Rahmen der NATO und der Europäischen Union zur Wahrung der sicherheitspolitischen Interessen der Bundesrepublik Deutschland ist ein zentrales Tradition stiftendes Element.

Vor der Aufnahme in das Traditionserbe steht jedoch immer die kritisch-reflexive Betrachtung von Ereignissen und handelnden Personen. Auch mit Bezug auf den Auslandseinsatz begründet vorbildliches Handeln allein noch keine Tradition. Innere Führung ist Bestandteil jeder militärischen Führung, auch unter den Bedingungen multinational geführter Auslandseinsätze.

17. Ausgestaltung in der Truppe

Der innere Zusammenhalt der Teilstreitkräfte erfordert die Herausbildung und Kultivierung spezifischer Eigenheiten in der Traditionspflege. Der Stolz auf gemeinsame Leistungen und Fähigkeiten, Korpsgeist und militärischer Habitus sowie das Führen mit Auftrag und die Weiterentwicklung militärischer Fähigkeitsprofile sind wesentliche Bestandteile des Selbstverständnisses von Streitkräften. Sie dürfen jedoch nicht zur Forderung nach einer gesellschaftlichen Sonderrolle führen.

18. Das Ehrenmal der Bundeswehr

Mit dem Ehrenmal der Bundeswehr besteht ein zentraler Ort der Erinnerung und der Trauer sowie des würdigen Gedenkens aller Soldatinnen und Soldaten und zivilen Angehörigen der Bundeswehr, die infolge der Ausübung ihrer Dienstpflichten für die Bundesrepublik Deutschland gestorben sind. Im ehrenden Gedenken an die Toten drücken sich die politische und gesellschaftliche Verankerung der Bundeswehr sowie die öffentliche und private Auseinandersetzung über die Stellung der Streitkräfte in Staat und Gesellschaft aus.

In der Traditionspflege der Bundeswehr ist das Ehrenmal besonders zu berücksichtigen.

19. Museums- und Sammlungswesen

Das Museums- und Sammlungswesen der Bundeswehr stellt nach didaktischen Gesichtspunkten die Gesamtheit der deutschen Militärgeschichte dar. Militärgeschichtliche Lehrsammlungen ergänzen die Ausbildung an den Akademien und Schulen der Bundeswehr. Besuche des Militärhistorischen Museums der Bundeswehr in Dresden sowie die Nutzung der militärgeschichtlichen Sammlungen sind essentieller Bestandteil der historischen Bildung für die Soldaten der Bundeswehr und stärken das Geschichts- und Traditionsbewusstsein.

20. Auszeichnungen

Die Anerkennung herausragender soldatischer Leistungen findet ihren sichtbaren Ausdruck in Auszeichnungen. Dabei ist das Eiserne Kreuz, das auf die Zeit der preußischen Militärreformen und der Freiheitskriege zurückgeht, als Hoheitszeichen der Bundeswehr die traditionelle und vorrangige Form.

21. Einrichtungen, Institutionen und Verfahren

Neben Geschehnissen und Personen der deutschen Militärgeschichte können auch Einrichtungen, Institutionen und Verfahren traditionswürdig sein, die für die Bundeswehr prägend und für deutsche Streitkräfte insgesamt positiv kennzeichnend sind. Dazu gehören das preußisch-deutsche Generalstabssystem, soweit es keinem expansionistischen politischen Kurs verhaftet war, und die von seinen Schöpfern entwickelten Verfahren der Stabsarbeit, das Prinzip des Führens mit Auftrag, die tragende Rolle des Unteroffizierkorps und das Leitbild des Staatsbürgers in Uniform.

22. Tradition und Europa

Die Einsätze der Bundeswehr erfolgen im multinationalen Verbund. Mit dem politischen Zusammenwachsen Europas verändern sich Identitätsbindungen und damit auch militärische Traditionen. Aufgrund gemeinsamer Erfahrungen entwickeln die Bundeswehr und ihre europäischen Partner zunehmend ein gemeinsames Selbstverständnis. Das Traditionsverständnis der Bundeswehr soll die Ausprägung einer europäischen Verteidigungsidentität begünstigen. Ein europäisches Traditionsverständnis darf nationale Traditionen jedoch nicht ersetzen, sondern soll einen freiheitlichen Gesamtrahmen aufzeigen, in den sich die vielfältigen nationalen Traditionsbestände einfügen lassen.

Verantwortung

23. Freiheit und Verantwortung

Die Verantwortung für die Traditionspflege liegt bei Kommandeuren und Einheitsführern. Sie sollen bei der Traditionspflege die Alleinstellungsmerkmale ihrer Teilstreitkraft, ihrer Truppengattung oder ihres Dienstbereichs im Grundbetrieb und im Einsatz betonen sowie regionale Bezüge oder Besonderheiten der Dienstgradgruppen hervorheben.

24. Dienstaufsicht

In Fragen der Traditionspflege sind alle Vorgesetzten zur Dienstaufsicht verpflichtet. Diese drückt sich nicht nur in der Überwachung von Einhaltung geltender Richtlinien und Abstellung ungeeigneter Formen der Traditionspflege aus. Vielmehr sind alle Vorgesetzten dazu angehalten, die Traditionen der Bundeswehr in ihrem Verantwortungsbereich lebendig zu halten und die Freiräume und Möglichkeiten zu nutzen, die die Richtlinien zur Traditionspflege bieten.

DAS GANZE IM BLICK, DAS GUTE ALS VORBILD – DAS IST DER SINN VON TRADITIONSPFLEGE DER BUNDESWEHR

Rede des Bundesministers der Verteidigung, Dr. Thomas de Maizière, anlässlich der Neueröffnung des Militärhistorischen Museums der Bundeswehr am 14. Oktober 2011 in Dresden

I.

Heute findet eines der größten Bauvorhaben in der neueren deutschen Museumslandschaft seinen Abschluss. Gemessen an der Ausstellungsfläche ist das Militärhistorische Museum der Bundeswehr die größte historische Sammlung in Deutschland. Und das wohl modernste militärhistorische Museum in Europa. In jedem Fall bereichert es Dresden um eine weitere Sehenswürdigkeit. So hat die angesehene "New York Times" Dresden wegen des neuen Museums bereits als "place to go" bezeichnet. Das alles erfüllt mich als Bundesminister der Verteidigung durchaus mit Stolz. Aber es geht heute nicht um Superlative wie groß und modern. Es geht um uns selbst als Menschen und um unsere Kraft zum Guten und zum Bösen.

Ich möchte mit einem Dank beginnen. Ich danke allen, die am Gelingen dieses Vorhabens ihren Anteil haben. Der Neubau des Militärhistorischen Museums ist Beleg für die hohe Bedeutung, die die Bundeswehr der historischen Bildung beimisst. 63 Millionen Euro haben allein Erweiterung und Neukonzeption gekostet. Gut investiert ist dieses Geld jedoch allemal, denn historische Bildung ist Voraussetzung für politisches Handeln. Geschichte, hat Jacob Burckhardt einmal geschrieben, macht nicht klug für ein andermal, sondern weise für immer.

Geschichte erlaubt auch niemals einen völligen Nachvollzug, sondern nur den Versuch größtmöglicher Annäherung an das, was war. Sie gleicht, so Herder, Hieroglyphen Gottes auf seinem Gang durch die Zeit. Und sie hält - darin verborgen - Lehren für die Gegenwart und Zukunft bereit. Bei der Entschlüsselung dieser Hieroglyphen benötigen wir Anleitung und Hilfe. Das Militärhistorische Museum soll uns diese Anleitung geben. Es soll helfen, die

Hieroglyphen der Vergangenheit zu sammeln und sie für uns Nachgeborene zu entschlüsseln.

II.

Die wechselvolle Geschichte dieses Hauses und vor allem sein Standort hier in Dresdens stehen für die Beständigkeit und Brücke deutscher Militärgeschichte: In wenigen Jahrzehnten wurde aus dem einstigen königlich sächsischen Armeemuseum zunächst das Heeres- und dann Armeemuseum Dresden, schließlich das Armeemuseum der DDR. Heute ist es das Militärhistorische Museum der Bundeswehr – vor allem Dank der Initiative meines Amtsvorgängers Volker Rühe, der weitsichtig entschied, das die Bundeswehr das Museum der NVA übernahm. Als ehemaliges Armeemuseum der DDR und heutiges Militärmuseum der gesamtdeutschen Bundeswehr steht es auch für ein gelungenes Projekt der deutschen Einheit. Als Leitmuseum im Museums- und Sammlungsverbund der Bundeswehr ergänzt es die Forschung und Lehre. Das Militärhistorische Museum und seine Neukonzeption zeigt Zusammenhänge auf und erlaubt Perspektivwechsel. Es erzählt die Geschichte des Krieges neu und bietet ungewohnte Lesarten der Militärgeschichte. Es provoziert und ist – im besten Sinne des Wortes – anstößig.

Dazu trägt auch die spannende Architektur des Erweiterungsbaus bei, die selbst Denkanstoß sein will. Die Bauphilosophie Daniel Libeskinds übersetzt die Leitidee des Museums wunderbar schlüssig in die Formensprache der Architektur. Neue Sichtachsen ermöglichen ungewohnte und überraschende Blickwinkel. Der Neubau in Form eines Faustkeils steht dabei sinnbildlich sowohl für das Thema des Museums wie auch für die Brüche deutscher Militärgeschichte. Lieber Herr Libeskind, Glückwunsch zu dieser großartigen Architektur.

In der Vergangenheit dominierte in der Ausstellung das Militärtechnische, also Ausrüstung und Uniformierung. Nun steht die Militärgeschichte selbst in ihrem Bezug zur allgemeinen und zur Gesellschaftsgeschichte im Mittelpunkt. Damit rückt der Mensch in seinem vielfältigen Verhältnis zu Krieg und Gewalt in den Fokus – als Beobachter und Chronist, als Täter und als Opfer. Gleichzeitig weitet die Ausstellung unser Verständnis von dem, was Krieg eigentlich ist: Eine ins Extreme gesteigerte Form menschlicher

Gewalt. Die neue Ausstellung berührt damit grundsätzliche Fragen nach dem Wesen der menschlichen Natur und den tieferen Ursachen zwischenmenschlicher Gewalt. Militärgeschichte wird so in ihren Wechselbeziehungen mit Politik, Gesellschaft, Kultur, Wirtschaft und Technik beschrieben und erlebbar. Ausstellungskonzeption, Architektur und Museumsgestaltung unterstützen sich wechselseitig und bilden auf faszinierende Weise eine Einheit. Folgerichtig versteht sich das Militärhistorische Museum daher als einen wohlverstanden ästhetischen Ort. Und als einen Lernort - sowohl für unsere Soldaten als auch für unsere Gesellschaft.

III.

Historisch-politische Bildung befähigt unsere Soldaten zur kritischen Auseinandersetzung mit dem Sinn ihres Dienstes. Sie schult das Urteilsvermögen, ist innere Bereicherung und soldatische Pflicht zugleich. Sie gehört zum Kern des soldatischen Auftrages. Das Scharnhorstsche Wort, Bildung verfeinere das Militär, hat unverändert Gültigkeit. Auch im Einsatz wird historisch-politische Bildung zu einer Kernkompetenz. Nur die Kenntnis des geschichtlichen Kontextes ermöglicht die Einordnung aktueller Ereignisse. Und sie erhöht das Verständnis für komplexe politische Zusammenhänge. Erst dies versetzt unsere Soldaten in die Lage, ihren Auftrag auch in anderen Kulturkreisen unter komplexen Rahmenbedingungen zu erfüllen. Golo Mann hat einmal gefordert, dass man sich dem widerspruchsvollen, vieldeutigen und überraschungsreichen Wesen der Geschichte anvertrauen und sich von ihm tragen lassen solle. Wer Geschichte verstehen wolle, müsse zusehen, wie das Richtige falsch und das Rechte unrecht werde, wie alle kämpfenden Parteien recht hätten oder alle unrecht. Und wie ursprünglich Wohlgemeintes umschlagen könne in Böses und Schändliches. Ich meine, treffender ist das Dilemma kaum zu beschreiben, in das Soldaten heute in ihren Einsätzen geraten können.

IV.

Historisch geschultes Urteilsvermögen befähigt aber auch zu einer kritischen Befassung mit dem, was wir gemeinhin mit dem Begriff „Traditionspflege" etwas einengend beschreiben. Wir wollen ja nicht nur pflegen im Sinne von

„bewahren", sondern vor allem auch lernen und nutzen. Beides, historische Bildung und Traditionspflege, lassen sich daher nicht voneinander trennen. Zu Recht erwarten Sie daher von mir am heutigen Tage auch ein Wort zum Umgang mit der Tradition in der Bundeswehr. Tradition wird in der Bundeswehr definiert als die bewusste Auswahl unverändert gültiger Normen und Werte. Dies beinhaltet die Möglichkeit, ja, auch die Pflicht, mit Teilen der Vergangenheit zu brechen und einstmals gepflegte Traditionslinien zu kappen.

„Prüfet alles, das Gute behaltet". Nach diesem Bibelwort verfährt die Bundeswehr auf ihrer Suche nach einem tragfähigen und sinnstiftenden Erbe. Sie hat – ebenso überlegt wie absichtsvoll – belastete und unbrauchbare Traditionen in einem mitunter schmerzvollen Prozess abgetrennt. Als neugegründete Armee eines demokratischen Rechtsstaats musste sie sich in besonderer Weise mit ihren Vorgängerarmeen auseinandersetzen und den Weg zu einem differenzierenden Umgang finden. So mancher ist dabei dem Irrtum erlegen, man könne Teile der eigenen Geschichte einfach verleugnen oder ausklammern. Aber das geht nicht. Traditionspflege muss ständige Auseinandersetzung mit der Vergangenheit in ihrer Gesamtheit sein, also auch mit den Tiefpunkten unserer Geschichte.

Dies gilt auch für die Frage nach der Traditionswürdigkeit der Wehrmacht – einem Thema, mit dem, so scheint mir, innerhalb der Bundeswehr längst nüchterner umgegangen wird als außerhalb. Die Wehrmacht als Ganzes kann nicht traditionsbegründend sein. Eine ungebrochene, gerade Traditionslinie von der Wehrmacht zur Bundeswehr lässt sich nicht ziehen. Dem ehrenden Gedenken einzelner, unbelasteter Wehrmachtssoldaten, oder deren Handlungen, steht dies jedoch nicht im Wege. In den ersten Jahrzehnten der Bundeswehr hat der entschiedene Bruch mit dem überlieferten Traditionskanon auch zu Verunsicherung geführt und manche Narbe hinterlassen. Das ist alles vorbei. Heute können wir das gelassener und souveräner betrachten.

Wo jedoch Traditionen nicht gelebt werden, da tut sich eine große Kluft auf. Gerade in den Streitkräften brauchen wir die identifikationsstiftende Kraft von Traditionen. Ja, wir benötigen sogar spezifische für jede Teilstreitkraft, für das Heer, die Luftwaffe und die Marine. Während historische Bildung vor allem dem individuellen Erkenntnisgewinn dient, zielt Tradition maßgeblich auf die Gemeinschaft. Ihre eigentliche Wirkung ist ein gruppendynamischer *esprit de corps*.

Keine Armee kann es sich daher auf Dauer leisten, auf Traditionen und ihre Pflege zu verzichten. Die innere Stabilität und der Zusammenhalt der militärischen Gemeinschaft beruhen stärker als bei vielen anderen sozialen Gruppen auf überlieferten Werten und Vorbildern. Im besten Falle kann Tradition Kompass zur Orientierung, Maßstab für das eigene Handeln und moralischer Anker bei Versuchungen und Zweifel sein. Im schlechtesten Falle führt sie zu Dünkel, geistiger Starre und Überheblichkeit. Traditionspflege ist immer auch kritische Reflexion.

Vorbilder entlasten uns Heutige nicht. Tradition entbindet niemanden und niemals von der Notwendigkeit eigener Entscheidungen. Tradition ist kein Autopilot. Dass sich die Bundeswehr mit dem Thema Tradition lange schwer getan hat, lag aber nicht allein an dem notwendigen Bruch mit den Vorgängerarmeen und nicht allein an unserer Geschichte im 20. Jahrhundert. Es lag wohl aber daran, dass Traditionspflege untrennbar mit dem Anspruch auf Erziehung verbunden ist. Ein Anspruch, der im Traditionserlass von 1965 noch ganz selbstverständlich erhoben wurde. Unsere Gesellschaft tut sich aber mit dem Erziehungsbegriff schwer. Wir sprechen lieber von Ausbildung. Education im Englischen ist aber mehr als Ausbildung. In jeder Ausbildung, und erst Recht in jeder Bildung steckt auch Erziehung, ob man will oder nicht. Wer heute in Deutschland Erziehung zur Tradition – zumal bei Erwachsenen – fordert, muss sich zwar auf Argwohn und Widerspruch gefasst machen. Ich glaube allerdings, dass der Lärm lauter ist als sein Echo. Es bleibt richtig.

Auch unsere jungen Soldatinnen und Soldaten erkennen den Wert von Traditionen durchaus an. Darin unterscheiden sie sich nicht von ihren gleichaltrigen Kameraden in befreundeten Armeen. Tradition und Erziehung brauchen Vorbilder. Diese tauchen aber nicht wie Meteore plötzlich am Nachthimmel auf.

V.

Deshalb ist die wichtige Frage: Was sind nun die tradierungswürdigen Vorbilder unserer Bundeswehr? Die Bundeswehr hat schon früh den Versuch unternommen, den Bruch mit belasteten Traditionen durch eine eigene Tradition für die Bundeswehr zu heilen. Es ist allerdings leichter, sich von Traditionen loszusagen, als neue zu schaffen. Traditionen setzen das Vorhandensein einer belastbaren Kontinuität voraus. Neues kann erst allmählich zur Tradition werden. Heute, nach über 50jährigem Bestehen, kann die Bundeswehr allmählich mit Fug und Recht den Anspruch einlösen, Traditionen aus sich selbst heraus zu bilden und zu pflegen.

Ein Beispiel für eine gelebte bundeswehr-eigene Tradition findet sich gleich hier in Dresden. Nur wenige Meter von uns entfernt, in der Offizierschule des Heeres. Im sogenannten Mirbach-Zimmer wird dort die Erinnerung an Oberstleutnant i.G. Andreas Baron von Mirbach wachgehalten, der 1975 bei der Besetzung der westdeutschen Botschaft in Stockholm von Terroristen der Roten Armee Fraktion ermordet wurde. Mutig und ohne Zögern hatte sich von Mirbach auf die gezielte Frage, „Wer ist von Mirbach?", seinen Mördern zu erkennen gegeben und ist später, wehrlos und ohne Waffen, kaltblütig von hinten erschossen worden.

Zwanzig Jahre Armee der Einheit und die Tatsache, dass ein immer größerer Anteil unserer Soldatinnen und Soldaten heute über Einsatzerfahrung verfügt, haben einer eigenen Tradition der Bundeswehr weitere Impulse gegeben. Das Ehrenmal der Bundeswehr, an dem die Bundeswehr ihrer Toten gedenkt, darunter auch Oberstleutnant von Mirbach, ist ein eindrucksvoller Beleg dafür, dass dieser Prozess anhält. Das Ehrenmal ist selbst inzwischen Teil der Traditionspflege der Bundeswehr.

Die Einsatzerfahrung der Bundeswehr verändert die Bundeswehr aber noch in anderer Weise: Ihre Tradition wird europäischer, sie wird internationaler. Früher haben europäische Armeen gegeneinander Krieg geführt. Heute kämpfen sie Seite an Seite – auch mit unseren amerikanischen Partnern. Das schafft neue, gemeinsame Traditionslinien. Deutschland kann seine Sicherheitsinteressen nicht verfolgen, wenn wir ganz auf uns gestellt bleiben. Gleiches gilt für den Einsatz seiner Streitkräfte. Ich wünsche mir daher, dass die Bundeswehr und unsere Verbündeten in NATO und EU zunehmend solche gemeinsamen Traditionslinien entwickeln.

Neben der bundeswehr-eigenen Geschichte haben sich in den vergangenen Jahrzehnten im Wesentlichen zwei weitere Traditionslinien etabliert: Die preußischen Heeresreformen und die Freiheitskriege 1813-1815 sowie der militärische Widerstand gegen Hitler. Diese Traditionslinien sind in der Truppe und außerhalb der Bundeswehr akzeptiert und werden gelebt. Ich halte das für richtig.

Der bestimmende Orientierungsrahmen für das Traditionsverständnis der Bundeswehr ist selbstverständlich die Werteordnung des Grundgesetzes. Diese lässt den nötigen Spielraum, vorbildliche soldatische Haltung und militärische Leistung aus allen Epochen der deutschen Militärgeschichte in das Traditionsgut der Bundeswehr zu übernehmen. Solche Vorbilder soldatischer Haltung für unsere Bundeswehr sind vor allem in folgenden Eigenschaften des Soldaten zu finden: Loyalität und Führungskraft, charakterliche Integrität und herausragendes fachliches Können, Tapferkeit, Anstand und Fairness, Bescheidenheit und treue Pflichterfüllung, Disziplin, Zuwendung und Hingabe an seine Kameraden. Solche Vorbilder gibt es in allen Dienstgradgruppen, vom einfachen Soldaten bis zum General.

Aber Können und Haltung allein machen noch kein Vorbild. Es muss stets ein ethisch wertvolles Motiv, eine innere persönliche Einbindung in einen Wertekanon geben. Lassen sie mich heute – hier in Dresden – darum die Frage aufwerfen, ob man auch in der NVA Traditionswerte finden kann. Kann vorbildlich genannt werden, wie einige Soldaten der NVA – ihre nahende Auflösung vor Augen – zuverlässig und diszipliniert ihre Waffen und Munitionsbestände vor Missbrauch geschützt haben? Ist es für das Urteil wichtig, dass manche überzeugte Kommunisten waren?

Ein anderes Beispiel: War die Gehorsamsverweigerung des Stasi-Oberstleutnants Harald Jäger am Berliner Grenzübergang Bornholmer Straße am Abend des 9. November 1989 eine vorbildliche Einzeltat? Von seinen Vorgesetzten allein gelassen, hatte dieser, nur auf sein Gewissen hörend, auf eigene Faust entschieden, die Kontrollen einzustellen und die Grenzübergangsstelle zu öffnen.

Ich kann und will für solche Beispiele heute keine Antwort geben. Ich will sie aber zur Diskussion stellen. Was macht es aus, dass aus einer Einzeltat eine Tradition werden kann? Anrede, Vorbilder, zumal vorbildliche Einzeltaten, begründen allein noch keine Traditionen. Sie sind jedoch Voraussetzung dafür. Wir müssen also Vorbilder setzen und Vorbilder zulassen, wenn wir Traditionen schaffen wollen.

Diese Vorbilder müssen allerdings nicht zwangsläufig Persönlichkeiten aus Fleisch und Blut sein. Denn selten genug erachten wir Menschen als würdig und geeignet, Traditionslinien zu begründen – vor allem, wenn sie aus vordemokratischen Epochen stammen. Traditionswürdig können in meinen Augen vielmehr auch jene Einrichtungen, Institutionen oder Verfahren sein und zwar solche, die für das deutsche Militär positiv prägend und in gutem Sinne kennzeichnend sind. Ich denke da z.B. an die im internationalen Vergleich hohe Qualität unseres Unteroffizierkorps oder an das Prinzip des Führens mit Auftrag, das Führer und Geführte in ein einzigartiges Vertrauens- und Zutrauensverhältnis stellt. Ich denke an unser Leitbild des Staatsbürgers in Uniform. Auch das ist Teil der Tradition der Bundeswehr und der Pflege wert. Alle diese Fragen werden wir weiter diskutieren.

Die Neuausrichtung der Bundeswehr ist mehr als eine neue Organisationsform. Sie stellt auch eine geistige Aufgabe. Aber all diese Fragen weisen auch über den heutigen Anlass hinaus.

VI.

Meine Damen und Herren! Die Bundeswehr ist längst eine Armee im Einsatz. Dabei werden unsere Soldatinnen und Soldaten zum Teil mit Gewalt und den vielfältigen Erscheinungsformen von kriegerischen Auseinandersetzungen konfrontiert. Um ihren Auftrag erfüllen zu können, müssen sie in der Lage sein, die tieferen Ursachen von Gewalt zu erkennen, vor allem aber auszuhalten und zu reflektieren. Nur so wird es ihnen gelingen, ein Einsatzland langfristig zu stabilisieren und zu befrieden und selber mit sich im inneren Frieden zu leben. Das Militärhistorische Museum in Dresden wird dabei künftig einen wichtigen Beitrag leisten.

Fragen über das Wesen und die Ursachen von Gewalt und Krieg stellen aber nicht nur unsere Soldaten. Sie stellen sich auch nicht nur an unsere

Soldaten. Das Militärhistorische Museum lehrt ebenso viel über den Krieg selbst wie über dessen gesellschaftliche Ursachen und die oft erschreckende Entgrenzung von Gewalt. Dieses Museum ist daher vor allem auch eine Einladung an die Öffentlichkeit zur Auseinandersetzung mit diesem Thema. Die neue Ausstellung ist dabei kein simpler Appell zur Gewaltlosigkeit. Vielmehr konfrontiert sie ihre Besucher mit grundsätzlichen Fragen: Was rechtfertigt den Einsatz militärischer Gewalt als ein Mittel der Politik neben anderen? Wann kann nur Gewalt noch schlimmere Gewalt verhindern? Und kann auch der schuldig werden, der den Einsatz militärischer Gewalt grundsätzlich ablehnt?

Diese Fragen zur Legitimation militärischer Gewalt und zum Umgang unserer Gesellschaft mit ihrer Bundeswehr sind hoch aktuell. Die sicherheitspolitischen Entwicklungen der letzten beiden Jahrzehnte, erkennbare Bedrohungen und Risiken für Deutschland zwingen uns dazu, diese Fragen immer wieder zu stellen. Auch wir Deutsche leben in der Welt nicht auf einer Insel der Seligen. Wir sind aufgefordert, „dem Frieden der Welt zu dienen", wie es in der Präambel des Grundgesetzes heißt, gerade, wenn sie unfriedlich geworden ist. Manchmal kann nur Gewalt den Frieden wieder erzwingen. Das Militärhistorische Museum in Dresden dokumentiert die Ambivalenz des Militärischen im Verlauf seiner historischen Entwicklung. Sie zeigt die aggressive, zerstörerische und unterdrückende wie auch die friedenssichernde, schützende und befreiende Funktion von Streitkräften. Sie vermittelt, dass kriegerische Gewalt zu den zwiespältigsten Ausdrucksformen humaner Existenz gehört und damit Teil der menschlichen Natur ist. Wir werden sie bestenfalls bändigen, niemals aber gänzlich überwinden können.

VII.

Ich habe eingangs Herder zitiert und will mit ihm auch schließen. Ohne Begeisterung, so der Philosoph, geschieht nichts Großes und Gutes auf der Erde. Begeisterung hat das Militärhistorische Museum zweifellos schon vor seiner Neueröffnung entfachen können. Hat es deshalb auch „Großes und Gutes" bewirkt? Für eine Beantwortung dieser Frage ist es heute noch zu früh. Ich überlasse das Urteil gerne den hoffentlich zahlreichen Besuchern. Soviel aber lässt sich schon heute sagen: „Großes und Gutes" wird das neue Militärgeschichtliche Museum der Bundeswehr dann hervorbringen, wenn die Begeisterung der Museumsmacher Besucher und Gäste ansteckt. Wenn es gelingt, in Gesellschaft und Streitkräften eine kritische, differenzierte und ehrliche Auseinandersetzung über den Einsatz von Militär, über Krieg und Gewalt und deren Folgen für uns als Menschen anzustoßen. Dass es diese Wirkung erzielen möge, durch Bildung und Erziehung, das wünsche ich dem Museum.

DER BUNDESMINISTER DER VERTEIDIGUNG   Bonn, den 1. Juli 1965
Fü B I 4 – Az 35-08-07

Bundeswehr und Tradition

I.   GRUNDSÄTZE

1.   Tradition ist Überlieferung des gültigen Erbes der Vergangenheit. Traditionspflege ist Teil der soldatischen Erziehung. Sie erschließt den Zugang zu geschichtlichen Vorbildern, Erfahrungen und Symbolen; sie soll den Soldaten befähigen, den ihm in Gegenwart und Zukunft gestellten Auftrag besser zu verstehen und zu erfüllen.

2.   Die Bundeswehr ist die erste Wehrpflicht-Streitmacht in einem deutschen demokratischen Staat. Es ist der Auftrag des Soldaten der Bundeswehr, „der Bundesrepublik Deutschland treu zu dienen und Recht und Freiheit des deutschen Volkes tapfer zu verteidigen". Dieser Auftrag ist der Maßstab für die gültige Tradition der Bundeswehr.

3.   Recht und Freiheit werden nicht nur durch Gewaltanwendung, sondern auch in der Gesellschaft und im persönlichen Bereich bedroht. Unerschrockenheit und Standhaftigkeit gegenüber dieser Gefährdung gehören daher ebenso in die gültige Tradition der Bundeswehr wie Entschlußfreude, Mut und Tapferkeit vor dem Feinde. Entscheidend ist die Bereitschaft zum Opfer für Freiheit und Recht.

4.   Um der inneren und äußeren Bedrohung von Recht und Freiheit standzuhalten, bedrf es begründeter sittlicher Überzeugungen. Wer die Geschichte menschlicher Ordnungen kennt, wird sittliche Überzeugungen als Voraussetzung für ein menschenwürdiges Leben begreifen. Er wird eher bereit sein, vorbehaltlos für sie einzutreten.

5.   Traditionspflege dient nicht der Selbstrechtfertigung; sie erlaubt kein Ausweichen vor selbstkritischen Erkenntnissen. Nur Soldaten, die auch als Menschen ihrer Verantwortung genügt haben, sind Vorbilder, die Bestand haben. Sich an ihrem Beispiel zu orientieren, hilft dem Soldaten, ei-

nen festen Standort zu gewinnen, von dem aus er für die freiheitliche Lebensordnung eintritt.

6. In der Geschichte nehmen alle Menschen teil an Glück und Verdienst wie an Verhängnis und Schuld. Diese Einsicht schützt vor einfältiger Bewunderung ebenso wie vor blinder Verkennung. Sie öffnet die Augen für den Reichtum der Tradition, macht tolerant, bescheiden und zugleich mutig, selber Tradition zu bilden.

II. GÜLTIGE ÜBERLIEFERUNGEN DER DEUTSCHEN WEHRGESCHICHTE

7. Vater, Mutter und Stunde der Geburt, Vaterland, Muttersprache und eigene Stellung in der Geschichte sind jedem Menschen vorgegeben. Niemand kann sich ihnen nach Belieben entziehen.

8. Rechte Traditionspflege ist nur möglich in Dankbarkeit und Ehrfurcht vor den Leistungen und Leiden der Vergangenheit.

Was aber heute aus der Überlieferung wirkt, hat sich meist selbst einmal als Neues durchsetzen müssen. Aufgeschlossenheit und Vorurteilslosigkeit gehören deshalb zu lebendiger Tradition.

9. Die deutsche Wehrgeschichte umfaßt in Frieden und Krieg zahllose soldatische Leistungen und menschliche Bewährungen, die überliefert zu werden verdienen.

Als Gelegenheit zur Bewährung ist der Krieg jedoch nicht zu rechtfertigen, insbesondere nicht angesichts der modernen Waffenentwicklung. Die Bewährung des Soldaten liegt in seiner soldatischen Tüchtigkeit und in seiner Kampfentschlossenheit. Sie sollen jeden Gegner vom Angriff abschrecken und den Angreifer schlagen.

10. Nationales Bewußtsein ist eine Triebkraft, die sich seit frühen Anfängen in der europäischen Geschichte entfaltet hat; wir Deutschen haben an dieser Entwicklung teilgenommen. Das nationale Bewußtsein macht auch heute noch wirksame Kräfte innerhalb und außerhalb Europas frei.

Die Übersteigerung und Entartung des Nationalbewußtseins hat aber fälschlich die eigene Nation zum Maß aller Dinge gemacht. Solcher Nationalismus hat in unserem Jahrhundert die Welt in das Unglück zweier großer Kriege gestürzt.

Wissenschaft, Technik und Wirtschaft, das Mühen um Frieden und nicht zuletzt gemeinsame Vorstellungen von Auftrag, Würde und Glück des Menschen führen heute zu übernationalen Zusammenschlüssen freier Völker, die zu ihrer gemeinsamen Verantwortung finden.

Die Einbeziehung der Bundesrepublik in das Atlantische Bündnis führt die Soldaten der Bundeswehr in die Kameradschaft und in die geistige Auseinandersetzung mit Soldaten anderer Nationen; sie gibt ihnen Gelegenheit, zur Verständigung der Völker beizutragen un daran mitzuwirken, daß der Schutz von Frieden und Freiheit als gemeinsame Aufgabe verstanden wird.

11. Vaterlandsliebe gründet in den natürlichen Bindungen des Menschen an Heimat, Land, Volk, deren Geschichte und Kultur. Vaterlandsliebe ist nicht Nationalismus und hat sich meist mit freiheitlicher Gesinnung verbunden. Zu den kleinen Räumen, denen sie ursprünglich galt, sind im Laufe der Geschichte immer größere hinzugetreten. Diese Erweiterung vollzieht sich auch im werdenden Europa. Vaterlandsliebe bleibt auch im Zeitalter weltweiter Zuammenarbeit Wurzelboden politischer Verantwortung.

12. Zur besten Tradition deutschen Soldatentums gehört gewissenhafte Pflichterfüllung um des sachlichen Auftrages willen. Sie weiß sich unabhängig von Lob und Tadel und ist eine sichere Grundlage persönlicher Freiheit. Sie hat ihre Bedeutung im Großen wie im dienstlichen Alltag.

13. Gehorsam und Pflichterfüllung gründeten stets in der Treue des Soldaten zu seinem Dienstherrn, der für ihn Recht, Volk und Staat gelobt. Er bindet beide, Soldaten und Dienstherrn, im Gewissen.

Der Bruch des Eides durch den Dienstherrn rechtfertigt Widerstand aus Verantwortung. Widerstand kann und darf jedoch nicht zum Prinzip werden.

In unserem Rechtsstaat bleiben beiderseitige Treue der Repräsentanten der Bundesrepublik Deutschland und der Soldaten der Bundeswehr

Grundlage des Dienens. Der so geforderte Gehorsam des Soldaten ist dem Recht im Gesetz unterworfen und an das Gewissen gebunden.

14. Nach deutscher militärischer Tradition beruhen Leistung und Würde des Soldaten in besonderem Maße auf seiner Freiheit im Gehorsam. Die Erziehung zur Selbstzucht, die Anforderungen an das Mitdenken und die Art der Führung, wie sie sich in der Auftragstaktik zeigte, gaben dieser Freiheit mehr und mehr Raum. Erst das nationalsozialistische Regime mißachtete sie.

An diese Freiheit im Gehorsam gilt es wieder anzuknüpfen. Die eigene Verantwortung im Wagnis von Leben, Stellung und Ruf gab und gibt dem Gehorsam des Soldaten seinen menschlichen Rang. Zuletzt nur noch dem Gewissen verantwortlich, haben sich Soldaten im Widerstand gegen Unrecht und Verbrechen der nationalsozialistischen Gewaltherrschaft bis zur letzten Konsequenz bewährt.

Solche Gewissenstreue gilt es in der Bundeswehr zu bewahren.

15. Der Soldat bewährt sich im Handeln meist unter Zeitdruck und oft in unübersichtlicher Lage. Zur Tradition soldatischer Wertung gehört daher, daß den Soldaten Zögern schwerer belastet als ein Fehlgreifen im Entschluß. Wer handeln muß, kann schnell, sichtbar und folgenreich schuldig werden. Nach gewissenhafter Entscheidung darf er sich trotzdem gelassen dem Urteil der Um- und Nachwelt stellen.

16. Jedes Handeln sucht den Erfolg, darf aber nicht allein an ihm gemessen werden.

Soldatische Tradition kann sich deshalb nicht nur an Gestalten halten, denen Sieg vergönnt war.

17. Politisches Mitdenken und Mitverantwortung gehören seit den preußischen Reformen zur guten Tradition deutschen Soldatentums. Nur als politisch denkender und handelnder Staatsbürger gehört der Soldat zu den geistig und gesellschaftlich verantwortlichen und bewegenden Kräften seiner Zeit.

Der Soldat, der sich, als unpolitischer Soldat einer falschen Tradition folgend, auf das militärische Handwerk beschränkt, versäumt einen wesentlichen Teil seiner beschworenen Dienstpflicht als Soldat in einer Demokratie. Der Wert seines Dienstes wird weitgehend bestimmt durch die politische Zielsetzung.

18. Geistig Bildung gehört zum besten Erbe europäischen Soldatentums. Sie befreit den Soldaten zu geistiger und politischer Mündigkeit und befähigt ihn, der vielschichtigen Wirklichkeit gerecht zu werden, in der er handeln muß. Ohne Bildung bleibt Tüchtigkeit blind.

19. In die Tradition der deutschen Bundeswehr gehören neben den soldatischen auch alle anderen Überlieferungen der Geschichte, die von der Bereitschaft berichten, für Freiheit und Recht Opfer zu bringen.

Sie bestätigen die Grundhaltungen, auf die es für den Soldaten ankommt:

Wahrhaftigkeit und Gerechtigkeit,

Achtung vor der Würde des Menschen,

Großherzigkeit und Ritterlichkeit,

Kameradschaft und Fürsorge,

Mut zum Eintreten für das Rechte.

Tapferkeit und Hingabe,

Gelassenheit und Würde

in Unglück und Erfolg.

Zurückhaltung in Auftreten

und Lebensstil,

Zucht des Geistes, der Sprache

und des Leibes.

Toleranz, Gewissenstreue und Gottesfurcht.

III. TRADITIONSPFLEGE IN DER BUNDESWEHR

Im Sinne der vorstehenden Grundsätze werden im einzelnen folgende Richtlinien gegeben:

20. Die Verbundenheit mit der Geschichte findet ihren sichtbaren Ausdruck in Symbolen, die für den deutschen Soldaten besondere Bedeutung haben. Diese sind:

- die schwarz-rot-goldene Fahne als Sinnbild staatsbürgerlicher Verantwortung und des Strebens der Deutschen nach „Einigkeit und Recht und Freiheit", wie es im „Lied der Deutschen" Ausdruck fand

- der Adler des deutschen Bundeswappens als ältestes deutsches Sinnbild der Souveränität und des Rechtsgedankens

- das Eiserne Kreuz als Sinnbild sittlich gebundener soldatischer Tapferkeit.

21. Besondere Gelegenheiten, im Soldaten das Traditionsbewußtsein durch Wort und Symbol zu wecken, bieten sich

- bei den täglichen und feierlichen Flaggenparaden

- bei Vereidigung und feierlichem Gelöbnis

- bei der Waffenübergabe an junge Soldaten

- bei der Beförderung zum Unteroffizier und Offizier, die in feierlicher Form vorzunehmen ist

- bei der Entlassung von Soldaten

- beim Spiel des großen Zapfenstreiches

- beim Besuch geschichtlicher Stätten

- bei Gedenkstunden an Mahn- und Ehrenmalen

- bei der Feier von Gedenktagen

- bei Stapelläufen oder Indienststellungen.

22. Soldatische Tradition ist im Unterricht an Beispielen aus der Geschichte lebendig zu machen.

In der Ausbildung zum soldatischen Führer sind mit der Kenntnis geschichtlicher Tatsachen auch Wert und Inhalte der Traditionspflege zu vermitteln.

23. Verbände, Schiffe und Unterkünfte der Bundeswehr können mit Zustimmung des Bundesministers der Verteidigung nach Persönlichkeiten benannt werden, die in Haltung und Leistung beispielhaft waren.

24. Auswahl, Deutung und Pflege des Liedes und der Militärmusik sollen Wesenszüge soldatischen Verhaltens und Empfindens sichtbar machen.

25. Art und Stil der Aufbewahrung von Fahnen, Waffen, Darstellungen, Urkunden und anderen Erinnerungsstücken sollen den jungen Soldaten zu den Traditionsinhalten hinführen.

Symbole, die das Hakenkreuz enthalten, werden nicht aufgestellt und nicht gezeigt. Bei besonderen Veranstaltungen zur Traditionspflege und zur Gefallenenehrung können Fahnen ehemaliger Truppenteile von der Bundeswehr begleitet werden, wenn die Truppenfahne geführt wird.

26. Traditionen ehemaliger Truppenteile werden an Bundeswehr-Truppenteile nicht verliehen.

27. Die Pflege kameradschaftlicher Beziehungen zu ehemaligen Soldaten ist auch ohne eine offizielle Zuteilung von Traditionen möglich und erwünscht. Sie sollte in erster Linie die in der Umgebung der Garnisonen wohnenden ehemaligen Soldaten einbeziehen. Sie soll niemanden ausschließen, weder örtliche Kameradschafts- und Traditionsvereine der ehemaligen Wehrmacht noch einzelne ehemalige Soldaten, die nicht organisiert sind.

Dabei muß klar bleiben, daß die Bundeswehr sich in ihrer politischen Einordnung, ihrer Aufgabe und ihrer Struktur von den Streitkräften früherer Wehrverfassungen unterscheidet.

28. Persönliche Beziehungen zu ehemaligen Wehrmachtsverbänden dürfen für die Kameradschaftspflege mit bestimmten Traditionsvereinen nicht ausschlaggebend sein. Solche zufälligen Kontakte erlöschen erfah-

rungsgemäß mit dem Wechsel der Personen. Die Pflege der Tradition von Truppenverbänden ist nur sinnvoll, wenn der Traditionsträger der Bundeswehrgarnison nahe liegt oder ein sachlicher Zusammenhang, etwa eine ähnliche Aufgabenstellung, den früheren Wehrmachtverband mit dem heutigen Bundeswehr-Truppenteil verbindet.

29. Die ehemaligen Soldaten sollen erkennen, daß die Bundeswehr ihre soldatische Leistung und ihr Opfer würdigt. Begegnung und Erfahrungsaustausch zwischen ehemaligen und aktiven Soldaten sollen Verständnis und Achtung voreinander vertiefen.

Um die kameradschaftliche Verbundenheit aller Soldaten zu pflegen, sind ehemalige Soldaten und Reservisten der Bundeswehr zu geeigneten dienstlichen Veranstaltungen und kameradschaftlichen Zusammenkünften einzuladen.

30. Bei Vorbereitung und Durchführung von Veranstaltungen ehemaliger Soldaten zur Pflege von Tradition und Kameradschaft, an denen sich Bundeswehr-Truppenteile beteiligen, ist der jeweilige Kommandeur oder Einheitsführer dafür verantwortlich, daß die Zurückhaltung, die das Auftreten des Soldaten in der Öffentlichkeit verlangt, und die Forderungen des guten Geschmacks beachtet werden.

Alle Veranstaltungen zur Traditionspflege sollen der Erziehung dienen und den Soldaten der Bundeswehr fester an seinen gegenwärtigen Auftrag binden.

gez. v. Hassel

Verteiler: Bis zu den Kompanien

Bundesministerium der Verteidigung Bonn, 20. September 1982
Fü S I 3 - Az 35-08-07

Richtlinien zum Traditionsverständnis und zur Traditionspflege in der Bundeswehr

I. Grundsätze

1. Tradition ist die Überlieferung von Werten und Normen. Sie bildet sich in einem Prozeß wertorientierter Auseinandersetzung mit der Vergangenheit. Tradition verbindet die Generationen, sichert Identität und schlägt eine Brücke zwischen Vergangenheit und Zukunft.

Tradition ist eine wesentliche Grundlage menschlicher Kultur. Sie setzt Verständnis für historische, politische und gesellschaftliche Zusammenhänge voraus.

2. Maßstab für Traditionsverständnis und Traditionspflege in der Bundeswehr sind das Grundgesetz und die der Bundeswehr übertragenen Aufgaben und Pflichten. Das Grundgesetz ist Antwort auf die deutsche Geschichte. Es gewährt große Freiräume, zieht aber auch eindeutige Grenzen.

Die Darstellung der Wertgebundenheit der Streitkräfte und ihres demokratischen Selbstverständnisses ist die Grundlage der Traditionspflege der Bundeswehr.

3. In der pluralistischen Gesellschaft haben historische Ereignisse und Gestalten nicht für alle Staatsbürger gleiche Bedeutung, geschichtliche Lehren und Erfahrungen nicht für alle den gleichen Grad an Verbindlichkeit. Tradition ist auch eine persönliche Entscheidung.

4. Traditionsbewußtsein kann nicht verordnet werden. Es bildet sich auf der Grundlage weltanschaulicher Überzeugungen und persönlicher Wertentscheidungen.

Dies gilt auch für die Bundeswehr mit ihrem Leitbild vom mündigen Soldaten, dem Staatsbürger in Uniform. Die Freiheit der Entscheidung in

Traditionsangelegenheiten gilt innerhalb des Rahmens von Grundgesetz und Soldatengesetz.

5. Politisch-historische Bildung trägt entscheidend zur Entwicklung eines verfassungskonformen Traditionsverständnisses und einer zeitgemäßen Traditionsverständnisses und einer zeitgemäßen Traditionspflege bei. Dies fordert, den Gesamtbestand der deutschen Geschichte in die Betrachtung einzubeziehen und nichts auszuklammern.

6. Die Geschichte deutscher Streitkräfte hat sich nicht ohne tiefe Einbrüche entwickelt. In den Nationalsozialismus waren Streitkräfte teils schuldhaft verstrickt, teils wurden sie schuldlos mißbraucht. Ein Unrechtsregime, wie das Dritte Reich, kann Tradition nicht begründen.

7. Alles militärische Tun muß sich an den Normen des Rechtsstaats und des Völkerrechts orientieren. Die Pflichten des Soldaten - Treue, Tapferkeit, Gehorsam, Kameradschaft, Wahrhaftigkeit, Verschwiegenheit sowie beispielhaftes und fürsorgliches Verhalten der Vorgesetzten - erlangen in unserer Zeit sittlichen Rang durch die Bindung an das Grundgesetz.

8. Die Bundeswehr dient dem Frieden. Der Auftrag der Streitkräfte, den Frieden in Freiheit zu sichern, fordert Bereitschaft und Fähigkeit, für die Bewahrung des Friedens treu zu dienen und im Verteidigungsfall für seine Wiederherstellung tapfer zu kämpfen.

Die Verpflichtung auf den Frieden verleiht dem Dienst des Soldaten eine neue politische und ethische Dimension.

9. Für die Traditionsbildung in den Streitkräften ist von Bedeutung, daß die Bundeswehr

- die erste Wehrpflichtarmee in einem demokratischen deutschen Staatswesen ist;

- ausschließlich der Verteidigung dient;

- in ein Bündnis von Staaten integriert ist, die sich zur Demokratie, der Freiheit der Person und der Herrschaft des Rechts bekennen.

Diese politischen und rechtlichen Bindungen verlangen, daß die Bundeswehr ihre militärische Tradition auf der Grundlage eines freiheitlichen demokratischen Selbstverständnisses entwickelt.

10. Viele Formen, Sitten und Gepflogenheiten des Truppenalltags sind nicht Tradition, sondern militärisches Brauchtum. Es handelt sich um Gewohnheiten und Förmlichkeiten, wie sie in jeder großen gesellschaftlichen Einrichtung anzutreffen sind. Meist haben sie sich vor langer Zeit herausgebildet. Ihr ursprünglicher Sinn ist oft in Vergessenheit geraten, der Bedeutungszusammenhang zerfallen. Formen, Sitten und Gepflogenheiten tragen jedoch zur Verhaltenssicherheit im Umgang miteinander bei.

Nicht jede Einzelheit militärischen Brauchtums, das sich aus früheren Zeiten herleitet, muß demokratisch legitimiert sein. Militärisches Brauchtum darf aber den vom Grundgesetz vorgegebenen Werten und Normen nicht entgegenstehen.

Brauchtum muß, um lebendig zu bleiben, von den Soldaten angenommen werden.

II. Zielsetzungen

11. Traditionsbewußtsein zu wecken, ist eine wichtige Aufgabe der Vorgesetzten.

12. Traditionspflege ist Teil der soldatischen Ausbildung. Sie soll die geistige und politische Mündigkeit des Soldaten und die Einbindung der Bundeswehr in Staat und Gesellschaft fördern. Die Pflege von Traditionen soll der Möglichkeit entgegenwirken, sich wertneutral auf das militärische Handwerk zu beschränken.

13. Traditionsbewußtsein und Traditionspflege sollen dazu beitragen, die ethischen Grundlagen des soldatischen Dienstes in der heutigen Zeit zu verdeutlichen. Sie sollen dem Soldaten bei der Bewältigung seiner Aufgabe helfen, durch Bereitschaft und Fähigkeit zum Kampf seinen Beitrag zur Sicherung des Friedens zu leisten und die damit verbundenen Belastungen zu tragen.

14. In der Ausbildung zum militärischen Führer sind mit der Kenntnis geschichtlicher Tatsachen auch Werte und Inhalte der Traditionspflege zu vermitteln.

15. In der Traditionspflege der Bundeswehr sollen solche Zeugnisse, Haltungen und Erfahrungen aus der Geschichte bewahrt werden, die als ethische und rechtsstaatliche, freiheitliche und demokratische Traditionen auch für unsere Zeit beispielhaft und erinnerungswürdig sind.

16. In der Traditionspflege soll auch an solche Geschehnisse erinnert werden, in denen Soldaten über die militärische Bewährung hinaus an politischen Erneuerungen teilhatten, die zur Entstehung einer mündigen Bürgerschaft beigetragen und den Weg für ein freiheitliches, republikanisches und demokratisches Deutschland gewiesen haben.

17. In der Traditionspflege der Bundeswehr soll auf folgende Einstellungen und Verhaltensweisen besonderer Wert gelegt werden:

- kritisches Bekenntnis zur deutschen Geschichte, Liebe zu Heimat und Vaterland, Orientierung nicht allein am Erfolg und den Erfolgreichen, sondern auch am Leiden der Verfolgten und Gedemütigten;

- politisches Mitdenken und Mitverantworten, demokratisches Wertbewußtsein, Vorurteilslosigkeit und Toleranz, Bereitschaft und Fähigkeit zur Auseinandersetzung mit den ethischen Fragen des soldatischen Dienstes, Wille zum Frieden;

- gewissenhafter Gehorsam und treue Pflichterfüllung im Alltag, Kameradschaft, Entschlußfreude, Wille zum Kampf, wenn es der Verteidigungsauftrag erfordert.

18. Menschlichkeit hat nach unserem Grundgesetz einen hohen Rang. Das Selbstverständnis der Bundeswehr ist dem verpflichtet. Es gibt auch in der Vergangenheit viele Beispiele menschlich vorbildlichen Verhaltens, die unseren Respekt verdienen. Sie sollen daran erinnern, daß der Grundwert der Humanität auch unter schwierigen Bedingungen bewahrt werden muß.

19. Soldatische Erfahrungen und militärische Leistungen der Vergangenheit können für die Ausbildung der Streitkräfte von Bedeutung sein.

Dabei ist stets zu prüfen, inwieweit Überliefertes angesichts ständig sich wandelnder technischer und taktischer, politischer und gesellschaftlicher Gegebenheiten an Wert behält. Die Geschichte liefert keine Anweisungen für künftiges Verhalten, wohl aber Maßstäbe und Orientierungen für Haltungen.

20. Die Bundeswehr pflegt bereits eigene Traditionen, die weiterentwickelt werden sollen. Dazu gehören vor allem:

- der Auftrag zur Erhaltung des Friedens in Freiheit als Grundlage des soldatischen Selbstverständnisses;
- der Verzicht auf ideologische Feindbilder und auf Haßerziehung;
- die Einbindung in die Atlantische Allianz und die kameradschaftliche Zusammenarbeit mit den verbündeten Streitkräften auf der Grundlage gemeinsamer Werte;
- das Leitbild des „Staatsbürgers in Uniform" und die Grundsätze der Inneren Führung;
- die aktive Mitgestaltung der Demokratie durch den Soldaten als Staatsbürger;
- die Offenheit gegenüber gesellschaftlichen Entwicklungen und die Kontaktbereitschaft zu den zivilen Bürgern;
- die Hilfeleistungen für die Zivilbevölkerung bei Notlagen und Katastrophen im In- und Ausland.

Das sind unverwechselbare Merkmale der Bundeswehr.

III. Hinweise

21. Die Traditionspflege liegt in der Verantwortung der Kommandeure und Einheitsführer. Sie verfügen über Ermessens- und Entscheidungsfreiheit vor allem dort, wo es sich um regionale und lokale Besonderheiten handelt.

Kommandeure und Einheitsführer treffen ihre Entscheidungen auf der Grundlage von Grundgesetz und Soldatengesetz im Sinne der hier niedergelegten Richtlinien selbständig.

22. Begegnungen im Rahmen der Traditionspflege dürfen nur mit solchen Personen oder Verbänden erfolgen, die in ihrer politischen Grundeinstellung den Werten und Zielvorstellungen unserer verfassungsmäßigen Ordnung verpflichtet sind.

Traditionen von Truppenteilen ehemaliger deutscher Streitkräfte werden an Bundeswehrtruppenteile nicht verliehen. Fahnen und Standarten früherer deutscher Truppenteile werden in der Bundeswehr nicht mitgeführt oder begleitet.

Dienstliche Kontakte mit Nachfolgeorganisationen der ehemaligen Waffen-SS sind untersagt.

Nationalsozialistische Kennzeichen, insbesondere das Hakenkreuz, dürfen nicht gezeigt werden. Ausgenommen von diesem Verbot sind Darstellungen, die der Auseinandersetzung mit dem Nationalsozialismus in der politischen oder historischen Bildung dienen, Ausstellungen des Wehrgeschichtlichen Museums sowie die Verwendung dieser Kennzeichen im Rahmen der Forschung und Lehre.

23. Tradition braucht Symbole, Zeichen und Zeremonielle. Sie könne die inneren Werte der Tradition nicht ersetzen, wohl aber auf sie verweisen und ihre zeitgemäße Bewahrung sichern. In der Traditionspflege der Bundeswehr haben besondere Bedeutung:

- die schwarz-rot-goldene Flagge als Symbol freiheitlich-republikanischen Bürgersinns und staatsbürgerlich-demokratischer Mitverantwortung;

- unsere Nationalhymne als Ausdruck des Strebens der Deutschen nach Einigkeit, Recht und Freiheit;

- der Adler des deutschen Bundeswappens als Zeichen nationaler Souveränität, der dem Recht dienenden Macht und der geschichtlichen Kontinuität;

- das Eiserne Kreuz als nationales Erkennungszeichen und als Sinnbild für Tapferkeit, Freiheitsliebe und Ritterlichkeit;

– der Diensteid und das feierliche Gelöbnis der Soldaten als Bekenntnis und Versprechen, der Bundesrepublik Deutschland treu zu dienen und das Recht und die Freiheit des deutschen Volkes tapfer zu verteidigen.

Die Bedeutung der Symbole, Zeichen und Zeremonielle muß in der soldatischen Ausbildung erklärt und wachgehalten werden.

So haben auch der Große Zapfenstreich als Ausdruck des Zusammengehörigkeitsgefühls und das Lied vom guten Kameraden als Abschiedsgruß ebenfalls einen festen Platz in der Traditionspflege.

24. Die deutsche Geschichte hat eine Fülle landmannschaftlicher, regionaler und lokaler Besonderheiten hervorgebracht. Die Vielfalt ist eine deutsche historische Eigentümlichkeit.

Bei der Traditionspflege hat es sich als sinnvoll erwiesen, an solche Besonderheiten anzuknüpfen, insbesondere durch

– Abschluß und Pflege von Patenschaften mit Städten und Gemeinden;

– Übernahme und Pflege von Gedenkstätten, Mahn- und Ehrenmalen;

– Begehen von Fest- und Gedenktagen des Verbandes und der Garnison;

– Sammeln von Dokumenten und Ausstellungsstücken;

– Erstellen und Fortschreiben einer Chronik der Einheit oder des Verbandes unter Berücksichtigung regionaler und lokaler Ereignisse.

25. Das Sammeln von Waffen, Modellen, Urkunden, Fahnen, Bildern, Orden und Ausrüstungsgegenständen ist erlaubt. Es dient der Kenntnis und dem Interesse an der Geschichte und belegt, was gewesen ist.

Die Art und Weise, in der wehrkundliche Exponate gezeigt werden, muß die Einordnung in einen geschichtlichen Zusammenhang erkennen lassen. Die äußere Aufmachung muß diesen Richtlinien entsprechen.

26. Das Zusammengehörigkeitsgefühl und Auftragsverständnis der Truppe kann durch feierliche Appelle, vor allem anläßlich nationaler Gedenktage, der Aufnahme und Entlassung von grundwehrdienstleistenden

Soldaten, beim Abschluß von Übungen sowie anläßlich der Verleihung von Orden und Ehrenzeichen gestärkt werden.

Die Reservisten der Bundeswehr sollen zu geeigneten Veranstaltungen und kameradschaftlichen Zusammenkünften eingeladen werden.

27. Das Singen in der Truppe ist ein alter Brauch, der bewahrt werden soll. Das Liedgut ist im Liederbuch der Bundeswehr zusammengestellt. Diese Sammlung ist Richtschnur für die Auswahl.

28. Die Militärmusik hat eine lange und reiche Geschichte. Sie dient der Ausgestaltung dienstlicher Veranstaltungen und der Repräsentation der Bundeswehr im In- und Ausland.

29. Kasernen und andere Einrichtungen der Bundeswehr können mit Zustimmung des Bundesministers der Verteidigung nach Persönlichkeiten benannt werden, die sich durch ihr gesamtes Wirken oder eine herausragende Tat um Freiheit und Recht verdient gemacht haben.

30. Vereidigungen und feierliche Gelöbnisse unter Anteilnahme der zivilen Bürger sind ein öffentliches Bekenntnis der Soldaten zum demokratischen Staat. Sie sind Bestandteil einer gewachsenen Tradition der Bundeswehr. Im Mittelpunkt der Veranstaltung stehen diejenigen, die sich zu ihren gesetzlichen Pflichten bekennen sollen. Ihnen muß der Sinn ihres Dienstes deutlich werden.

Die Beteiligung der Öffentlichkeit am Leben der Truppe fördert die Integration der Streitkräfte in die Gesellschaft. An „Tagen der offenen Tür" und bei anderen Gelegenheiten sind die Bürger einzuladen, den Alltag und das Leistungsvermögen der Truppe kennenzulernen.

Literatur

Abenheim, Donald: Bundeswehr und Tradition. Die Suche nach dem gültigen Erbe des deutschen Soldaten, München 1989 (=Beiträge zur Militärgeschichte, 27)

Auftrag Auslandseinsatz. Neueste Militärgeschichte an der Schnittstelle von Geschichtswissenschaft, Politik, Öffentlichkeit und Streitkräften, hg. von Bernhard Chiari, Freiburg 2012 (=Studien zur neuesten Militärgeschichte, 1)

Auslandseinsätze der Bundeswehr, hg. von Bernhard Chiari und Magnus Pahl, Paderborn 2010 (=Wegweiser zur Geschichte)

Baudissin, Wolf von: Soldat für den Frieden. Entwürfe für eine zeitgemäße Bundeswehr, München 1969

Birk, Eberhard: Aspekte einer militärischen Tradition für Europa, in: Österreichische Militärische Zeitschrift 42 (2004), S. 131-140

Birk, Eberhard: Der Funktionswandel der Westeuropäischen Union (WEU) im europäischen Integrationsprozess, Würzburg 1999 (=Spektrum Politikwissenschaft, 9)

Birk, Eberhard: Der politische Nukleus militärischer Identitätskonstruktionen am Beispiel der NVA. Überlegungen zur "fortschrittlichsten deutschen Militärtradition", in: Deutschland-Archiv. Zeitschrift für das vereinigte Deutschland 43 (2010), S. 687-695

Birk, Eberhard: Die preußische Heeresreform als Nukleus einer europäischen Militärtradition, in: Reform, Reorganisation, Transformation. Zum Wandel in den deutschen Streitkräften von den preußischen Heeresreformen bis zur Transformation der Bundeswehr, hg. von Karl-Heinz Lutz, Martin Rink und Marcus von Salisch, München 2010, S. 545-562

Birk, Eberhard: Militärische Tradition im Spannungsfeld von Theoriendynamik und Politischer Kultur, in: Politik und Verfassung im zeithistorischen Kontext, Wiener Neustadt 2009 (=Armis et Litteris, 23), S. 73-138

Birk, Eberhard: Militärische Tradition. Beiträge aus politikwissenschaftlicher und militärhistorischer Perspektive, Hamburg 2006 (=Studien zur Zeitgeschichte, 51)

Birk, Eberhard: Neue Perspektiven für das Fach Militärgeschichte in der Bundeswehr, in: Militärgeschichte in der Bundeswehr, Fürstenfeldbruck 2011 (=Gneisenau Blätter, 10), S. 10-23

Birk, Eberhard: SAFE-Ethos, in: IF. Zeitschrift für Innere Führung 2012, Heft 1, S. 13-19

Böckenförde, Ernst-Wolfgang: Staat, Gesellschaft, Freiheit, Frankfurt 1976

Botzenhart, Manfred: 1848/49: Europa im Umbruch, Paderborn 1998

Bracher, Karl-Dietrich: Zeit der Ideologien. Eine Geschichte politischen Denkens im 20. Jahrhundert, Stuttgart 1984

Der Bundestagsausschuss für Verteidigung. Der Ausschuss für Fragen der europäischen Sicherheit. Januar 1953 bis Juli 1954, hg. von Bruno Thoß, Düsseldorf 2010 (=Der Bundestagsausschuss für Verteidigung und seine Vorläufer, 2)

Bundeswehr und Tradition. Zur Debatte um das künftige Geschichts- und Traditionsverständnis in den Streitkräften, hg. von Andreas Prüfert, Baden-Baden 2000

Coker, Christopher: The Future of War. The re-enchantment of war in the twenty-first century, Malden, MA, 2004

Creveld, Martin Levi van: Supplying War. Logistics from Wallenstein to Patton, Cambridge 1977

Diner, Dan: Das Jahrhundert verstehen. Eine universalhistorische Deutung, München 1999

Duppler, Jörg: Germania auf dem Meere. Bilder und Dokumente zur Deutschen Marinegeschichte 1848-1998, Hamburg 1998

Ehlert, Hans: Zwischen Mauerfall und Volkskammerwahl. Die NVA im Strudel des gesellschaftlichen Umbruchs in der DDR 1989/90, in: Staatsfeinde in Uniform? Widerständiges Verhalten und politische Verfolgung in der NVA, hg. von Rüdiger Wenzke, Berlin 2005 (=Militärgeschichte der DDR, 9), S. 429-464

Eisenfeld, Bernd, und Peter Schicketanz: Bausoldaten in der DDR. Die "Zusammenführung feindlich-negativer Kräfte" in der NVA, Berlin 2011

Erler, Fritz, Kriegskunst, in: Süddeutsche Monatshefte, 14 (März 1917), S. 819-822

Förster, Jürgen: Das Unternehmen "Barbarossa" als Eroberungs- und Vernichtungskrieg, in: Das Deutsche Reich und der Zweite Weltkrieg, hg. vom Militärgeschichtlichen Forschungsamt, Band 4: Der Angriff auf die Sowjetunion, Stuttgart 1983, S. 413-447

Frei, Norbert: Vergangenheitspolitik. Die Anfänge der Bundesrepublik und die NS-Vergangenheit, München 1996

Gerstenberger, Friedrich: Strategische Erinnerungen. Die Memoiren deutscher Offiziere, in: Vernichtungskrieg. Verbrechen der Wehrmacht 1941-1944, hg. von Hannes Heer und Klaus Naumann, Hamburg 1995, S. 620-629

Giordano, Ralph: Die Traditionslüge. Vom Kriegerkult in der Bundeswehr, Köln 2000

Glaser, Günther: ...auf die "andere" Seite übergehen. NVA-Angehörige in Krise und revolutionärem Umbruch der DDR. Studie mit Dokumenten (22. September-17./18. November 1989), Berlin 2005

Glaser, Günther: Armee der Einheit. Gastbeitrag zum Leserforum, in: Die Bundeswehr, Heft 4/2010, S. 58

Grundkurs deutsche Militärgeschichte, Band 3: Die Zeit nach 1945. Armeen im Wandel, hg. von Karl V. Neugebauer, München 2008

Haase-Hindenberg, Gerhard: Der Mann, der die Mauer öffnete. Warum Oberstleutnant Harald Jäger den Befehl verweigerte und damit Weltgeschichte schrieb, München 2007

Hagemann, Frank: Parteiherrschaft in der Nationalen Volksarmee. Zur Rolle der SED bei der inneren Entwicklung der DDR-Streitkräfte (1956 bis 1971), Berlin 2002 (=Militärgeschichte der DDR, 5)

Handbuch Innere Führung. Hilfen zur Klärung der Begriffe, hg. vom Bundesministerium für Verteidigung, Bonn 1957

Hanisch, Wilfried: Was ist heute noch bewahrenswert aus der Traditionsauffassung der NVA? (November 1997), in: Was war die NVA? Studien - Analysen - Berichte. Zur Geschichte der Nationalen Volksarmee, hg. von der Arbeitsgruppe Geschichte der NVA und Integration ehemaliger NVA-Angehöriger in Gesellschaft und Bundeswehr beim Landesvorstand Ost des DBwV, Berlin 2001, S. 150-161

Harder, Hans-Joachim, und Norbert Wiggershaus: Tradition und Reform in den Aufbaujahren der Bundeswehr, Herford 1985 (=Entwicklung deutscher militärischer Tradition, 2)

Haueis, Eberhard: Die führende Rolle der der SED in der Nationalen Volksarmee. Eine kritische Nachbetrachtung (April 1998), in: Was war die NVA? Studien - Analysen - Berichte. Zur Geschichte der Nationalen Volksarmee, hg. von der Arbeitsgruppe Geschichte der NVA und Integration ehemaliger NVA-Angehöriger in Gesellschaft und Bundeswehr beim Landesvorstand Ost des DBwV, Berlin 2001, S. 323-337

Heider, Paul: Militärreform in der DDR 1989/90, in: Reform, Reorganisation, Transformation. Zum Wandel in den deutschen Streitkräften von den preußischen Heeresreformen bis zur Transformation der Bundeswehr, hg. von Karl-Heinz Lutz, Martin Rink und Marcus von Salisch, München 2010, S. 383-400

Heider, Paul: Nationale Volksarmee - Ultima Ratio zum Erhalt der SED-Herrschaft?, in: Das letzte Jahr der DDR. Zwischen Revolution und Selbstaufgabe, hg. von Stefan Bollinger, Berlin 2004 (=Schriften der Rosa-Luxemburg-Stiftung, 11), S. 100-123

Heinemann, Winfried: Der militärische Widerstand und der Krieg, in: Das Deutsche Reich und der Zweite Weltkrieg, Band 9/1: Die deutsche Kriegsgesellschaft 1939-1945. Politisierung, Vernichtung, Überleben, Stuttgart 2004, S. 743-892

Heinemann, Winfried: Die DDR und ihr Militär, München 2011 (=Militärgeschichte kompakt, 3)

Heinemann, Winfried: Eduard Dietl. Lieblingsgeneral des "Führers", in: Die Militärelite des Dritten Reiches. 27 biographische Skizzen, hg. von Ronald Smelser und Enrico Syring, Berlin 1995, S. 99-112

Heinemann, Winfried: Militär und Tradition, in: Handbuch Militär und Sozialwissenschaft, hg. von Sven B. Gareis und Paul Klein, Wiesbaden ²2006, S. 449-458

Heinemann, Winfried: Tradition und Erinnerung. Zur Traditionsdebatte in der Bundeswehr in Zeiten internationaler Einsätze, in: Militärgeschichte in der Bundeswehr, Fürstenfeldbruck 2011 (=Gneisenau Blätter, 10), S. 75-81

Heinsohn, Gunnar: Söhne und Weltmacht. Terror im Aufstieg und Fall der Nationen, Zürich 2003

Hettling, Manfred: Gefallenengedenken - aber wie? Das angekündigte Ehrenmal für Bundeswehrsoldaten sollte ihren demokratischen Auftrag darstellen, in: Vorgänge 177 (2007), S. 66-75

Hobsbawm, Eric J.: Das Zeitalter der Extreme. Weltgeschichte des 20. Jahrhunderts, München 1995

Hug, Wolfgang: Demokraten und Soldaten. Bewaffnete Gewalt in der Revolution von 1848/49 aus südwestdeutscher Sicht, in: 1848. Epochenjahr für Demokratie und Rechtsstaat in Deutschland, hg. von Bernd Rill, München 1998, S. 205-223

Irving, David: Rommel. Eine Biographie, Hamburg 1978

Janowitz, Morris: The Professional Soldier. A social and political portrait, Glencoe, Ill. 1960

Joachim, Laurent: Der Einsatz von "Private Military Companies" im modernen Konflikt. Ein neues Werkzeug für "Neue Kriege"?, Berlin 2010 (=Politikwissenschaft, 178)

Kersten, Olaf, Hans-Georg Löffler, Reinhard Parchmann und Siegfried Stoof: Garnisonen der NVA und GSSD. Zur Nutzung der mililtärischen Standorte von 1871 bis 2010, Berlin 2011 (=Forum Moderne Militärgeschichte, 3)

Keßelring, Agilolf: Der Krieg der NATO gegen Jugoslawien und der Einsatz im Kosovo 1998/99, in: Auslandseinsätze der Bundeswehr, hg. von Bernhard Chiari und Magnus Pahl, Paderborn 2010 (=Wegweiser zur Geschichte), S. 65-79

Kirchbach, Hans Peter von, Manfred Meyers und Victor Vogt: Abenteuer Einheit. Zum Aufbau der Bundeswehr in den neuen Ländern, Frankfurt 1992

Kirchbach, Hans Peter von: Mit Herz und Hand. Soldaten zwischen Elbe und Oder, Frankfurt 1998

Knab, Jakob: Falsche Glorie. Das Traditionsverständnis der Bundeswehr, Berlin 1995

Köster, Burkhard, und Roland Rieger: Beitrag an entscheidender Stelle. Historische und politische Bildung im Selbstverständnis der Offiziersausbildung an der Offizierschule des Heeres, in: Truppenpraxis/Wehrausbildung 44 (2000), S. 609-613

Köster, Burkhard: Aus Liebe zur Seefahrt! Vizeadmiral Karl-Adolf Zenker, in: Militärische Aufbaugenerationen der Bundeswehr 1955 bis 1970. Ausgewählte Biografien, hg. von Helmut R. Hammerich und Rudolf J. Schlaffer, München 2011 (=Sicherheit und Streitkräfte der Bundesrepublik Deutschland, 10), S. 338-341

Köster, Burkhard: Neue Wege in der Traditionsbildung der Bundeswehr. Der "Bürgersoldat" von 1848/49, in: Perspektiven der Militärgeschichte. Raum, Gewalt und Repräsentation in historischer Forschung und Bildung, hg. von Jörg Echternkamp, Wolfgang Schmidt und Thomas Vogel, München 2010 (=Beiträge zur Militärgeschichte, 67), S. 269-277

Köster, Burkhard: Tradition in der Bundeswehr - Tradition der Reformen?, in: Reform, Reorganisation, Transformation. Zum Wandel in deutschen Streitkräften von den preußischen Heeresreformen bis zur Transformation der Bundeswehr, hrsg. von Karl-Heinz Lutz, Martin Rink und Marcus von Salisch, München 2010, S. 317-330

Kroener, Bernhard R.: Militär, Staat und Gesellschaft im 20. Jahrhundert (1890-1990), München 2010 (=Enzyklopädie deutscher Geschichte, 87)

Kroener, Bernhard R.: Soldat oder Soldateska? Programmatischer Aufriss einer Sozialgeschichte militärischer Unterschichten in der ersten Hälfte des 17. Jahrhunderts, in: Militärgeschichte. Probleme - Thesen - Wege. Im Auftrag des Militärgeschichtlichen Forschungsamtes aus Anlaß seines 25jährigen Bestehens ausgewählt und zsg. von Manfred Messerschmidt u.a., Stuttgart 1982 (=Beiträge zur Militär- und Kriegsgeschichte, 25), S. 100-123

Krüger, Dieter: Das schwierige Erbe. Die Traditionsansprache des Kapitäns zur See Karl-Adolf Zenker und ihre parlamentarischen Folgen, in: Marineforum 72 (1997), 1, S. 28-33

Lange, Sven: Der Fahneneid. Die Geschichte der Schwurverpflichtung im deutschen Militär, Bremen 2002 (=Schriftenreihe des Wissenschaftlichen Forums für Internationale Sicherheit e.V. (WIFIS), 19)

Langewiesche, Dieter: Die Rolle des Militärs in den europäischen Revolutionen von 1848, in: Europa 1848. Revolution und Reform, hg. von Dieter Dowe, Heinz-Gerhard Haupt und dems., Bonn 1998, S. 915-932

Langewiesche, Dieter: Europa zwischen Restauration und Revolution 1815-1849, 4. Aufl., München 2004 (=Oldenbourg Grundriss der Geschichte, 13)

Libero, Loretana de: Tradition in Zeiten der Transformation. Zum Traditionsverständnis der Bundeswehr im frühen 21. Jahrhundert, Paderborn 2006

Les lieux de mémoire, hg. von Pierre Nora, 3 Bände, Paris 1984-1992

Lipgens, Walter: Die Bedeutung des EVG-Projekts für die europäische Einigungsbewegung, in: Die Europäische Verteidigungsgemeinschaft. Stand und Probleme der Forschung, hg. von Hans-Erich Volkmann und Walter Schwengler, Boppard 1985 (=Militärgeschichte seit 1945, hg. vom Militärgeschichtlichen Forschungsamt, 7), S. 9-30

Loch, Thorsten, und Lars Zacharias: Tradition in deutschen Streitkräften, in: Militärgeschichte. Zeitschrift für historische Bildung, (2010), Heft 3, S. 8-11

Loch, Thorsten: Alte und neue Gesichter der Bundeswehr. Herausforderungen an die visuelle Kommunikation des öffentlichen Soldatenbildes, in: Reader Sicherheitspolitik Januar 2009

Loch, Thorsten: Das Gesicht der Bundeswehr. Kommunikationsstrategien in der Freiwilligenwerbung der Bundeswehr, München 2007 (=Sicherheitspolitik und Streitkräfte der Bundesrepublik Deutschland, 8)

Loch, Thorsten: Frontkämpfer - rassischer Kämpfer - Nichtkämpfer. Überlegungen zum Bild des deutschen Soldaten im 20. Jahrhundert, in: Militär in Frankreich und Deutschland 1870-2010. Vergleich, Verflechtung und Wahrnehmung zwischen Konflikt und Kooperation, hrsg. von Jörg Echternkamp und Stefan Martens, Paderborn 2012, S. 91-108

Loch, Thorsten: Zum Verhältnis von Bürger und Kriegsbild. Ein historischer Abriss der Wehrpflicht in Deutschland, in: Wehrpflicht. Legitimes Kind der Demokratie, hg. von Andreas Ahammer und Stephan Nachtigall, Berlin 2010 (=Wissenschaft & Sicherheit, 7), S. 40-56

Maizière, Ulrich de: Bekenntnis zum Soldaten. Militärische Führung in unserer Zeit – Reden, Vorträge, Ansprachen, Hamburg 1971

Manig, Bert-Oliver: Die Politik der Ehre. Die Rehabilitierung der Berufssoldaten in der frühen Bundesrepublik, Göttingen 2004 (=Veröffentlichungen des Zeitgeschichtlichen Arbeitskreises Niedersachsen, 22)

Manstein, Erich von: Verlorene Siege, Frankfurt 1955

Mazower, Mark: Der dunkle Kontinent. Europa im 20. Jahrhundert, Berlin 2000

Meier-Welcker, Hans: Deutsches Heerwesen im Wandel der Zeit. Ein Überblick über die Entwicklung vom Aufkommen der stehenden Heere bis zur Wehrfrage der Gegenwart, Arolsen 1954

Militärische Aufbaugenerationen der Bundeswehr 1955 bis 1970. Ausgewählte Biografien, hg. von Helmut R. Hammerich und Rudolf J. Schlaffer, München 2011 (=Sicherheit und Streitkräfte der Bundesrepublik Deutschland, 10)

Müller, Sabrina: Soldaten in der deutschen Revolution von 1848/49, Paderborn 1999 (=Krieg in der Geschichte, 3)

Münkler, Herfried: Der Wandel des Krieges. Von der Symmetrie zur Asymmetrie, Weilerswist 2006

Münkler, Herfried: Die neuen Kriege, Reinbek 2002

Nägler, Frank: Der gewollte Soldat und sein Wandel. Personelle Rüstung und Innere Führung in den Aufbaujahren der Bundeswehr 1956 bis 1964/65, München 2009 (=Sicherheitspolitik und Streitkräfte der Bundesrepublik Deutschland, 9)

Naumann, Klaus: Negative Traditionen und doppelter Blick. Überlegungen zu einem reflexiven Traditionsverständnis, in: Bundeswehr und Tradition. Zur Debatte um das künftige Geschichts- und Traditionsverständnis in den Streitkräften, hg. von Andreas Prüfert, Baden-Baden 2000, S. 46-56

Naumann, Klaus: Was sind wir dem Staat schuldig? Staatsbürgerlichkeit und das Problem militärischer Obligationen, in: Mittelweg 36 16 (2007), 3, S. 75-85

Neitzel, Sönke: Abgehört. Deutsche Generäle in britischer Kriegsgefangenschaft 1942-1945, Berlin 2005

Neitzel, Sönke, und Harald Welzer: Soldaten. Protokolle vom Kämpfen, Töten und Sterben, Frankfurt 2011

Paul, Gerhard: Bilder des Krieges - Krieg der Bilder. Die Visualisierung des modernen Krieges, Paderborn 2004

Pöttering, Hans-Gert: Europäische Sicherheit - Europäische Werte, in: Gneisenau Blätter 9 (2010), S. 10-16

Pöttering, Hans-Gert: Synchronized Armed Forces Europe. Neue Entwicklungen und Ansätze für ein Europa der Verteidigung, in: Österreichische Militärische Zeitschrift 47 (2009), S. 277-282

Pröve, Ralf: Militär, Staat und Gesellschaft im 19. Jahrhundert, München 2006 (=Enzyklopädie deutscher Geschichte, 77)

Rautenberg, Hans-Jürgen, und Norbert Wiggershaus: Die "Himmeroder Denkschrift" vom Oktober 1950. Politische und militärische Überlegungen für einen Beitrag der Bundesrepublik Deutschland zur westeuropäischen Verteidigung, in: Militärgeschichtliche Mitteilungen 21 (1977), S. 135-206

Rühe, Volker: Geleitwort des Bundesministers der Verteidigung, in: Vom Kalten Krieg zur deutschen Einheit. Analysen und Zeitzeugenberichte zur deutschen Militärgeschichte 1945-1995, hg. von Bruno Thoß unter Mitarbeit von Wolfgang Schmidt, München 1995, S. IX-XI

Rühl, Lothar: Symbol von Integration und Loyalität. Eine kurze Geschichte des Großen Zapfenstreiches in der Bundesrepublik, in: Frankfurter Allgemeine Zeitung vom 12. März 2012

Samulowitz, Kai: Auf der Suche nach einem zeitgemäßen Traditionsverständnis für die Bundeswehr als "Armee der Einheit", in: Perspektiven der Inneren Führung. Zur gesellschaftlichen Integration der Bundeswehr, hg. von Ulrich vom Hagen und Björn Kilian, Berlin 2005 (Wissenschaft & Sicherheit, 2), S. 76-95

Scharfenort, Louis von: Die Königliche Kriegsakademie 1810-1910. Im dienstlichen Auftrag aus amtlichen Quellen dargestellt, Berlin 1910

Schmidt, Wolfgang: "Maler an der Front". Zur Rolle der Kriegsmaler und Pressezeichner der Wehrmacht im Zweiten Weltkrieg, in: Die Wehrmacht. Mythos und Realität, hg. von Rolf-Dieter Müller und Hans-Erich Volkmann, München 1999, S. 635-684

Schreiner, Karl H.: Das aktuelle Traditionsverständnis der Bundeswehr, in: Militärische Tradition, hg. von Eberhard Birk, Fürstenfeldbruck 2004 (=Gneisenau Blätter, 3), S. 37-45

Siemann, Wolfram: Die deutsche Revolution von 1848,49, Frankfurt 1985

Simon, Ulrich: Zur Kontroverse um das Feierliche Gelöbnis der Bundeswehr, in: Die neue Gesellschaft. Frankfurter Hefte 4 (1981), S. 331-333

Stephan, Cora: Angela Merkel. Ein Irrtum, München 2011

Stephan, Cora: Das Handwerk des Krieges, Berlin 1998

Storkmann, Klaus P.: Die NVA im Traditionsverständnis der Bundeswehr, Bremen 2006 (=WIFIS Aktuell, 38)

Stumpf, Reinhard: Der Krieg im Mittelmeerraum 1942/43: Die Operationen in Nordafrika und im mittleren Mittelmeer, in: Das Deutsche Reich und der Zweite Weltkrieg, hg vom Militärgeschichtlichen Forschungsamt, Band 6: Der globale Krieg. Die Ausweitung zum Weltkrieg und der Verlust der Initiative, Stuttgart 1990, S. 569-757

Totalitarismus im 20. Jahrhundert. Eine Bilanz der internationalen Forschung, hg. von Eckhard Jesse, Bonn 1999 (=Schriftenreihe der Bundeszentrale für politische Bildung, 336)

Verteidigung im Bündnis. Planung, Aufbau und Bewährung der Bundeswehr 1950-1972, hg. vom Militärgeschichtlichen Forschungsamt, München ²1975

Vom Kalten Krieg zur deutschen Einheit. Analysen und Zeitzeugenberichte zur deutschen Militärgeschichte 1945-1995, hg. von Bruno Thoß unter Mitarbeit von Wolfgang Schmidt, München 1995

Vom künftigen deutschen Soldaten. Gedanken und Planungen der Dienststelle Blank, Bonn 1955

Vorsteher, Dieter: Bilder für den Sieg. Das Plakat im Ersten Weltkrieg, in: Die letzten Tage der Menschheit. Bilder des Ersten Weltkrieges, hg. von Rainer Rother, Berlin 1994, S. 149-162

Weber, Max: Wissenschaft als Beruf, München 1919

Weber, Thomas: Hitlers erster Krieg. Der Gefreite Hitler im Weltkrieg - Mythos und Wahrheit, Berlin 2011

Wenzke, Rüdiger: Widerständiges Verhalten in der DDR und in der Nationalen Volksarmee (NVA). Eine Einführung, in: Staatsfeinde in Uniform? Widerständiges Verhalten und politische Verfolgung in der NVA, hg. von dems., Berlin 2005 (=Militärgeschichte der DDR, 9), S. 1-30

Wette, Wolfram: Entsorgte Erinnerung, in: Die Zeit, 17. April 2012

Wiggershaus, Norbert: Zur Debatte um die Tradition künftiger Streitkräfte 1950-1955/56,in: Hans-Joachim Harder und Norbert Wiggershaus: Tradition und Reform in den Aufbaujahren der Bundeswehr, Herford 1985 (=Entwicklung deutscher militärischer Tradition, 2), S. 7-96

Zander, Otto-Eberhard: Bundeswehr und Nationale Volksarmee. Tradition zweier deutscher Streitkräfte, Berlin 2007

Zimmermann, John: Ulrich de Maizière. General der Bonner Republik. 1912 bis 2006, München 2012

Autorenverzeichnis

Donald Abenheim PhD, Professor, Naval Postgraduate School, Monterey/Kalifornien

Dr. Eberhard Birk, Oberregierungsrat, Offizierschule der Luftwaffe, Fürstenfeldbruck

Rolf Clement, Deutschlandfunk, Köln

Dr. Günther Glaser, Prof. em., Kapitän z.S. der Volksmarine, Berlin

Dr. Frank Hagemann, Oberstleutnant i.G., Bundesministerium der Verteidigung, Abteilung Führung Streitkräfte, Bonn

Dr. Winfried Heinemann, Oberst i.G., Militärgeschichtliches Forschungsamt, Potsdam

Dr. Burkhard Köster, Oberst, Militärgeschichtliches Forschungsamt, Potsdam

Dr. Sven Lange, Oberstleutnant i.G., Bundesministerium der Verteidigung, Abteilung Politik, Berlin

Dr. Thorsten Loch, Major, Militärgeschichtliches Forschungsamt, Potsdam

Martin Mayer, Oberstleutnant, Kommandeur Panzergrenadierbataillon 391, Bad Salzungen

Dr. Herfried Münkler, Professor, Humboldt-Universität, Berlin

Dr. Peter Popp, Oberstleutnant, Offizierschule der Luftwaffe, Fürstenfeldbruck

Dr. Ulrich Schlie, Ministerialdirektor, Bundesministerium der Verteidigung, Abteilungsleiter Politik, Berlin

Dr. Cora Stephan, Schriftstellerin und Publizistin, Frankfurt/Main

Dr. Rüdiger Wenzke, Wissenschaftlicher Direktor, Militärgeschichtliches Forschungsamt, Potsdam

Carola Hartmann Miles-Verlag

Politik, Gesellschaft, Militär

Dietrich Ungerer, *Der militärische Einsatz. Bedrohung – Führung – Ausbildung,* Potsdam 2003.

Jens Bargmann, *Ethik in der Offizierausbildung,* Münster 2004.

Silvio Gödickmeier, Martin Schlossmacher, *Soldatenfamilien im Einsatz,* Berlin 2006.

Hans-Günter Fröhling, *Innere Führung und Multinationalität,* Berlin 2006.

Christian Walther, *Im Auftrag für Freiheit und Frieden. Versuch einer Ethik für Soldaten der Bundeswehr,* Berlin 2006.

Rüdiger Schönrade, *General Joachim von Stülpnagel und die Politik,* Berlin 2007.

Uwe Hartmann, *Innere Führung. Erfolge und Defizite der Führungsphilosophie für die Bundeswehr,* Berlin 2007.

Dietrich Ungerer, *Militärische Lagen. Analysen – Bedrohungen – Herausforderungen,* Berlin 2007.

Klaus M. Brust, *Söldner – Ausverkauf der Exekutive,* Berlin 2007.

Uwe Hartmann (ed.), *Connecting NATO. NCSA under the leadership of Lieutenant General Ulrich H. Wolf,* Berlin 2009.

Ingo Werners, *Fahren, Funken, Feuern. Hinweise für die Einsatzvorbereitung,* Berlin 2010.

Peter Heinze, *Bundeswehr „erobert" Deutschlands Osten,* Berlin 2010.

Reinhard Schneider, *Neuste Nachrichten aus unseren Kolonien. Pressemeldungen von den Aufständen in Deutsch-Ostafrika und Deutsch-Südwestafrika 1905-1906,* Berlin 2010.

Dieter E. Kilian, *Politik und Militär in Deutschland. Die Bundespräsidenten und Bundeskanzler und ihre Beziehung zu Soldatentum und Bundeswehr,* Berlin 2011.

Hans Joachim Reeb, *Sicherheitskultur als kommunikative und pädagogische Herausforderung – Der Umgang in Politik, Medien und Gesellschaft,* Berlin 2011.

Reiner Pommerin (ed.), *Clausewitz goes global. Carl von Clausewitz in the 21st Century*, Berlin 2011.

Hans-Christian Beck, Christian Singer (Hrsg.), *Entscheiden – Führen – Verantworten. Soldatsein im 21. Jahrhundert*, Berlin 2011.

Dieter E. Kilian, *Adenauers vergessener Retter – Major Fritz Schliebusch*, Berlin 2011.

Ingo Pfeiffer, *Gegner wider Willen. Konfrontation von Volksmarine und Bundesmarine auf See*, Berlin 2012.

Jochen Wittmann, *Auftragstaktik*, Berlin 2012.

Jahrbuch Innere Führung

Uwe Hartmann, Claus von Rosen, Christian Walther (Hrsg.), *Jahrbuch Innere Führung 2009. Die Rückkehr des Soldatischen*, Eschede 2009.

Helmut R. Hammerich, Uwe Hartmann, Claus von Rosen (Hrsg.), *Jahrbuch Innere Führung 2010. Die Grenzen des Militärischen*, Berlin 2010.

Uwe Hartmann, Claus von Rosen, Christian Walther (Hrsg.), *Jahrbuch Innere Führung 2011. Ethik als geistige Rüstung für Soldaten*, Berlin 2011.

Uwe Hartmann, Claus von Rosen, Christian Walther (Hrsg.), *Jahrbuch Innere Führung 2012. Der Soldatenberuf im Spagat zwischen gesellschaftlicher Integration und sui generis-Ansprüchen*, Berlin 2012.

Einsatzerfahrungen

Kay Kuhlen, *Um des lieben Friedens willen. Als Peacekeeper im Kosovo*, Eschede 2009.

Sascha Brinkmann, Joachim Hoppe (Hrsg.), *Generation Einsatz, Fallschirmjäger berichten ihre Erfahrungen aus Afghanistan*, Berlin 2010.

Schwitalla, Artur, *Afghanistan, jetzt weiß ich erst… Gedanken aus meiner Zeit als Kommandeur des Provincial Reconstruction Team FEYZABAD*, Berlin 2010.

Romane

Christoph Karich, *Bewährung im Grünen Meer*, Berlin 2009.

Robert B. Thiele, *Die Treuhänderin*, Berlin 2012.

Erinnerungen

Blue Braun, *Erinnerungen an die Marine 1956-1996,* Berlin 2012.

Harald Volkmar Schlieder, *Kommando zurück!,* Berlin 2012.

Harald Volkmar Schlieder, *Opa Willy. 1891 Dresden – 1958 Miltenberg. Von einem, der aufsteigen wollte. Eine sächsisch-deutsche Lebensgeschichte in Frieden und Krieg,* Berlin 2012.

Reinhart Lunderstädt, *Aus dem Leben eines Hochschullehrers. Persönlicher Bericht,* Berlin 2012.

Monterey Studies

Uwe Hartmann, *Carl von Clausewitz and the Making of Modern Strategy,* Potsdam 2002.

Ekkehard Stemmer, *Demography and European Armed Forces,* Berlin 2006.

Sven Lange, *Revolt against the West. A Comparison of the Current War on Terror with the Boxer Rebellion in 1900-01,* Berlin 2007.

Donald Abenheim, *Soldier and Politics Transformed,* Berlin 2007.

Michael Stolzke, *The Conflict Aftermath. A Chance for Democracy: Norm Diffusion in Post-Conflict Peace Building,* Berlin 2007.

Frank Reimers, *Security Culture in Times of War. How did the Balkan War affect the Security Cultures in Germany and the United States?,* Berlin 2007.

Michael G. Lux, *Innere Führung – A Superior Concept of Leadership?,* Berlin 2009.

Marc A. Walther, *HAMAS between Violence and Pragmatism,* Berlin 2010.

Frank Hagemann, *Strategy Making in the European Union,* Berlin 2010.

Ralf Hammerstein, *Deliberalization in Jordan: the Roles of Islamists and U.S.-EU Assistance in stalled Democratization,* Berlin 2011.

www.miles-verlag.jimdo.com